oekom

Klimaneutral
Verlag
ClimatePartner.com/53585-1805-1001

Selbstverpflichtung zum nachhaltigen Publizieren

Nicht nur publizistisch, sondern auch als Unternehmen setzt sich der oekom verlag konsequent für Nachhaltigkeit ein. Bei Ausstattung und Produktion der Publikationen orientieren wir uns an höchsten ökologischen Kriterien. Dieses Buch wurde auf 100 Prozent Recyclingpapier, zertifiziert mit dem FSC®-Siegel und dem Blauen Engel (RAL-UZ 14), gedruckt. Auch für den Karton des Umschlags wurde ein Papier aus 100 Prozent Recyclingmaterial, das FSC®-ausgezeichnet ist, gewählt. Alle durch diese Publikation verursachten CO_2-Emissionen werden durch Investitionen in ein Gold-Standard-Projekt kompensiert. Die Mehrkosten hierfür trägt der Verlag. Mehr Informationen finden Sie hinten im Buch und unter: http://www.oekom.de/allgemeine-verlagsinformationen/nachhaltiger-verlag.html.

Bibliografische Information der Deutschen Nationalbibliothek:
Die Deutsche Nationalbibliothek verzeichnet diese Publikation in der Deutschen Nationalbibliografie; detaillierte bibliografische Daten sind im Internet über http://dnb.d-nb.de abrufbar.

Gesellschaft für ökologische Kommunikation mbH
Waltherstraße 29, 80337 München

Lektorat: Christoph Hirsch, oekom verlag
Korrektorat: Maike Specht

Satz: Markus Miller, München
Druck: Pustet, Regensburg

ISBN 978-3-96238-055-7

MIX
Papier aus verantwortungsvollen Quellen
FSC® C014889
www.fsc.org

Valentin Thurn, Gundula Oertel, Christine Pohl

Genial lokal

So kommt die Ernährungswende in Bewegung

Inhalt

Prolog

Ernährungsdemokratie jetzt!

»Eine neue soziale Bewegung entsteht!«, freute sich eine der Teilnehmerinnen am ersten Vernetzungskongress der Ernährungsräte letztes Jahr im November. Und viele der rund 120 ernährungspolitischen Aktivisten, die aus mehr als 40 Städten in Deutschland, Südtirol, Österreich und der Schweiz nach Essen gekommen waren, stimmten ihr zu. In den zwei Tagen voller spannender Berichte aus dem In- und Ausland, dicht gepacktem sachlichen Austausch und heißen Diskussionen wurde Aufbruchstimmung spürbar.

Der Gedanke, dass die immer zahlreicher werdenden lokalen Ernährungsräte zu einer machtvollen Bewegung zusammenwachsen, begeistert viele. Der demokratische Wandel unserer Nahrungsversorgungssysteme hat tatsächlich begonnen. Und er kann sich schon jetzt nicht nur auf erste lokale Initiativen stützen, sondern auch auf ein wachsendes Netzwerk ernährungspolitisch aktiver Bürgerinnen und Bürger.

Wir Veranstalterinnen (das heißt die Autorinnen und der Autor dieses Buches und weitere Aktive aus den Ernährungsräten Köln und Berlin) waren von Anfang an überzeugt, dass Netzwerke die bei uns noch junge ernährungspolitische Bewegung stärken würden. Von vielen lokalen Gründungsinitiativen hatten wir gehört, dass sie dringend Ratschläge suchten und sich dafür einen zentral organisierten persönlichen Erfahrungsaustausch mit anderen Gründerinnen und Gründern wünschten.

Obwohl wir bei den ersten Gesprächen über unser Vorhaben im Mai 2016 noch ziemlich lückenhafte Vorstellungen davon hatten, an wie vielen Orten die Saat für Ernährungsräte schon keimte, hofften wir natürlich, dass viele Initiativen Lust auf ein Treffen hätten, egal in welcher Phase ihrer Entwicklung. Dass sich in so kurzer Zeit so viele Menschen in Deutschland und seinen Nachbarländern für das Konzept der Ernährungsräte einsetzen würden, hätten wir allerdings nie gedacht! Die Nachfrage überstieg die Zahl der verfügbaren Plätze auf der Teilnehmerliste schließlich bei Weitem.

Für den produktiven Austausch in Essen konnten wir zwar schon auf erste eigene Erfahrungen mit den Themen, Zielen, Arbeitsweisen und Strukturfragen zurückgreifen, die Gründungsinitiativen ebenso wie bereits aktive Räte im deutschsprachigen Raum derzeit wohl am meisten beschäftigen. Doch zum Glück blicken in anderen Teilen der Welt ernährungspolitische Aktivisten in »*Food Policy Councils*« auf oft schon mehrere Jahrzehnte erfolgreicher Arbeit zurück. Einige ihrer erfahrensten Gründer und Experten aus den USA, Kanada, Großbritannien und Brasilien haben wir deshalb ebenfalls eingeladen, damit sie ihr Wissen mit uns teilen und uns »Frischlinge« in zentralen Fragen beraten.

Mit dabei war Wayne Roberts, ein charismatischer und stets zum Scherzen aufgelegter Mensch, der zehn Jahre lang den *Toronto Food Policy Council* leitete. Nicht zum ersten Mal traf Wayne hier auf Mark Winne, der in den USA schon fast drei Jahrzehnte lang in der ernährungspolitischen Gründerszene aktiv ist. Er arbeitet unter anderem als Berater für das Projekt *Food Policy Networks* beim *Center for a Livable Future* an der Johns-Hopkins-Universität und stellt dort seine Expertise aus der Zusammenarbeit mit über 100 *Food Policy Councils* zur Verfügung. Mark war es auch, der uns gleich eingangs zur Wahl des Mottos für unseren Kongress »Ernährungsdemokratie jetzt!« beglückwünschte. Er erklärte uns dazu, der Begriff der »*Food Democracy*«, wie ihn Tim Lang, Professor für *Food Policy* an der Londoner *City University*, Ende der 1990er-Jahre geprägt hat, sei tatsächlich auch in den USA längst zum Synonym für das gemeinsame Ziel der *Food Policy Councils* geworden. Das Ziel nämlich, einen Politikwechsel anzustreben, der schließlich gutes Essen für alle zugänglich macht.

ERNÄHRUNGS DEMOKRATIE JETZT! »

1. KONGRESS ZUR VERNETZUNG DER ERNÄHRUNGSRÄTE

Dazu kam Leon Ballin von der britischen *Soil Association*, der dort als Chefnetzwerker für das *Sustainable-Food-Cities*-Projekt verantwortlich ist und die ernährungspolitische Szene Großbritanniens aus der Nähe kennt. Mit Bruno Prado aus Brasilien war schließlich auch einer der Pioniere des Engagements für Ernährungssouveränität eingeladen. Als Mitglied im Rat für Ernährungssicherheit der Region Rio de Janeiro konnte er uns von den Erfolgen der Anti-Hunger-Arbeit in Brasilien berichten, die maßgeblich dem nationalen System der Ernährungssicherheits-Räte zu verdanken sind.

Alle vier Referenten lenkten den Blick auf mögliche Vorbilder in ihren Herkunftsländern, die uns Antwort liefern könnten auf viele unserer Fragen. Etwa wie man es am besten anfängt, einen Ernährungsrat auf die Beine zu stellen; welche Akteure dafür in den Städten angesprochen werden sollten; welche Rechtsform passend wäre oder welche Hindernisse es geben könnte und auch, wie man diese überwindet. Mit anschaulichen Beispielen aus ihrer ernährungspolitischen Erfahrung haben sie uns vor Augen geführt, was Ernährungsräte erreichen können.

Ihre lebhaften Schilderungen haben uns neue Wege gezeigt und Mut für unsere zukünftige Arbeit gemacht, uns aber auch in vieler Hinsicht in unserem gegenwärtigen Vorgehen und unseren Zielen bestärkt. Nicht zu vergessen ihre freundschaftliche Mahnung, bei all unserem ernährungspolitischen Engagement nur ja den Spaß an der gemeinsamen Sache nicht zu kurz kommen zu lassen. Vor allem Wayne fand, wir sollten öfter mal ein kulinarisches Fest feiern und unsere Erfolge immer auch genüsslich voll auskosten. Darin konnten wir unseren Ratgebern sofort entsprechen, indem nämlich der Kongress am Samstag nach dem Abendessen ausgelassen bis in die frühen Morgenstunden tanzte.

Heiß diskutiert wurde in Essen zudem, ob es »die beste« Struktur für Ernährungsräte geben könne. In anderen Workshops ging es um das Verhältnis der Bewegung zu konventionell wirtschaftenden bäuerlichen Betrieben und um die Frage, ob »bio« und »regional« in zukunftsfähigen Ernährungssystemen immer zwingend zusammengehören müssten. Oder ganz praktisch darum, wie wir uns finanzielle Unterstützung erschließen und wie wir unsere Ziele durch wirksame Öffentlichkeitsarbeit in die Medien bringen können.

Am Ende des Treffens schließlich stand fest: Alle aktiven Ernährungsräte und die vielen Gründungsinitiativen aus dem deutschsprachigen Raum wollen als Netzwerk verbunden bleiben, Wissen teilen, neue Ideen gemeinsam ausarbeiten und so der Ernährungswende »von unten« ordentlich Schubkraft verleihen. Hierbei und bei allen anderen wichtigen Fragen zur Gründung eines Ernährungsrates soll künftig das vor Ort gegründete Netzwerk der Ernährungsräte helfen. Wir sind gespannt, wie sich die Szene entwickelt und wer (wieder oder neu) dabei sein wird, wenn vom 23. bis 25. November 2018 der zweite Vernetzungskongress in Frankfurt am Main stattfindet.

Wir denken, unser Buch kann ebenso dazu beitragen, den eigenen ernährungspolitischen Horizont zu erweitern, wie es hilft, einen Gründungsprozess systematisch vorzubereiten und eine anfangs vielleicht noch recht lockere, unstrukturierte Gruppierung zu einem arbeitsfähigen Bündnis zu entwickeln. Diesen beiden Hauptanliegen folgt es daher auch in seiner Struktur.

Im ersten Teil gehen wir vor allem den Fragestellungen nach, die auf den nötigen Politikwechsel selbst zielen. Etwa wie die Chancen für eine relokalisierte Versorgung und Nahrungssicherheit der Städte und Kommunen aus wissenschaftlicher Perspektive stehen, wie ökologische Nachhaltigkeit und soziale Gerechtigkeit in einer zukunftsfähigen Ernährungsstrategie vereint werden und wie Bürgerinnen und Bürger die Bestimmungsmacht über ihre Teller, die heute schon sehr weitgehend in der Hand von Konzernen liegt, tatsächlich zurückerobern können.

Der zweite Teil stellt eine vielseitige Handreichung zur Gründung von Ernährungsräten bereit. Dort findet sich reichlich praxisorientiertes Rüstzeug, das dabei hilft, regional angepasste Strategien zu entwerfen und lokale Ernährungsräte zu einem politisch wirkungsmächtigen und strukturell gut handhabbaren Instrument ihrer Durchsetzung zu machen. Hier geben wir nicht nur Antwort auf (fast) alle Fragen, die beim Essener Treffen gestellt wurden, sondern auch auf viele, die uns aus Diskussionen bekannt sind, die in lokalen Initiativen geführt wurden und werden.

Köln und Berlin, Oktober 2018

Einleitung

Alle Macht den Räten?

Manche nannten ihn »Sandino-Dröhnung«. Nicht ganz zu Unrecht, denn der so genannte, politisch korrekte Kaffee aus dem Nicaragua vom Ende der 1970er-Jahre brannte eher Löcher in die Magenwand, als ein Genuss zu sein. Exquisiter Kaffeegenuss stand allerdings auch nicht im Vordergrund für die »räterepublikanisch« verfassten Kollektive und Wohngemeinschaften, denen damals nichts anderes in die Tassen kam. Ihnen ging es dabei ausschließlich um die Solidarität mit den Kleinbauern Nicaraguas und ganz besonders um deren Zugang zu Grund und Boden für den eigenen Kaffeeanbau. Daher auch der Spitzname für den Soli-Kaffee, der direkt auf die Sandinisten Bezug nimmt, die 1979 gegen die Contra-Rebellen kämpften, den Diktator Somoza stürzten und schließlich eine Landreform gegen die mächtigen Großgrundbesitzer Nicaraguas durchsetzten.

Inzwischen arbeiten Ex-Contras und Ex-Sandinisten erfolgreich bei *Soppexcca*, dem Verband der nicaraguanischen Kaffeekooperativen, zusammen. Und sie legen großen Wert auf die Feststellung, dass ihr Kaffee heute nicht nur fairer bezahlt wird als damals, sondern auch besser schmeckt.

Aber selbst wenn Sandino-Kaffee jetzt nicht mehr dröhnt – die Anlässe zur Solidarität hiesiger Konsumentinnen und Konsumenten mit rechtlos enteigneten Kleinbauern und ländlichen Arbeitssklavinnen in aller Welt sind seither eher mehr geworden als weniger. Weder den konventionell erzeugten und gehandelten Kaffeebohnen aus Südamerika oder afrikanischen Ländern noch den sensationell billigen italienischen oder spanischen Tomaten im Supermarktregal sieht man die ausbeuterischen Bedingungen an, unter denen sie teils erzeugt und geerntet werden. Genauso wenig wie den dicken, leuchtend roten Erdbeeren von den Großplantagen im Norden Deutschlands oder dem schnurgeraden, blütenweißen Spargel, der südlich von Berlin auf großer Fläche unter Folien zur Frühreife getrieben wird, zum Schaden vieler Insektenarten.

Alles kann anders werden

Immer mehr Menschen beginnen jetzt zu erahnen, welche sozialen, ökonomischen und ökologischen Probleme ihre Nahrungsversorgung weltweit verursacht, und sie wollen sich den unverstellten Blick hinter die Kulissen der globalen Agrarwirtschaft nicht länger verwehren lassen. Doch noch funktioniert der Großteil des Lebensmittelmarktes weiter ganz unsolidarisch und ohne einen Gedanken an rücksichtslos ausgebeutete Landlose oder ebenso rücksichtslos ausgebeutete Böden, weil er unseren verschwenderischen westlichen Konsumstil zum kleinen Preis weiter bedienen will. Bleibt die Frage, wie wir dagegen ankommen. Oder wie stark der Einfluss einer Minderheit einsichtsvoll fair und ökologisch konsumierender Bürgerinnen und Bürger auf einen zukunftsfähigen Wandel tatsächlich werden kann, den die übergroße Mehrheit der Politik noch gar nicht auf dem Schirm zu haben scheint.

Der kollektive Wille, ökologische Nachhaltigkeit und soziale Gerechtigkeit im globalen Maßstab zusammenzubringen, wächst jedenfalls zusehends. Das beweisen nicht nur die Bauern und Bürger, die seit acht Jahren bei den »Wir haben es satt«-Demonstrationen in Berlin gemeinsam marschieren. Sondern auch die vielen ernährungspolitisch Engagierten, die das Gefühl eint, die Zeit zum solidarischen Handeln sei gekommen. Ihre Art, die Ernährungswende »von unten« zu betreiben, besteht landauf, landab in der Gründung von Ernährungsräten, die Ernährungspolitik als bürgerschaftliche Initiative organisieren. Als eine Bewegung von Menschen, die sich persönlich verantwortlich fühlen für eine Nahrungsversorgung, welche schonend und solidarisch mit Mensch und Umwelt umgeht. Und für ein Ernährungssystem, das nicht wenige Große am globalen Markt verdienen lässt, sondern viele Kleine in der Region am guten Essen für alle!

Ihr gemeinsamer Ausgangspunkt ist die überall gleiche Feststellung, wonach unsere gegenwärtigen Ernährungssysteme – lokal, national oder global – in keiner Hinsicht den Ansprüchen genügen, die man an Zukunftsfähigkeit stellen muss: Sie sind weder nachhaltig noch gerecht. Im Gegenteil: Sie bemänteln soziale Benachteiligung und Verschwendung lediglich mit dem Anschein von Fülle und Vielfalt. Während die Bevölkerungskonzentration in den Städten immer weiter zunimmt, werden die Folgen unserer industrialisierten und globalisierten Ernährungsweise immer deutlicher sichtbar.

Gleichwohl behandeln weite Teile der Politik die herkömmliche, vorwiegend auf billige Masse orientierte Nahrungsproduktion, welche Erzeugung und Konsum räumlich und zeitlich immer stärker voneinander trennt, als wirtschaftlich alternativlos. Nur noch ein Bruchteil dessen, was Städter heute essen und trinken, stammt vom nahen Land. Diese von aktuellen Studien gut belegte Tatsache gehört – nicht zuletzt hinsichtlich der Nahrungssicherheit in Zeiten des Klimawandels – zu den heikelsten und weitreichendsten Risiken globalisierter Lebensmittelmärkte.

Die einzig zukunftsfähige Antwort darauf sind Ernährungsstrategien, welche die Nahrungsversorgung der Städte und Kommunen stärker auf eine lokale Basis stützen. Das heißt, die konsequente »Relokalisierung« urbaner Ernährungssysteme muss als das Kernstück des nötigen Wandels betrachtet werden. Ausreichend geeignete Flächen dafür gäbe es in vielen Regionen, auch dafür häufen sich in jüngster Zeit die wissenschaftlichen Belege. Die entsprechenden Studienergebnisse setzen allerdings voraus, dass wir die heute zu Ernährungszwecken pro Kopf beanspruchte Fläche auf ein sozialökologisch verträgliches Maß reduzieren können. Was gut erreichbar wäre mit einer politischen Rahmensetzung für weniger Fleischverbrauch und Lebensmittelverschwendung. Und womit auch schon der Hinweis verbunden ist, dass ökologisch nachhaltige Regionalversorgung ohne eine deutliche soziale Komponente Gefahr liefe, als bloß elitäres Gourmetprojekt für reiche Bio-Konsumenten zu enden.

Zivilgesellschaftliche Expertise füllt politische »Leerstellen«

Dass das Feld der Stadternährungspolitik derzeit noch auf weiter Flur unbestellt ist, hat aber nicht nur Nachteile, lässt dies doch einer »Ernährungspolitik von unten« den Raum, tatsächlich einen demokratischen Wandel in unserem Ernährungssystem durchzusetzen. Erfahrene Experten aus den *Food Policy Councils* in den USA und Kanada beklagen allerdings, dass der gesellschaftliche Wandel sich nur sehr langsam in der Regierungspolitik widerspiegelt. Mark Winne, Berater des US-amerikanischen Food-Policy-Netzwerks, sagt beispielsweise: »Obwohl Ernährungsräte teils seit Jahrzehnten aktiv sind, kommt das Wort ›Ernährung‹ bis heute in der offiziellen Politik kaum vor. In keiner Stadt, in keinem Staat und auch nicht im Landwirtschaftsministerium der US-Regierung existiert eine Abteilung, die ›Ernährungs-irgendwas‹ heißt.«

In Großbritannien hat kurioserweise ausgerechnet das mehrheitliche Ja zum Brexit eine Situation geschaffen, die den Neuanfang in der Entwicklung der Ernährungssysteme unausweichlich macht – was von den Food-Aktivisten des Landes als die oben schon erwähnte Chance begriffen wird, *A People's Food Policy* an diese Leerstelle zu setzen, einen Empfehlungskatalog, der zeigt, wie Ernährungspolitik aussehen müsste, wenn Menschen und nicht Profitinteressen in den Mittelpunkt gestellt würden. Auch die Initiativen im deutschsprachigen Raum sind durchaus gewillt, die bisherige politische Ignoranz gegenüber dem Thema als Steilvorlage zu nutzen, mit deren Hilfe ernährungspolitische Vorstellungen und Ziele aus der Bürgerschaft zur Grundlage eines konsequent gemeinwohlorientierten Transformationsprozesses werden können.

Das wäre etwas Neues, Zukunftsweisendes. Denn was Ernährungspolitik seit den 1950er-Jahren bis heute vor allem bestimmt, sind die Interessen der Agrarindustrie und die der Wissenschaftler und Lobbyisten, die ihr zuarbeiten. Es ist nur zu ihrem Vorteil, wenn der Schwerpunkt unserer Agrarpolitik auf der Steigerung von Hektarerträgen und inzwischen auch zunehmender Exportorientierung liegt. Vor allem Ersteres mag ursprünglich und in der Nachkriegszeit ein nachvollziehbares Ziel von Züchtung und Anbauweisen gewesen sein, weil es damals zuerst darum ging, möglichst viele Nahrungsrohstoffe zu möglichst geringen Kosten zu produzieren, damit das Sattwerden auch für einkommensschwache Familien erschwinglich blieb.

Heute wird zwar genug produziert, damit es für alle reichen könnte. Hunger und Mangelernährung sind aber eben nicht nur ein Problem, dem mit wirtschaftlichen Ertragszielen beizukommen wäre. Sie sind heute weltweit und damit auch hierzulande eher die Folge ungleicher Ressourcenverteilung und extrem ungerecht verteilter Einkommenschancen.

Beide, die Ziele von gestern ebenso wie die Gerechtigkeitslücken von heute, führen dazu, dass landwirtschaftliche Betriebe immer mehr zu Lieferanten billiger Rohstoffe für die industrielle Nahrungsmittelproduktion degradiert werden. Dies ist ebenso wenig hinnehmbar wie ein agrarindustriell bestimmtes Anbausystem, das für globale Märkte produziert statt für Menschen in der Region. Oder Supermarktregale, die mit kostengünstigen Kalorien aus den immer gleichen Standardzutaten vollgestopft werden. Hier findet sich eine Flut von Produkten, die, bunt verpackt und aufwendig beworben, eine Vielfalt von Geschmack und Qualität vortäuschen, welche tatsächlich nicht mehr ist als die bloß äußerliche Diversität von Marken! Alles dreht sich hier um Effizienz, Massenproduktion und Kostenvorteile.

Doch spätestens seit der letzten Jahrtausendwende haben sich die Prioritäten vieler Konsumenten zu verschieben begonnen. Neben einem steigenden Bewusstsein für die globalen Auswirkungen des Ernährungssystems haben der Klimawandel und die Finanzkrise mit dafür gesorgt, dass die Nahrungssicherheit von Städten, die Widerstands- und Anpassungsfähigkeit (Resilienz) von Anbausystemen und vielfältige Sortenverfügbarkeit nun stärker in den Fokus rücken. Vor diesem Hintergrund müssen die Erhaltung und Förderung kleinbäuerlicher, regionaler und ökologischer Landwirtschaft zum Kardinalziel urbaner Ernährungspolitik erklärt werden. Denn damit kann die Landkonzentration in wenigen Händen und zu einseitigen Anbauzwecken (Mais für Biokraftstoffe, beispielsweise auf Riesenflächen in Brandenburg) am besten aufgehalten und stattdessen die ortsangepasste Sorten- und Tiervielfalt gefördert und empfindliche Ökosysteme wie Böden und Gewässer geschützt werden. Ein derart zukunftsfähiges Anbausystem wäre zugleich eine intelligente Antwort auf die gewachsenen Anforderungen vieler Konsumenten an Nährwert und geschmackliche Qualität ihrer Lebensmittel.

Allmende statt Almosen!

Solange jedoch der Einfluss der Wirtschaftslobby auf die Politik noch so viel mehr Gewicht hat als das Interesse der Allgemeinheit an gesunden Böden, gesunden Tieren und Menschen und unbelasteter Qualitätsnahrung, kann sich zukunftsfähige Ernährungspolitik nicht durchsetzen. Genau das ist aber der Anspruch, den Ernährungsräte an die Verantwortlichen in den Stadt- und Kommunalverwaltungen haben: dass sie – nicht zuletzt mithilfe der in den Räten gesammelten Expertise – dafür sorgen, dass wir Konsumentinnen und Konsumenten die Kontrolle über unsere urbanen Ernährungssysteme zurückgewinnen können. Lebensmittel sind schließlich keine Ware wie jede andere. Ihre Erzeugung und die Teilhabe an ihrem Konsum dürfen nicht allein wirtschaftlichen Zielen dienen! Denn das Recht auf Nahrung ist ein schwarz auf weiß verbrieftes Menschenrecht. Nur macht Papier natürlich niemanden satt. Auch Kinder im »reichen Deutschland« nicht, in deren Elternhaus es für das Nötigste nicht reicht.

25 Jahre Existenz der Tafeln in Deutschland sind auch kein Grund zum Jubeln. Das dennoch mit offiziellen Festakten gefeierte Jubiläum sollte uns vielmehr eine Mahnung sein, endlich ernsthaft dafür zu sorgen, dass Almosen für hierzulande eineinhalb Millionen Menschen nicht länger als notdürftiger Ausgleich für den sozialstaatlichen Abbau herhalten müssen. Keiner Frau, keinem Mann und auch keinem Kind darf mehr ein Grundeinkommen versagt bleiben, das ihr menschliches Grundrecht auf genug qualitativ hochwertige Nahrung wahren kann.

Ernährungsdemokratie heißt für uns, dass die berechtigten Interessen der Allgemeinheit beim Essen und Trinken nicht länger auf dem Altar rein wirtschaftlicher Partikularinteressen geopfert werden. Nur ein zukunftsfähiges, demokratisch bestimmtes Ernährungssystem kann auch grundlegenden Verbraucherrechten den ihnen gebührenden Vorrang einräumen. Etwa ein allgemeines Verfügungsrecht über Saatgut und Tierzucht als Grundlage echter Wahlfreiheit bei allem, was auf unsere Teller kommt. Wenn Bürger und Bürgerinnen das Vertrauen zurückgewinnen, dass die Politik dabei auf ihrer Seite steht, dann stärkt das ihr Ja zur Demokratie mit Sicherheit mehr als jede Chance zur Stimmabgabe bei einer Wahl.

Vernetzt denken und handeln

Der Einfluss, den verschiedenste Politikbereiche darauf haben, wie wir Lebensmittel produzieren und wie unser Konsum- und Ernährungsstil aussieht, ist offensichtlich. Das reicht von Haushaltsentscheidungen über die Wirtschaftsförderung für Garten- und Landbau, über Flächennutzungspläne und Nutzungsarten von Stadtgütern bis zur Ernährungsbildung und zum Schulessen sowie weiteren Formen der Gemeinschaftsverpflegung. Und weiter von der Handelspolitik und politisch geduldeten Marketingstrategien der Nahrungsindustrie bis zu Gesundheitsversprechen auf Produktetiketten, von der Einkommenspolitik bis hin zur Stadtplanung und der Mietpreispolitik.

All diese Entscheidungsbereiche liegen in der Hand einzelner Verwaltungsebenen und verschiedener Ressorts. Und längst nicht alles kann auf kommunaler Ebene beeinflusst werden. Doch diese Streuung von Verantwortlichkeiten kann auch als Chance verstanden werden, zu experimentieren und lokale Erfolge zum Modell für andere werden zu lassen.

Eine zukunftsfähig und regional gedachte Ernährungsstrategie für Städte und die sie umgebenden Regionen müsste auch Antwort geben auf die Frage, wie von der billigen Massenproduktion von Lebensmitteln wegzukommen wäre, ohne gleichzeitig das schmale Budget der einkommensschwächsten Konsumenten weiter zu strapazieren, die sich schon jetzt nur das einfachste Essen vom Discounter leisten können. Oder wie man mit Kleinbauern umgeht, die auf gesteigerte Erträge und Exportchancen hoffen, weshalb ihnen zusätzliche Umwelt- und Tierschutzauflagen als existenzielle Bedrohung erscheinen müssen.

So viel ist sicher: Der nötige Wandel wird nur gelingen, wenn er über mehrere Jahre geplante Anpassungsschritte an neue Rahmenbedingungen für alle vorsieht: mit klar vorgezeichneten Zeithorizonten und einer ressortübergreifenden Zusammenarbeit aller politisch Verantwortlichen, die dabei eine gemeinsame Vision verwirklichen wollen. Und es ist klar, dass dies nur im Rahmen einer sorgfältig geplanten und sektoral integrativen Ernährungsstrategie denkbar ist. Wobei auch die klügste und weitsichtigste lokale Strategie auf lange Sicht nur als Teil einer zukunftsfähig erneuerten nationalen Ernährungspolitik erfolgreich sein wird.

Die Richtung, in der unser Ziel liegt, bestimmt das politische Konzept der Ernährungssouveränität als konkrete Utopie.

> »**Ernährungssouveränität** bedeutet das Recht von Individuen, Gemeinschaften, Völkern und Staaten, ihre eigene Landwirtschafts-, Arbeits-, Fischerei-, Ernährungs- und Bodenpolitik zu bestimmen unter Berücksichtigung ihrer jeweils spezifischen ökologischen, sozialen, wirtschaftlichen und kulturellen Bedingungen. Das Konzept beinhaltet sowohl das Recht auf Nahrung wie auch das Recht, Nahrungsmittel zu produzieren. Das Recht auf Nahrung garantiert allen Menschen den Zugang zu sicheren, nahrhaften und kulturell angepassten Lebensmitteln sowie den Zugang zu den notwendigen Ressourcen, um Nahrungsmittel produzieren und sich und ihre Gesellschaften erhalten zu können.« (International Planning Committee on Food Sovereignty 2004)

So gesehen, muss sich eine zukunftsfähige Ernährungsstrategie, die diesen Namen verdient, auf jedem ihrer Entwicklungsniveaus an diesem Konzept messen lassen. Vor allem um zu beweisen, dass sie die Ernährungsdemokratie als ihr Ziel nie aus den Augen verliert. Ernährungsräte sollten ihre Stadt- und Kommunalverwaltungen deshalb auffordern, lokale ernährungspolitische Strategien stets im direkten Dialog mit der regionalen Bevölkerung zu entwerfen.

Denn nur wenn der strategisch geplante Transformationsprozess breite Unterstützung von allen Seiten erfährt, werden sich die lokalen Ernährungssysteme in Zukunft wieder vorwiegend auf regionale Landwirtschaft und Verarbeitung stützen, dabei Natur- und Umweltschutz vom Acker bis zum Teller und den Zugang zu guten Lebensmitteln für alle selbstverständlich werden lassen, gestärkte lokale Märkte, faire Preisbildung und existenzsichernde Einkommen und vieles mehr erreichen.

TEIL 1

Kapitel 1

Was macht die Stadt satt?

Was »regional« bedeuten soll, »wie viel Region« die Stadtversorgung braucht und warum mehr Agrobiodiversität nottut

Woher werden in einem zukunftsfähigen Ernährungssystem die Lebensmittel stammen, die täglich in unseren Städten und Gemeinden verzehrt werden? Aus der Perspektive moderner urbaner Ernährungspolitik gibt es auf diese Frage nur eine, buchstäblich naheliegende Antwort: aus der Region natürlich! Und auf den ersten Blick scheint auch klar, was damit gemeint ist.

Die nähere Betrachtung zieht jedoch Anschlussfragen nach sich: Wo soll man zum Beispiel im konkreten Einzelfall die räumlichen Grenzen ziehen, die den Begriff der Region, wie er hier verstanden wird, zweckmäßig und sinnvoll definieren? Reden wir von 50 oder doch eher von 100 Kilometern und mehr im Umkreis einer Stadt? Und ab welchem Prozentsatz an Produktzutaten, die aus einer per Definition festgelegten Entfernung stammen, soll ein Produkt überhaupt als regional gelten dürfen?

Die Frage nach den räumlichen Grenzen dessen, was in Bezug auf die Nahrungsversorgung einer Stadt oder Kommune als urbane Umgebung oder Region definiert werden kann, stellt sich aber noch auch aus anderer Perspektive. Wer den Systemwandel anstrebt, muss im Voraus wissen, wie groß der Flächenbedarf für die Nahversorgung einer bestimmten Einwohnerzahl (jetzt und in der näheren Zukunft) sein wird und ob die ermittelte Größenordnung überhaupt zur Verfügung steht oder zumindest verfügbar gemacht werden könnte.

Dies führt schließlich zu Überlegungen, die unseren aktuellen Konsumstil genauso betreffen wie den der Zukunft – oder genauer: den wünschenswert zukunftsfähigen. Vermutlich wird die Mehrheit der Konsumentinnen und Konsumenten ihren Lebensmittelbedarf auch in Zukunft nicht ganz radikal auf lokal umstellen. Jedenfalls nicht so, dass der völlige Verzicht auf alles damit verbunden wäre, was in unseren Breiten nicht angebaut werden kann. Für Verfechter einer wirklich radikal interpretierten »Regionaldiät« zählen dazu nicht nur Kaffee, Tee, Kakao, Kokosnuss, Ananas und anderes mehr, sondern auch Zitrusfrüchte oder Olivenöl.

Gerechte Verteilung vorausgesetzt, werden in Zukunft jedem Erdbewohner maximal 2000 Quadratmeter Fläche für den gesamten Bedarf an landwirtschaftlich erzeugten Rohstoffen (zu Nahrungs- und weiteren Zwecken) zur Verfügung stehen. Wovon dann allerdings nur ein Teil als wohnortnah verfügbar in Betracht käme. Zu fragen wäre hier jedoch auch, wovon es jetzt und in Zukunft abhängt, wie groß dieser Anteil ist. Welchen Effekt zum Beispiel das prognostizierte Bevölkerungswachstum in den Städten haben wird, wie sich individuelle Konsum- und Ernährungsmuster auswirken und wie das Anbausystem den Flächenbedarf verändert, je nachdem, ob es vorwiegend auf ökologische Nachhaltigkeit setzt oder der konventionell agrarindustriellen Landwirtschaft verhaftet bleibt. Interessant ist in diesem Zusammenhang natürlich auch der Einfluss, den Stellgrößen wie individueller Fleischkonsum oder das Ausmaß der Lebensmittelverschwendung auf den ernährungsbedingten Flächenbedarf in einer bestimmten Region haben.

»Relokalisierte Nahrungsversorgung« – ein zentrales Ziel für den Systemwandel

Aus gutem Grund sehen Ernährungsrats-Initiativen eine wichtige, wenn nicht sogar die wichtigste treibende Kraft für den zukunftsfähigen Wandel in der »Relokalisierung« unserer urbanen Ernährungssysteme. Doch die Entwicklung geht noch immer in die entgegengesetzte Richtung, Produktion und Konsum werden räumlich und zeitlich immer weiter voneinander getrennt. Vor den Folgen dieser Trennung warnen immer mehr Wissenschaftler. Sie weisen darauf hin, dass dadurch Risiken wie der Klimawandel immer größer werden, wie auch die Abhängigkeit von globalen Märkten, die beide absehbar die Nahrungssicherheit auch in den Industrieländern bedrohen.

In der Theorie liegt der Ausweg aus dieser Sackgasse in einer konsequent lokal gegründeten Lebensmittelwirtschaft, die in erster Linie Menschen in ihrer Nähe versorgt. Unser jetzt noch weit überwiegend industriell geprägtes Anbausystem, das unter ständigem Wachstums- und Preisdruck steht und zu immer mehr Export in ferne Märkte zwingt, könnte so endlich der Vergangenheit angehören.

Doch die große Frage ist, ob und wo die jeweiligen örtlichen Gegebenheiten eine systematisch geplante Relokalisierung der Nahrungsproduktion und -versorgung tatsächlich zulassen. Und welche Konsumstiländerungen dazukommen müssen, damit ein wirklich grundlegender Systemwandel davon ausgehen kann. Aktuell suchen verschiedene Forscherteams Antworten auf solche Fragen. Ihre Daten und wissenschaftlichen Schlussfolgerungen können der Zivilgesellschaft, etwa in Gestalt von Ernährungsräten und verwandten Initiativen, ebenso wie der lokal, national und für Europa verantwortlichen Politik wichtige Grundlagen für die weitergehende ernährungspolitische Diskussion und zukunftsfähige Strategien liefern.

Chancen zur regionalen Versorgung von Rotterdam, Mailand, London und Berlin

Anfang 2018 veröffentlichte der Stadtplaner und Agrarwissenschaftler Ingo Zasada vom Leibniz-Zentrum für Agrarlandschaftsforschung (ZALF) im brandenburgischen Müncheberg gemeinsam mit Forscherinnen und Forschern aus Großbritannien, den Niederlanden und Italien Ergebnisse einer groß angelegten Untersuchung. Im Fokus stand dabei die regionale Selbstversorgungskapazität von vier europäischen Metropolregionen: London, Rotterdam, Mailand und Berlin. Zasada und seine Kollegen wollten wissen, was genau die Voraussetzungen sind, unter denen die Einwohner der genannten Großstädte sich stärker mit regional erzeugten Lebensmitteln ernähren könnten. Wie viel Agrarfläche wäre heute nötig, um Berlin, Mailand, Rotterdam oder London ausreichend mit Nahrungsmitteln zu versorgen? Und wie viel im Jahr 2050, wenn voraussichtlich noch deutlich mehr Menschen in diesen Metropolen leben werden?

Die Ausgangslage für dieses Studiendesign erwies sich als in allen vier Regionen gut vergleichbar. Überall hat das globalisierte Nahrungssystem dafür gesorgt, dass nur ein Bruchteil der Lebensmittel, die in der Stadt konsumiert werden, vom nahen Land stammt. In allen Befragungen geben die Verbraucherinnen und Verbraucher der regionalen Herkunft ihrer Nahrungsmittel den Vorzug. Aber in der Realität werden ihnen die meist weit gereisten Produkte in ihrem Einkaufskorb einfach ungefragt aufgezwungen. Dabei wäre es allein schon deshalb vernünftiger, Nahrungsmittel dort zu produzieren, wo sie auch verbraucht werden, weil nicht zuletzt ihr Transport über weite Strecken den Klimawandel beschleunigt.

In einem ersten Schritt sichtete die Forschungsgruppe nationale Statistiken, die Auskunft über verbreitete urbane Ernährungsgewohnheiten sowie aktuelle Verbrauchsdaten zu Obst und Gemüse, Milchprodukten, Fleisch, Getreide und mehr geben. Daraus ermittelte sie für jede der vier Regionen die Anbaufläche, die pro Person zu Ernährungszwecken beansprucht wird. Daten über die jeweilige Agrarproduktion, deren Ertrag von Klima, Boden und anderen lokalen Faktoren abhängt, flossen ebenso in die Berechnungen ein wie Flächenanteile für Lebensmittel, die nicht mit Rohstoffen aus europäischen Anbauregionen erzeugt werden können – zum Beispiel Kaffee, Tee oder Schokolade.

Auch der mengenmäßige Lebensmittelverbrauch pro Kopf und Jahr unterschied sich in den untersuchten Städten kaum: Er liegt aktuell im Schnitt bei rund 1000 Kilogramm. Dennoch werden dafür an die vier verschiedenen Regionen ganz unterschiedliche Flächenansprüche gestellt. In Berlin sind es unter gegenwärtigen Bedingungen 2052 Quadratmeter Ackerfläche, die beansprucht werden, in London 1862, in Mailand 2093 und in Rotterdam 1718. Die Differenzen erklären die Forscher mit der Verschiedenheit der vorherrschenden Ernährungsstile in den vier Metropolen.

Aus diesen Zahlen ergibt sich die Gesamtfläche, die zur Deckung des Nahrungsbedarfs der jeweiligen Stadtbevölkerung als Anbaufläche genutzt werden müsste. Und schon hier zeigt sich, welchen Einfluss allein die natürlichen Gegebenheiten auf die Chancen zur

Selbstversorgung einer Stadt haben. Rotterdam (über 600.000 Einwohner), Mailand (über 1,2 Millionen Einwohner) und London (über acht Millionen Innenstadtbewohner und bald 23 Millionen Bewohner der Metropolregion) könnten ihre Nahrungsversorgung nicht auf eine ausreichend große Umlandfläche stützen. Weder jetzt noch 30 Jahre später, wenn die Bevölkerung weiter angewachsen sein wird. Dafür sind die Ränder dieser Städte zu dicht besiedelt, die Böden nicht fruchtbar genug, oder das verfügbare Ackerland wird durch Gebirge oder Meer begrenzt.

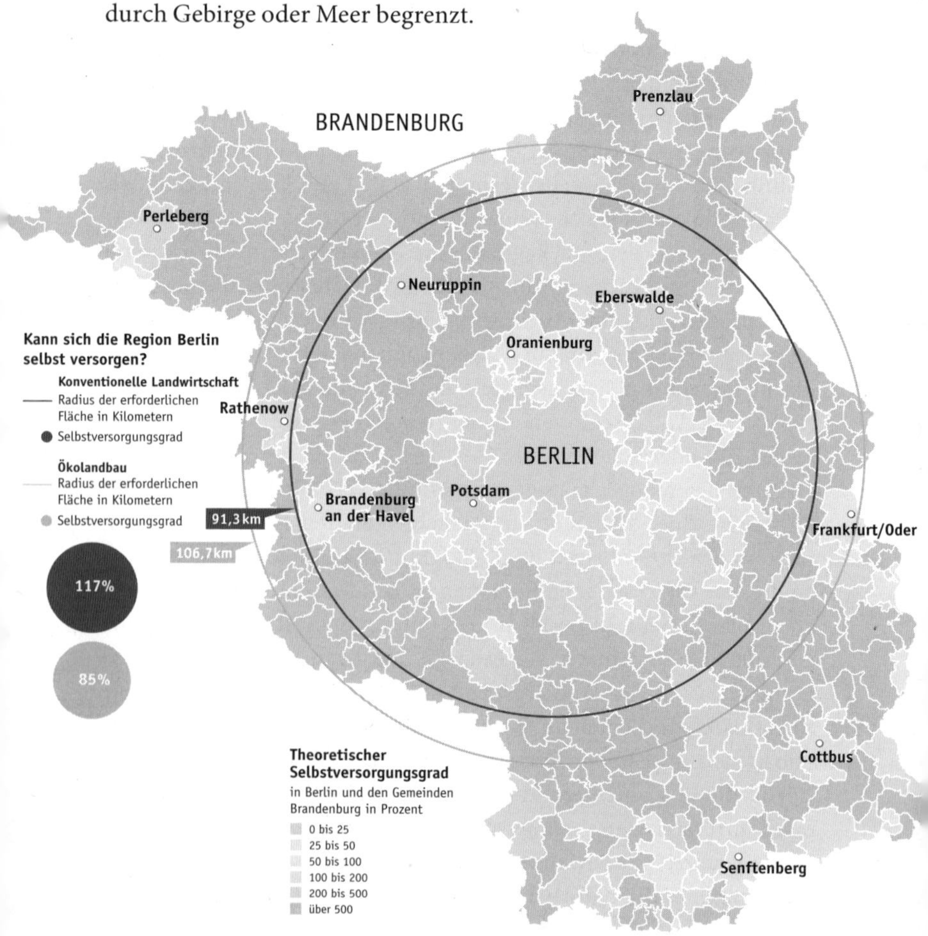

Abb. 1: Die Abbildung vergleicht einerseits den Flächenbedarf für den herkömmlichen Landbau mit flächendeckendem Bioanbau bei sonst gleichbleibenden Rahmenbedingungen. Und andererseits den theoretischen Selbstversorgungsgrad in Berlin und Umland, den Ingo Zasada und Kollegen als Verhältnis von vorhandener zu benötigter Agrarfläche auf Gemeindeebene berechnet haben. Quelle: Zasada et al. (2017), © Grafik: Berliner Zeitung, Sabine Hecher

Berlin ist hier die Ausnahme mit sehr guten Zukunftschancen für die Relokalisierung des städtischen Ernährungssystems. Was den Flächenbedarf angeht, zeigen Zasadas Zahlen, dass die Berlinerinnen und Berliner ihren Nahrungsbedarf künftig problemlos mit regionalen Produkten decken könnten. Das Berliner Umland ist stark landwirtschaftlich geprägt und dünn besiedelt. Von den 14.600 Quadratkilometer Acker und Grünland, die in einem Radius von etwa 110 Kilometern um die Stadt zu finden sind, würde sogar schon die Hälfte, nämlich 7300 Quadratkilometer, ausreichen, um die Nahrungsversorgung vollständig durch regionale Erzeugnisse zu decken.

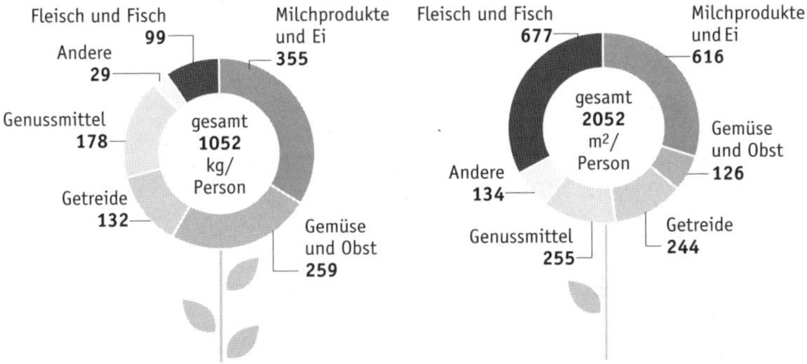

Abb. 2: Aktueller Lebensmittelkonsum der Berliner Bevölkerung links (Jährlicher Durchschnittswert in Kilogramm pro Person) und benötigte Agrarfläche zur Deckung des Lebensmittelkonsums (in Quadratmetern pro Person) in Abhängigkeit der Ernährungsweise rechts. Daten aus: Agrarbericht Brandenburg 2016, © Grafik: Berliner Zeitung, Sabine Hecher

Wie die Abbildung auf Seite 26 zeigt, kann das Land Brandenburg genug produzieren, um auch Lebensmittel für Berlin bereitzustellen. Nur in wenigen Teilen des Bundeslandes kommen Werte für einen Selbstversorgungsgrad von unter 25 Prozent vor. Das liegt im einzelnen an Bevölkerungszahl und Siedlungsfläche (wie in Cottbus und Frankfurt/Oder), an großen Waldflächen (Eberswalde), an großen Wasserflächen (z. B. Brandenburg Stadt) oder an raumgreifenden Tagebauen wie in der Lausitz im Südosten Brandenburgs.

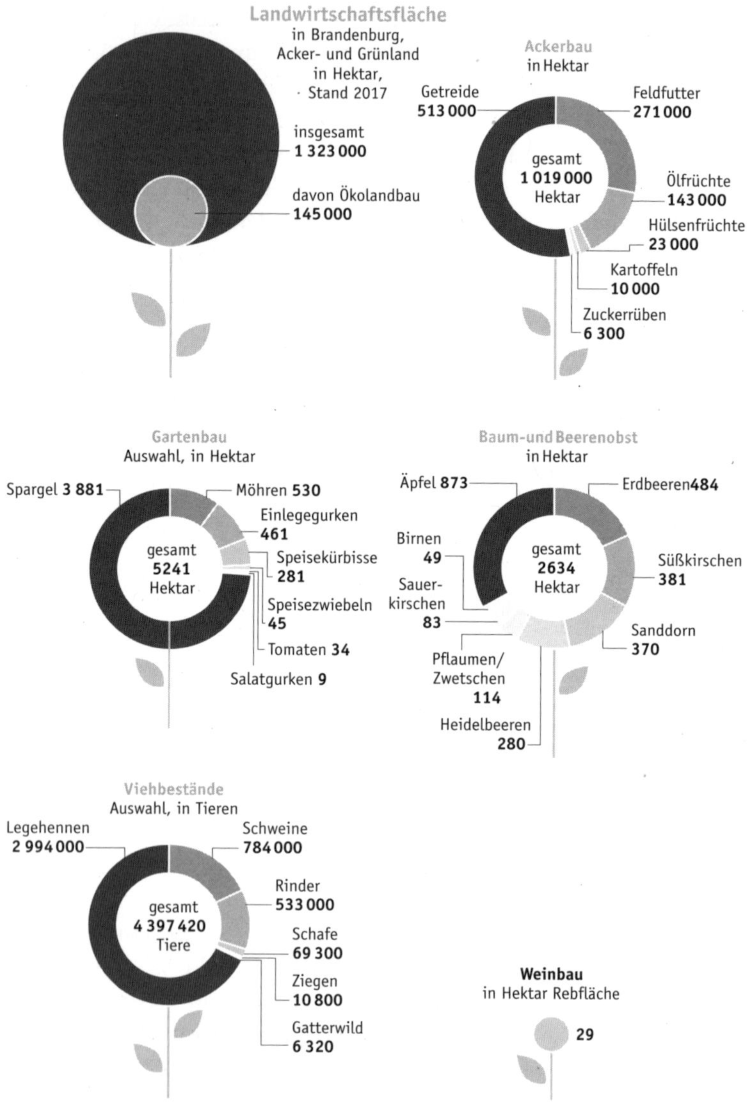

Abb. 3: Gesamte im Jahr 2017 landwirtschaftlich genutzte Fläche Brandenburgs, differenziert nach Nutzungsarten und Viehbeständen. Daten aus: Agrarbericht Brandenburg 2016, © Grafik: Berliner Zeitung, Sabine Hecher

Für alle vier Städte wurden im Rahmen dieser Studie verschiedene Szenarien durchgerechnet mit jeweils unterschiedlichen Annahmen zu 1. Bioanbau, 2. Ernährungsweise, 3. Lebensmittelverlusten und 4. Bevölkerungsdichte. Wenig überraschend, benötigt konsequent ökologischer Anbau mehr Fläche, je nach Region zwischen 36 und 41 Prozent. Ein Mehrbedarf entsteht natürlich auch durch die bis 2050 geschätzte Zunahme der Bevölkerungsdichte, in den urbanen Kernzonen genauso wie in der Besiedlung ausgedehnter Randzonen.

Doch das individuelle Konsumverhalten hat hier noch viel größere Auswirkungen, etwa wenn mehr Fleisch gegessen wird oder mehr regionale Bioprodukte gekauft werden. Starken Einfluss hat zudem, in welchem Ausmaß Lebensmittel bei Anbau und Ernte, in der Verarbeitung, im Handel und in den Haushalten verschwendet werden. All dies sind wirkmächtige Stellschrauben, wenn es um zukunftsfähig begrenzte Flächenansprüche pro EinwohnerIn geht. So legen Zasada und seine Kollegen ihrem Szenario »Lebensmittelverluste« die Zahl von 17 Prozent für alle Nahrungsmittel zugrunde, die im Laufe der Produktions- und Handelskette verloren gehen, und weitere 14 Prozent für private Haushalte. Verschwendete Lebensmittel machen demnach über 30 Prozent der gesamten Produktion aus, die in den Bedarf verfügbarer Anbaufläche einkalkuliert wurden. Werden diese Verluste ganz oder wenigstens zum größten Teil vermieden, so die Studie, kann das den ernährungsbedingten Flächenfußabdruck *(land footprint)* sehr viel nachhaltiger verkleinern, als ihn andere Faktoren wachsen lassen.

Ernährungssicherheit für Berlin

Was den engen Zusammenhang städtischer Ernährungsmuster mit dem Flächenbedarf und entsprechenden regionalen Versorgungskapazitäten für die Stadt Berlin angeht, waren Wissenschaftler der Martin-Luther-Universität Halle-Wittenberg schon 2017 zu teilweise vergleichbaren Ergebnissen gekommen. Esther Hönle, Toni Meier und Olaf Christensen lenken den Blick in ihrer Studie zunächst auf die Diskussion, die sich um die weltweite Ernährungssicherung dreht. Ihre Begründung für diesen Ausgangspunkt ist einleuchtend: »Die zukünftige Welternährungssicherung wird häufig im Hinblick auf Bevölkerungswachstum und Klimawandel diskutiert. Dabei gelten die Länder des globalen Südens als besonders vulnerabel (verletzlich). Ernährungssicherheit ist jedoch auch für den globalen Norden aufgrund der zunehmenden Bevölkerungskonzentration in Städten von besonderer Aktualität. Dabei steht nicht Nahrungsknappheit, sondern die ›Delokalisation‹ von Produktion und Ernährung im Vordergrund, welche die Stadt stark von externen Faktoren abhängig macht.«

Vor diesem Hintergrund verglichen die WissenschaftlerInnen den Berliner Flächenbedarf bei heutigen Ernährungsgewohnheiten mit den regionalen Flächenkapazitäten der Umgebung und untersuchten Handlungsoptionen zur Verringerung der ermittelten Flächenansprüche. Ihr Fazit: Knapp zwei Drittel der benötigten Agrarfläche für den Bedarf der Berlinerinnen und Berliner stünden im Inland zur Verfügung. Ein großer Teil davon direkt vor den Toren der Stadt. Rein flächenbezogen wäre die Umstellung auf mehr regionale Versorgung Berlins also kein Problem, darin stimmt die Untersuchung prinzipiell mit Ingo Zasadas Schlussfolgerungen überein. Allerdings geben Hönle, Meier und Christensen zu bedenken, dass die Fläche, die gegenwärtig zur Ernährung einer Person gebraucht wird, noch deutlich größer ist, als ökologisch verträglich wäre.

Daraus ergeben sich Fragen nach der Resilienz (Widerstandsfähigkeit) des städtischen Ernährungssystems und nach den regionalen Versorgungsmöglichkeiten. Notwendige Bedingung für einen zukunftsfähigen Wandel wäre aus Sicht der Forscher etwa, die heute zu Ernährungszwecken pro Kopf beanspruchte Fläche deutlich zu reduzieren und damit die Umweltbelastung zu senken. Was besonders effektiv mit weniger Fleischverbrauch und drastisch verringerter Lebensmittelverschwendung erreichbar wäre.

Weiterhin stellen die Forscher fest, »dass auch ein Umdenken in der inländischen (regionalen) Produktion nötig wäre, um die Selbstversorgungskapazität Berlins zu erhöhen«. Denn bisher bauen viele Brandenburger Landwirte nur wenige Kulturen an, in der Hauptsache Mais, Raps und Weizen. Das meiste davon trägt aber weder zur Nahrungsversorgung der Berliner Bevölkerung noch zu einer im Lande bleibenden Wertschöpfung bei. Es füllt stattdessen Futtertröge oder speist Tanks und Heizkessel. Für den menschlichen Genuss gedachte Kulturen, vor allem Obst, Gemüse, Nüsse oder Hülsenfrüchte, sind dagegen viel zu selten. Ausreichend Flächen für einen zukunftsfähigen Kulturwechsel im Brandenburger Landbau wären jedenfalls vorhanden. Und, so betonen die Forscher ausdrücklich, für die Verbraucherinnen und Verbraucher müsste mit einer neuen, stärker auf lokale Produkte gestützten Esskultur ja keineswegs der komplette Verzicht auf Kiwis, Kakao oder Kaffee einhergehen.

Könnte Hamburg 100 % regional und bio essen?

Eine Studie der HafenCity Universität Hamburg kam Ende 2016 zu dem Ergebnis, die Hamburger Region könnte zu hundert Prozent mit Biolebensmitteln aus einem 100-Kilometer-Radius versorgt werden. In ihrer Studie ermittelte Sarah Joseph den Flächenbedarf für verschiedene Hamburger Ernährungsweisen.

Zwei Faktoren waren für ihre Berechnung von zentraler Bedeutung. Zum einen die Bevölkerungsdichte: Sie ging von einem Umlandradius von 100-Kilometern aus, in dem 293 Einwohner pro Quadratkilometer landwirtschaftlicher Nutzfläche leben. Zum anderen der Fleischkonsum pro Kopf und Jahr, weil dieser den größten Einfluss auf die beanspruchte landwirtschaftliche Fläche hat. Es zeigt sich, dass ökologische Produktion zwar mehr Fläche braucht, es aber dennoch möglich wäre, die Bevölkerung aus einem Umkreis von 100 Kilometer Radius rund um Hamburg vollständig mit regional erzeugten Biolebensmitteln zu versorgen, wenn drei Viertel der landwirtschaftlichen Flächen der Region für den Anbau ökologischer Nahrungsmittel genutzt würden. Vorausgesetzt, die Hamburgerinnen und Hamburger ließen beim Essen an zwei, besser noch an drei oder vier Tagen der Woche das Fleisch weg.

Mit ihren Empfehlungen für den nötigen landwirtschaftlichen Umstellungsprozess bricht Sarah Joseph schließlich eine Lanze für alternative Ernährungsnetzwerke, vor allem für verschiedene Formen von Erzeuger-Verbraucher-Gemeinschaften. Unter anderem seien sie in der Lage, die Zahlungsbereitschaft für regionale ökologische Lebensmittel zu erhöhen und damit zugleich für mehr Fairness bei Erzeugerpreisen und Löhnen zu sorgen.

Millionenmetropole Wien: Weltmeisterin der regionalen Gemüseversorgung

In Österreichs Hauptstadt hat das Umweltbundesamt 2017 den Bedarf und die Verfügbarkeit von regional angebautem Gemüse analysiert. Die Pilotstudie fand im Auftrag der Landwirtschaftskammern Wien und Niederösterreich, der niederösterreichischen Landesregierung sowie der Wiener Umweltschutzabteilung statt. Sie hatte das erklärte Ziel, mit ihren Daten zur Optimierung der regionalen Versorgung beizutragen. Das im Sommer des Jahres veröffentlichte Ergebnis erlaubt den Schluss, dass »der Gemüsebedarf von 2,5 Mio. Einwohner(inne)n in Wien und den Umland-Gemeinden bereits jetzt regional gedeckt werden« kann. Umweltstadträtin Ulli Sima äußerte sich in der Presse sichtlich stolz auf ihre Stadt: »Als einzige Millionenmetropole weltweit können wir uns mit Gemüse selbst versorgen. Dazu kommen der hohe Genussfaktor und die garantierte Gentechnikfreiheit der heimischen Produkte. Lokale Produktion sichert zudem Arbeitsplätze und kurze Transportwege schonen die Umwelt.«

In der Studie wurden exemplarisch drei Lebensmittelpfade untersucht: der Außer-Haus-Verzehr – dazu zählen Großküchen und die Gemeinschaftsverpflegung –, der Lebensmitteleinzelhandel und die Direktvermarktung. Darüber hinaus wurden Vertreter und Vertreterinnen aller drei Sektoren nach Absatzmengen und nach ihrer Sicht auf Potenziale ebenso wie auf mögliche Lieferengpässe befragt. Danach scheint in erster Linie der Bedarf an Zwiebeln und Karotten gut aus der Region gedeckt zu werden. Gemüseangebote außerhalb der regionalen Erntezeiten und für verarbeitete Produkte sind jedoch meist Importware. Vor allem in der Außer-Haus-Verpflegung fehlt oft noch jeder Hinweis auf die Herkunft.

Seine Studie beweise, sagt das Umweltbundesamt, dass der Bedarf an Gemüse in Wien und seinem Umland mengenmäßig – ungeachtet der Sorte – durch die Ernteerträge in der Region gedeckt werden kann. Es werden jährlich sogar etwa 80.000 Tonnen Gemüse mehr produziert, als benötigt werden. Die Nachfrage nach bestimmten Sorten ist allerdings größer als das Angebot. Dazu zählen Champignons, Blumenkohl und andere Kohlsorten, Melonen, Paprika, Pfefferschoten, Tomaten, Rote Bete, Salat und Zucchini. Andere Gemüsearten werden dagegen im Überschuss produziert und aus Wien sowie den Umlandgemeinden exportiert, etwa Erbsen, Karotten, Weißkohl, Sellerie, Spargel, Spinat und Zwiebeln. Ließen die Wiener allerdings das eine oder andere Schnitzel zugunsten von mehr Gemüse weg, müsste dessen Anbau im Umland leicht zulegen. Damit entstünde nämlich ein zusätzlicher Bedarf von etwa 20.000 Tonnen im Jahr.

Freiburg, einst regionale »Wiege des Ökolandbaus«, isst heute eher global

Die Stadt Freiburg ließ als Erste in Deutschland die Frage untersuchen, welchen Anteil regionale Produkte am Lebensmittelkonsum ihrer Einwohner haben. Die im Mai 2016 veröffentlichten Daten, die Heidrun Moschitz vom Forschungsinstitut für biologischen Landbau (FibL) in Frick gemeinsam mit einer Reihe Fachkolleginnen gesammelt und analysiert hat, zeigen: Die Region versorgt die Freiburgerinnen und Freiburger derzeit nur mit 12 bis 20 Prozent, während der Löwenanteil vom globalen Markt stammt! Dabei sind die ermittelten Anteile von regionaler oder globaler Herkunft in den einzelnen Produktgruppen sehr unterschiedlich. Guten Absatz finden Rindfleisch (zu rund 80 Prozent regionaler Herkunft) und Milch (Regionalanteil immerhin 70 Prozent) aus dem näheren Umfeld (laut Moschitz aufgrund historisch gewachsener und noch intakter Strukturen). Obst und Gemüse hingegen stammen je nach Sorte nicht selten zu 80 bis über 90 Prozent von weiter oder sehr weit her. Letzteres übrigens trotz historischer Strukturen, deren Biobetriebe in den 1960er-Jahren als »Wiege des Biolandbaus in Deutschland« gerühmt wurden.

Für die Erhebung der Daten wurden insgesamt 121 Produzenten, Händler und Großverbraucher Freiburgs befragt. Das Freiburger Umweltdezernat sprach anlässlich der Veröffentlichung der Studie von einem Appell an die Stadt, ihre Konsumenten und die regionalen Erzeuger einander näherzubringen. Es moniert, dass das Konsumverhalten und der Lebensstil, den die genannten Zahlen offenbaren, den kommunalen Klimaschutz- und Nachhaltigkeitszielen entgegenstehen. Da dem Bereich der Ernährung rund ein Drittel aller Kohlendioxid-Emissionen zuzuschreiben sei, liefere die Studie nun aber wichtige Grundlagen für Aktionen der Stadtverwaltung, um die nachhaltige Produktion und Distribution regionaler Lebensmittel zu fördern.

Regionale Versorgung für Basel: »gering bis mittel« gesichert

Ebenfalls 2016 hat das Forschungsinstitut für biologischen Landbau (FibL) auch eine aktuelle Nachhaltigkeitsbewertung des Ernährungssystems der Stadt Basel vorgelegt. Im Rahmen des Projekts »Ernährungssystem Basel« analysierten Heidrun Moschitz, Jan Landert, Christian Schader und Judith Hecht das städtische Ernährungssystem mit all seinen Akteurinnen und Akteuren im Detail. Ihre Ergebnisse belegen zwar vielfältige Beziehungen der landwirtschaftlichen Betriebe im Kanton zur Baseler Bevölkerung. Damit ist aber nur teilweise die Direktvermarktung ihrer Produkte gemeint, andere Verbindungen entstehen im Bereich Landschafts- und Naturschutz und wieder andere durch Angebote für die Freizeitgestaltung und Bildung der Städterinnen und Städter (z. B. »Schule am Bauernhof«).

Auch die Nachhaltigkeit der Verwaltungsaktivitäten in und um Basel wurde bewertet, in 51 Themengebieten anhand von 97 verschiedenen Nachhaltigkeitsindikatoren. Die Studie fand dabei viele gute Ansätze, benannte aber auch einiges an Verbesserungspotenzial. So werden beispielsweise die Unterstützung des regionalen Biolandbaus und die Bevorzugung saisonaler Produkte und vegetarischer Mahlzeiten an Schulen gelobt. Zugleich monieren die Wissenschaftlerinnen, dass »die Lohngleichheit in den untersuchten Betrieben noch nicht überall gleichermaßen adressiert wird und generell der Anteil von Bio- und Fair-Trade-Produkten noch gering ist«. Ebenso werden große Lücken in der ökologischen Nachhaltigkeit des gesamten städtischen Konsums konstatiert.

Die Nachhaltigkeitsbewertung habe gezeigt, sagen Moschitz und ihre Kollegen, dass im Kanton Basel bereits heute eine Vielzahl von Maßnahmen in Richtung einer nachhaltigen Ernährung umgesetzt werden und der Kanton diesbezüglich sogar über seine Stadtgrenzen hinaus politisch Einfluss nimmt, mit dem erklärten Ziel, den ökologischen Fußabdruck des urbanen Ernährungssystems in produktiver Kooperation mit der ländlichen Region des Kantons zu verkleinern. Was die regionale Landwirtschaft aber tatsächlich zur Versorgungssicherheit der Stadtbevölkerung mit Lebensmitteln beiträgt, schätzen die FibL-Wissenschaftler insgesamt doch eher als »gering bis mittel« ein.

Die Datenbasis zur Diskussion regionaler Ernährungsstrategien ist da!

So verschieden die wissenschaftlichen Blickwinkel auch sein mögen, unter denen die Chancen für eine zukunftsfähige regionale Nahrungsversorgung der hier genannten acht Städte betrachtet und bewertet wurden, in der generellen Tendenz ihrer Schlüsse sind sich die Wissenschaftler relativ einig: Der wachsenden Delokalisation von Lebensmittelproduktion und Konsum muss unverzüglich mit einem zukunftsfähigen Wandel urbaner Ernährungssysteme entgegengewirkt werden. Und dabei kommt der Relokalisierung der städtischen Nahrungsversorgung ohne Zweifel die Hauptrolle zu. Die Frage ist, wie und in welchen Zeiträumen diese im Einzelnen umzusetzen ist, von welchen Maßnahmen die stärksten Impulse ausgehen und welche konkreten örtlichen Bedingungen dabei förderlich oder begrenzend sind. Die zur Verfügung stehenden Daten liefern dafür jedenfalls schon jetzt eine ziemlich konkrete Diskussionsbasis.

Und so wollen die Forschungsgruppen ihre Empfehlungen zumeist auch verstanden wissen: als relevante und vor allem belastbare Datenbasis für zivilgesellschaftliche Gruppen und Verbände, die ihre ernährungspolitischen Forderungen damit sachlich fundierter begründen können. Und als Planungsgrundlage für Stadtverwaltungen und Kommunen, auf die sich ihr Entwurf einer zukunftsfähigen und zugleich politisch durchsetzbaren lokalen Ernährungsstrategie stützen kann.

Mut zur Wende ist gefragt!

Doch auch den folgenden Gedanken legen die hier diskutierten Studienergebnisse nahe: Die von Ernährungsräten geforderte Umstellung auf ein deutlich höheres Maß an lokaler Lebensmittelerzeugung für unsere Städte verlangt denen, die sie politisch umsetzen, nicht nur die Bereitschaft zur Innovation oder wissenschaftlich gestützte strategische Planung ab. Ganz sicher fordert ein solcher Prozess auch viel Beharrlichkeit und noch mehr Mut von den jeweils verantwortlichen Volksvertretern und -vertreterinnen. Denn nicht alle Beteiligten werden die nötigen Änderungen uneingeschränkt und von Herzen begrüßen.

Zum Beispiel die großen Discounter und Supermarktketten. In Deutschland teilen rund 15.000 Discountmärkte (wie Aldi, Lidl, Netto und Penny) und über 10.000 konventionelle Supermärkte (wie Rewe, Edeka, Kaufland, Hit oder Nahkauf) je nach Einzugsgebiet zwischen 90 bis 95 Prozent der gesamten Lebensmittelversorgung der Bevölkerung unter sich auf. Ihr Verständnis von Nähe hat jedoch so gut wie nichts mit den Zielen einer regional gedachten Nahrungsversorgung von Stadtbevölkerungen zu tun. Die Berechtigung, sich selbst offensiv als Nahversorger mit Frischegarantie zu bewerben, leiten sie allein daraus ab, dass sie den Anwohnern ihrer Verkaufsstandorte ihr überwiegend von fernen Märkten stammendes Lebensmittelangebot nahebringen.

Dass auch ihre Kundschaft neuerdings mehr Wert auf Bio- und Fair-Trade-Produkte legt und vermehrt nach Lebensmitteln regionaler Herkunft fragt, beantworten Supermärkte und zunehmend auch die Discounter mit einem wachsenden Angebot entsprechend gekennzeichneter Waren. Dabei geht es ihnen allerdings nicht so sehr um zukunftsfähige Versorgung, sondern vielmehr um ihre Marktanteile. Weshalb in aller Regel nicht mehr als der Mindeststandard des staatlichen oder des EU-Bio-Siegels geboten wird und »von hier« oder »aus der Region« oft nicht mehr als die nationalen Landesgrenzen meint, egal, wie lang der tatsächliche Transportweg jeweils gewesen ist. Nach den strengen Regeln der Öko-Anbauverbände hergestellte Produkte sind dabei ebenso seltene Ausnahmen wie wirklich in der näheren Umgebung (also in nicht mehr als ca. 150 Kilometer Entfernung) erzeugte.

Stadtverwaltungen, die Ernst machen wollen mit der relokalisierten Versorgung ihrer Kommune, müssen sich also aktiv kümmern, unter anderem um die Ansiedlungschancen und die wirtschaftliche Förderung regionaler Bioerzeuger, kleinerer Verarbeitungsbetriebe und den Bioeinzelhandel und die Vermarktungswege. Sie sollten auch offiziell festlegen, was in einem zukunftsfähigen Ernährungssystem »regional« heißen darf und was nicht. Damit würden sie unter anderem dem Richtlinienentwurf der EU-Kommission vom April 2018 folgen, der unfairen Handelspraktiken in den Lieferbeziehungen der Discounter- und Supermarktunternehmen zu kleinen regionalen Lieferanten (im In- und Ausland) einen Riegel vorschieben und sie so vor ausbeuterischen Methoden der Großeinkäufer schützen soll. Es ist allerdings kaum anzunehmen, dass der konventionelle Lebensmittelhandel seine dadurch eventuell geschmälerten Marktanteile kampflos aufgibt.

Vielfalt und Qualität machen »Ökodiktate« überflüssig

Andere Einwände könnten vonseiten derer kommen, für die eine nur teilweise Selbstversorgung der Städte aus der nahen Umgebung nicht weit genug geht. Oder von jenen, die befürchten, sie könnte zu weit gehen, weil die damit verbundene Beschränkung auf heimische Feld- und Gartenfrüchte der Saison sie in den kälteren Jahreszeiten auf ein extrem dürftiges und monotones Speisenangebot festlegen werde. Da fällt schnell mal das böse Wort von der Ökodiktatur, und der eine oder die andere sieht den viel gescholtenen »Veggieday« von Neuem um die Ecke kommen.

Um in dieser Debatte Boden gutzumachen, ist Fingerspitzengefühl für die ernährungspolitische Kommunikation gefordert. Sie sollte vor allem klarmachen, dass weder Ernährungsräte noch Stadtverwaltungen den Wienern die Schnitzel, den Berlinern die Curry- oder den Münchnern ihre Weißwürste streitig machen wollen, und dass auch in Zukunft keine kommunale Küche den ganzen Winter lang Kohlsuppe servieren will.

Dafür muss das Fleischangebot besser werden und vor allem von Erzeugern stammen, die ohne Tierquälerei und Genfutter produzieren. Zugleich sollten Fleischgerichte endlich mehr ernst zu nehmende Konkurrenz bekommen. Und zwar durch ein tägliches Angebot appetitlicher pflanzlicher Mahlzeiten, die mindestens genauso satt und zufrieden machen, weil sie von exzellent ausgebildeten vegetarischen Kochprofis zubereitet wurden. Wie man das hinbekommt, lässt sich von einschlägigen Beratern lernen.

Umdenken macht klar zur Wende!

Um das lokale Angebot für eine erneuerte urbane Esskultur bereitstellen zu können, bedarf es allerdings mehr. Das lenkt den Blick noch einmal auf die Forderungen, die Esther Hönle und ihre Kollegen von der Martin-Luther-Universität Halle-Wittenberg für die Neuausrichtung des Anbausystems im Berliner Umland erhoben haben. Sie legen ein Umdenken hinsichtlich der Kulturen und des Fruchtwechsels nahe und meinen damit zugleich auch das Umdenken des Handels und der Konsumentinnen und Konsumenten. Der gegenwärtige Mangel an Diversität bei den Feld- und Gartenfrüchten müsste einer Vielfalt standortangepasster Sorten weichen, wozu in jedem Fall auch der bodenverbessernde Fruchtwechsel und die wieder deutlich vermehrte Kultur von Hülsenfrüchten gehörten.

Größere lokale Agrobiodiversität (also die nicht arten-, sondern sortenbezogene Biodiversität im Anbau von Kulturpflanzen) zurückzugewinnen ist nicht nur notwendig, um unsere Nahrungsversorgungssysteme resilient zu machen, also widerstandsfähig gegen Krisen. Sie bietet auch mehr kulinarische Vielfalt über den gesamten Jahreslauf, was dann der gegenwärtig wahrlich nicht ganz unbegründeten Furcht vor winterlicher Kohl-und Rübenmonotonie entgegenzuhalten wäre.

Schon ein Blick in das gut sortierte Küchengartenbuch der Henriette Davidis von 1877 genügt, um zu verstehen, auf welchem Niveau Abwechslung auf dem Teller durch ein ganzjährig vorausgeplantes lokales Sortenmanagement einst bei uns möglich und üblich war. Nicht zuletzt, um dies in Erinnerung zu bringen, ist das Buch übrigens vor einigen Jahren neu aufgelegt worden.

Die Sortenverzeichnisse und Saatgutangebote von Initiativen wie »Dreschflegel« oder dem »Kultursaat e. V.«, den »Vereinen zur Erhaltung und Rekultivierung alter Nutzpflanzen in Deutschland« (VEN e. V. und VERN e. V.), »Pro Specie Rara« in der Schweiz oder »Arche Noah« in Österreich verweisen heute darauf, aus welchen Quellen sich die kulinarische Identität der Regionen künftig wieder speisen könnte. Vorausgesetzt, die Städte und Kommunen machen auch die Entwicklung und Förderung gemeinwohlorientierter Saatgutsysteme zu ihrer Sache und fordern Bund und Länder mit dazu auf, die Macht der globalen Saatgutriesen, die solche Initiativen klein hält, gesetzgeberisch einzuschränken. Wenn im Saatgutbereich der Zukunft nicht die »marktkonforme Demokratie« des Neoliberalismus unsere Einkaufskörbe beherrschen soll, sondern eine Ernährungsdemokratie, die der Bevölkerung die Bestimmungsmacht über ihre Teller zurückgibt, dann müssten die neuen *Open Source Seeds* überall zum bevorzugten Saatgut der lokalen Ernährungswende werden. Damit ist Saatgut gemeint, das aus einer gemeinnützigen ökologischen Saatzucht stammt, welche ihr Lizenzrecht nicht auf den privatwirtschaftlichen Profit zuschneidet, sondern auf den offenen Umgang mit Saatgutsorten als einem zum allseitigen Nutzen entwicklungsfähigen Gemeingut.

Kein Verzicht, dafür Vorfreude auf saisonalen Genuss!

Viele Forscher betonen, wenn der Flächenanspruch pro Kopf sozial und ökologisch vertretbar reduziert würde, dann bedeute das keineswegs zwingend den Verzicht auf Kaffee, Kokos und Kakao oder den auf Orangen und Olivenöl. Vor dem Hintergrund der gerechten Verteilung von Erwerbschancen in der globalen Lebensmittelproduktion erschienen derart restriktive Forderungen ohnehin nicht angemessen.

Gleichwohl muss eine lokale Ernährungspolitik für die Zukunft geeignete Rahmenbedingungen schaffen, die der fast vollständigen Abschaffung der Jahreszeiten im Supermarktregal entgegenwirken. Das derzeitige Obst- und Gemüsesortiment scheint zwar reichhaltig. Weil es jedoch vorwiegend vom globalen Markt stammt und jede Lücke, die regional unterschiedliche Erntezeiten bedeuten würden, einfach durch Importe überbrückt, verbraucht es einfach zu viel kostbare Ressourcen. Umso mehr, wenn ein Drittel davon nie zum Verzehr kommt.

Doch zu guter Letzt sind mit dem Appell zum Umdenken auch wieder die Konsumentinnen und Konsumenten und ihre individuelle Esskultur angesprochen. Auch hier geht es um weit mehr als die komplette Verwertung alles Wertvollen oder die Rückkehr zum Sonntagsbraten. Warum nicht zum Beispiel als echte Spargelkennerin schmackhafte alte Regionalsorten den faden Hybriden aus Holland vorziehen und von sich aus auf eine vorgezogene Ernte verzichten, die weite Flächen im Umland unter hässlichen, lebensfeindlichen Folien verschwinden lässt? Warum nicht im Norden die schöne Bezeichnung »Südfrüchte« wieder zu Ehren kommen lassen und reif geerntete und daher zuckersüße, aromatische Orangen aus Kalabrien als Luxus betrachten, den man sich zur Erntezeit im Dezember als Festtagsgenuss leistet? Und wie wäre es mit der Renaissance der Apfelstiege im eigenen Vorratskeller? Bäume mit lagerfähigen alten Apfelsorten, die niemand sonst mehr leer pflückt, finden moderne »Mundräuber« auf mundraub.org im Umland vieler Städte.

Diese Reihe praktischer Beispiele ließe sich mühelos weiter verlängern. Aber auch schon die genannten zeigen, dass der persönliche Ausstieg aus »Konsumschuhen«, die viel zu große Flächenfußabdrücke hinterlassen, nicht nur keinen Verzicht bedeuten muss, sondern sogar mehr Genuss verspricht.

Kapitel 2

»Fruchtbringende« Beziehungen zwischen Stadt und Land

Von echten Regionalmarken, die kein Biosiegel führen, und von Food Hubs, Solidarischer Landwirtschaft und grünen Aktionären

Bei der Gründung der *Food Policy Councils* in den USA ging es zunächst vor allem um *Food Justice*, also um soziale Gerechtigkeit, in Brasilien auch um die Bekämpfung von Hunger (vgl. Kap. 3). Ernährungsräten in Europa liegt dagegen oft in erster Linie an der nachhaltig ökologischen Lebensmittelproduktion und einer stärker auf regionale Quellen gestützten Versorgung. So wollen ihre Mitglieder dazu beitragen, die natürliche Artenvielfalt in ihrer Stadt und in deren Umgebung zu erhalten und die regionaltypische Sortenvielfalt im Acker- und Gartenbau wieder zu steigern, weil sie sehen, dass es vor allem die als »modern« bezeichnete Turbo-Landwirtschaft mit ihren Monokulturen ist, die zur schnell fortschreitenden Verödung ländlicher Flächen führt. Und weil sie erkannt haben, dass auch das eigene Konsumverhalten mehr oder weniger Anteil an diesem Kahlschlag ganzer Kulturlandschaften haben kann.

Kleinere Bauernhöfe, die noch Sortenvielfalt auf dem Acker kultivieren und damit oft auch der Artenvielfalt neben dem Acker bessere Überlebensbedingungen und Entwicklungschancen bieten, stehen unter Druck. Vielfach können sie ihren Fortbestand nur deshalb sichern, weil sie ihre Erzeugnisse direkt an die Verbraucher verkaufen und dadurch einen höheren Preis erzielen. Größere Betriebe hingegen, die vor allem für den Weltmarkt produzieren, sind einem ständigen Preisverfall ausgesetzt und rationalisieren, um zu überleben. Die Konsequenz ist meistens Spezialisierung auf wenige oder sogar nur eine einzige Anbaufrucht, am häufigsten Weizen, Raps oder Mais.

Abb. 4: Vielfältiger Sortenreichtum vom Gemüseacker ist weit mehr als eine Frage des guten Geschmacks. © Gundula Oertel

So wurden aus ehemals vielfältigen, abwechslungsreich und kleinteilig bewirtschafteten Kulturlandschaften riesige, intensiv genutzte Monokulturwüsten, umgeben von ökologisch degradierten Resten einst artenreicher Naturlandschaft. Längst gibt es mehr Vogelarten in den Städten als auf den Feldern rundherum. Und während sich in den städtischen Parks schnell wachsende Kaninchen-Populationen tummeln, sind die Feldhasen auf den ausgeräumten Äckern so gut wie verschwunden. Je preisgünstiger Lebensmittel im Supermarkt werden, desto mehr treibt dies die Entwicklung der Verarmung und Verödung weiter voran.

All dies schreit danach, Konsumentinnen und Konsumenten aus der Stadt und zukunftsfähig wirtschaftende Landwirte der Umgebung zusammenzubringen. Freilich können nicht alle Städter zum Einkaufen den ländlichen Hofladen ansteuern. Das wäre nicht sinnvoll, denn wer für jeden Einkauf ins Auto steigt und die Bauernhöfe der Umgebung abklappert, macht den ökologischen Nutzen der persönlichen Produktauswahl durch die schlechte Klimabilanz der dafür nötigen Autofahrten gleich wieder zunichte.

Wege zu finden und Möglichkeiten zu schaffen, die die Lebensmittelerzeuger der Region und die Verbraucher in der Stadt einander ökologisch nachhaltig und preislich fair nahebringen, gehört deshalb zu den zentralen Herausforderungen für Ernährungsräte. Dort, wo zerstörten regionalen Ernährungssystemen neues Leben eingehaucht werden soll, entstehen oft auch Bündnisse ganz neuer Art. Nicht selten führt ja die simple Einteilung der bäuerlichen Produktion in Biolandwirtschaft und konventionell wirtschaftende Betriebe ins agrarpolitische Abseits. Oft erzeugt dies auf beiden Seiten ein wenig sachdienliches Freund-Feind-Denken entlang einer ideologisch aufgeladenen Trennlinie.

Dabei haben Umwelt- und Naturschützer einerseits und die vorausschauenden bäuerlichen Landwirte andererseits längst verstanden: Es sind die Zwänge überkommener agrarindustrieller Anbausysteme und globalisierter Agrarmärkte, die sie loswerden müssen, um den Karren gemeinsam aus dem Dreck zu ziehen. Wer heutzutage Hybridweizen und andere Hochertragssorten anbaut, ist praktisch gezwungen, die dazu passenden Pestizide von den gleichen Konzernriesen dazuzukaufen. Parallel dazu steigt die Nachfrage nach ökologisch nachhaltig produzierten Lebensmitteln aus der Region zu für beide Seiten fairen Preisen bei der urbanen Kundschaft – egal ob mit offiziellem Bio-Siegel oder ohne.

Seien wir ehrlich: Das EU-Ökosiegel garantiert noch lange nicht, dass tatsächlich ökologische Kreislaufwirtschaft stattfindet. Hauptsache, die produzierten Lebensmittel enthalten keine verbotenen Rückstände von Pestiziden oder Düngemitteln. Es garantiert auch nicht, dass Tiere wesensgemäß gehalten werden. Einerseits gibt es zwar viele Biobauern, die wieder eigene Hühnerrassen züchten oder alte »Zweinutzen-Hühner« aufziehen, welche als Legehennen und zugleich zur Mast taugen und die damit das widerwärtige Schreddern der männlichen Küken beenden, und auch Bauern, die ihre Tiere zudem oft in mobilen Hühnerställen und mit viel Auslauf halten. Es gibt aber auch Bioställe mit 30.000 Tieren, regelrechtes Industrie-Bio, in denen sich sechs Legehennen einen Quadratmeter teilen. Doch solange sie Futter aus größtenteils ökologischem Landbau bekommen, steht dem EU-Bio-Siegel nichts im Wege.

Innerhalb von Bio gibt es also eine große Bandbreite. Diese ist aber auch innerhalb der konventionellen Landwirtschaft anzutreffen. Vor allem kleinere Familienbetriebe versuchen, mittels Kreislaufwirtschaft die verfügbaren Nährstoffe im System zu halten, indem sie Ackerbau mit Tierhaltung verbinden. Wenn solche Betriebe dennoch kein Bio-Siegel für ihre nachhaltige Wirtschaftsweise anfordern, können die Gründe dafür vielfältig sein: Der eine hat eine Biogas-Anlage gebaut, die sich nur in den konventionell üblichen Größenordnungen von Viehhaltung lohnt, der andere hat zu wenig Fläche, um das Futter für die Kühe selbst anzubauen, wie es die Biorichtlinien vorschreiben. Darüber hinaus bedeutet die Umstellung auf Bio eine finanzielle Durststrecke von zwei Jahren.

Viele Bauern scheuen auch den Papierkram, die Bevormundung durch anonyme Stellen, die Kosten für eine Bio-Zertifizierung. Dazu kommt die Sorge, dass sich die kostenintensive Umstellung auf Biolandbau am Ende nicht bezahlt macht, weil die Billig-Konkurrenz aus dem Ausland die Preise drückt. Diese unfairen Marktbedingungen dürften am meisten dazu beigetragen haben, dass der Bioanbau in Deutschland immer noch auf Sparflamme kocht. Derzeit arbeiten immer noch über 90 Prozent der Bauern konventionell, und sie bewirtschaften 95 Prozent der landwirtschaftlichen Fläche Deutschlands. Diejenigen in der Biobewegung, die wieder mehr zu ihren regionalen Wurzeln zurückkehren wollen, werden deshalb auch und gerade in den lokalen Ernährungsräten engagierte Unterstützer dafür finden.

Strategische Kompromisse

Um hier gemeinsam weiterzukommen, kann es sich also durchaus lohnen, Allianzen quer zu den scheinbar naheliegenden Frontlinien zu diskutieren – also zum Beispiel auch mit konventionell wirtschaftenden Landwirten ins Gespräch zu kommen und fernab von Vorurteilen und ideologischen Debatten nach Gemeinsamkeiten zu suchen.

Wenn Ernährungsräte breite Bündnisse aufbauen, deren Spektrum zum Beispiel von den Landfrauen und der Dehoga bis zu Slow-Food- und Transition-Town-Initiativen reichen kann, dann sollten sie mit den divergierenden Meinungen offen umgehen. Es gibt ja durchaus Schnittmengen, Themen, bei denen sich alle einig sind. Der Flächenverbrauch etwa, der Erhalt der kleinen bäuerlichen Betriebe in der Region oder eine generelle Befürwortung nachhaltiger, umweltfreundlicher Landwirtschaft. Über den Weg dorthin gibt es aber mitunter recht unterschiedliche Vorstellungen. Die einen meinen, das sei auch mit Hybridsorten und Glyphosat zu machen, für andere ist das ein Irrtum.

Eine konsequent zukunftsfähig gedachte Landwirtschaft muss unabhängig werden von Konzernsaatgut und krebserregenden Pestiziden, das steht außer Frage. Miteinander reden kann und muss man aber darüber, was und wer dafür verantwortlich ist, wenn viele Landwirte sich schlicht und einfach in ökonomische Zwangslagen gebracht sehen, aus denen es ohne Hochleistungssorten und dazu passende Pestizide kein Entkommen zu geben scheint. Am Ende solcher Land-Stadt-Diskurse kann dann die gemeinsam getroffene Feststellung stehen, dass diese Zwickmühle, in die die Produzenten-Konsumenten-Beziehung hier geraten ist, auf politisches Versagen zurückzuführen sei. Und dass der gemeinsame Feind besserer Lösungen das konzernfreundliche Beharren der Agrarpolitik auf den althergebrachten Anbausystemen ist.

Einig werden muss man sich natürlich dennoch nicht sofort in jedem Punkt. Aber der Blick auf das Gemeinsame ist ein guter Anfang, weil die Revitalisierung des regionalen Ernährungssystems auf eine möglichst breite gesellschaftliche Koalition angewiesen ist. Das wird immer eine Gratwanderung sein, bei der das Bemühen um ein breites Bündnis nicht das Hauptziel verwässern darf, die Landwirtschaft insgesamt nachhaltiger zu machen. Miteinander ausdiskutierte Leitlinien, die diese Ziele als gemeinsames Leitbild festhalten, könnten sich dabei als hilfreich erweisen.

Dafür heißt es, Brücken zu bauen, echte und scheinbare Gegensätze zu überwinden, ideologische Gräben zuzuschütten und uns nach Kräften auf einen gemeinsamen Begriff zu verständigen, der ausdrückt, was genau Ernährungswende für uns heißen soll – und was nicht. Das heißt für die Ernährungsräte: Wir müssen auch auf die konventionellen Landwirte zugehen, wenn unser Bemühen nicht in der Nische stecken bleiben soll.

Dabei spielt auch die Wahl der Begriffe keine untergeordnete Rolle. Statt konventionell bevorzugen zum Beispiel viele Landwirte eher den Begriff *integriert.* Das ist zwar keine gängige, allgemein verständliche Wortwahl, und auch bei vielen Fachleuten gilt der Begriff als Schönfärberei, weil sich »integriert« mehr nach Einklang anhört. Nichtsdestotrotz lohnt es sich zu überlegen, welche Sprache die beteiligten Städter sprechen, wenn sie sich in Sachen Ernährungswende an Bäuerinnen und Bauern wenden. Viele fühlen sich auch durch Begriffe wie »Massentierhaltung« verunglimpft. In der Tat ist hier die Abgrenzung oft unscharf und die öffentliche Debatte ideologisch aufgeladen. Dementsprechend sind viele Bauern übervorsichtig und verschwinden in Schützengräben, sobald sie sich angegriffen fühlen. Als der Kölner Ernährungsrat zum Beispiel ersten »Test-Bauern« einen Fragebogen vorlegte, in dem diese unter anderem gefragt wurden: Verwenden Sie Glyphosat? Oder: Verwenden Sie Pestizide?, da verweigerten viele der Gefragten die Antwort, weil sie sich gebrandmarkt fühlten und unsicher darüber waren, ob der Fragebogen nicht am Ende im Internet landet.

Keine einfache Debatte also, auch weil die Agrarchemiekonzerne natürlich triumphieren, wenn Öko-Standards verwässert werden. Aber die Debatte muss geführt werden, und Ernährungsräte bieten dafür ideale Räume. Weil es sich hier in aller Regel um Personenbündnisse handelt, deren Mitglieder nicht einhellig die Politik eines Dachverbandes vertreten müssen, gibt es weniger Schaukämpfe, und konkrete Interessen von Bauern, Gastronomen, Verbrauchern und anderen treffen gleichberechtigt aufeinander. Das macht es möglich, Leitlinien unabhängig von der lobbygesteuerten Politik in Berlin und Brüssel zu finden.

Echte Regionalmarken schaffen Verbundenheit

Neue Regionalmarken können dabei helfen, neue Bündnisse zu schmieden. Damit ist aber nicht das Regional-Marketing vieler Landesregierungen gemeint: Ihre Agenturen wollen bestimmte Produkte auch über die Landesgrenzen hinaus bekannt machen und international vermarkten. Dazu gehört der Verein »NRW isst gut« ebenso wie »Natürlich von daheim«, die Regionalmarke von Baden-Württemberg. Mit einem regionalen Ernährungssystem hat das indes nichts zu tun.

Im Gegensatz dazu haben die in der Regionalbewegung organisierten Vermarktungsinitiativen echte Regio-Label geschaffen, denen es darum geht, Ware aus der Region in der Region zu vermarkten, wobei die Definition der »Region« unterschiedlich ausfallen kann (siehe Kapitel 1). Erzeuger, weiterverarbeitende Betriebe und Direktvermarkter schließen sich zum Beispiel zu Marken wie »Bergisch pur« im Bergischen Land, »Unser Land« in Oberbayern, »Lippe-Qualität« in Ostwestfalen-Lippe, »SooNahe« in Rheinland-Pfalz oder »Hessisch pur« zusammen. Solche Label sind aufwendig, denn die Herkunft der Ware muss überprüft werden ebenso wie die Qualität der Lebensmittel. Aber sie geben den Verbrauchern zumindest einen Anhaltspunkt auf der Suche nach regionalen und möglichst nachvollziehbar ökologisch angebauten Lebensmitteln.

Bei neuen Bündnissen ganz vorn mit dabei zu sein liegt mitunter auch im Interesse einzelner Supermärkte. Etwa dann, wenn sie ihr Angebot an regionaler Ware ausweiten wollen, mit eigenen Regio-Labels zum Beispiel. Das allerdings wird von vielen misstrauisch beäugt. Zu Recht, denn ein paar Apfelkisten vom regionalen Erzeuger am Eingang eines Supermarkts ändern nichts daran, dass die übrigen im Durchschnitt rund 95 Prozent ihres Lebensmittelangebots nicht aus der Region stammen. Es gibt aber auch löbliche Ausnahmen von dieser Regel: In Vorarlberg wirbt die regionale Kette »Suterlüty« gar damit, dass 50 Prozent ihrer Waren aus dem »Ländle« stammen, womit Vorarlberg gemeint ist. Die andere Hälfte stammt aus dem Rewe-Einkaufsverbund, dem Suterlüty angehört – eine rekordverdächtige Regionalquote. Ein Blick in die Regale zeigt hier, dass sogar die zunehmend gefragten *Convenience*-Produkte aus der Region Vorarlberg stammen, Fertiggerichte ebenso wie Milchprodukte.

Auch andere Supermärkte haben eigene Regio-Marken entwickelt, so zum Beispiel Naturkost Elkershausen in Göttingen. Dessen Geschäftsführer Hermann Heldberg, ein Urgestein der Bio-Bewegung, führte die Eigenmarke »Von« ein, um damit Bio-Produkte aus der Region zu vermarkten – sein Statement gegen die Globalisierung auch im Bio-Sektor.

Unfairer Wettbewerb durch Importe

Immer mehr Bio-Produkte werden heute importiert, und sogar die großen Bioverbände Bioland und Naturland unterstützen dies, indem sie Lebensmittel »rezertifizieren«. Damit wird Ware aus Ländern, in denen keine Bio-Zertifizierung stattfindet, nachträglich mit einem Label versehen. Fälle, in denen die gleichen Erzeugnisse in ausreichender Menge auch von regionalen Bioanbietern zur Verfügung stünden, die ihre Zertifizierungskosten aber allein schultern müssen, werden daher von Kritikern als unlauterer Wettbewerb bezeichnet.

Unlauterer Wettbewerb durch Billig-Produkte aus dem Ausland betrifft die konventionelle Landwirtschaft aber natürlich ebenso. So werden vier Fünftel des Obstes inzwischen aus dem Ausland eingeführt, meist aus Ländern, in denen es keinen Mindestlohn gibt (siehe Kapitel 4). Auch dies sorgt in der heimischen Landwirtschaft für unfairen Preisdruck durch verzerrte Wettbewerbsbedingungen. Insbesondere arbeitsaufwendig bewirtschaftete Streuobstwiesen – eigentlich ein Hort der Biodiversität und oft alter Sorten – lohnen sich nicht mehr und verschwinden zunehmend und mit ihnen viele Vogel- und Insektenarten. Nur mühsam schaffen es die Ortsverbände von Naturschutzorganisationen wie BUND und NABU sowie lokale Initiativen wie der »Bergische Streuobstwiesenverein«, einen Teil des Obstes der alten Hochstammbäume als Saft zu vermarkten.

Vor diesem Hintergrund ist es sicher zunächst zu begrüßen, wenn auch etablierte Händler wie Lutz und Peter Richrath in Bergheim ins regionale Marketing einsteigen. Sie besitzen ein Dutzend REWE-Märkte in der Kölner Region, wo sie auch Lebensmittel unter dem Label »WIR aus der Region« vermarkten. Damit unterstützen sie bäuerliche Familienbetriebe vor allem aus dem Erftkreis und der benachbarten Voreifel. Allerdings haben sie keine weiteren ökologischen Kriterien, wenngleich einige der Produkte wenigstens gentechnikfrei sind. Der REWE-Verbund sieht solche direkten Marktbeziehungen bei den eigentümergeführten Filialen kritisch, sind sie doch eine direkte Konkurrenz zu seinen Zentrallagern. Weil auch bei Rewe-Richrath immer noch über 95 Prozent der Lebensmittel aus dem Zentrallager und nicht aus der Region stammen, ist das im Moment aber kein Konflikt. Doch Vorsicht: Auch ein Teil der Ware aus dem Zentrallager wird als »regional« vermarktet.

Aufwendige Überwachung der regionalen Herkunft

Der Begriff »Regional« ist nicht geschützt, auch bei REWE-Richrath findet sich plastikverpackte Ware mit dem Siegel »Rewe Regional«. Doch diese muss, wenn man es genau nimmt, als Mogelpackung bezeichnet werden. So wird als Herkunftsort oft ein großes Bundesland wie Bayern oder NRW genannt oder die fünf neuen Länder in Ostdeutschland oder gar ganz Deutschland. Auch andere Supermärkte treiben mit dem Regional-Begriff Schindluder.

Mit »Regional Plus« hat die Regionalbewegung ein Label geschaffen, bei dem es nicht nur um die Entfernung in Kilometern vom Verbraucher geht. Es fügte der Herkunft aus der Region noch ökologische Kriterien hinzu: umweltfreundlicher Anbau oder artgerechte Tierhaltung zum Beispiel. Denn die regionale Herkunft macht ein Produkt noch nicht per se zu einem guten Produkt. Im Berliner Umland gibt es zahlreiche Megaställe, in denen Millionen Tiere auf engstem Raum zu Billigfleisch herangezogen werden – das ist zwar regional, aber keineswegs erstrebenswert.

Mit dem »Regional Plus«-Label werden allerdings nicht einzelne Bauern geadelt, sondern die Regionalmarken als solche. Die Überwachung der Standards obliegt damit den Regionalmarken und hat auch nicht unbedingt direkten Bezug zu den Kriterien, die beispielsweise die Ökolandbauverbände anlegen. Das ist eine echte Herausforderung, weil die Prüfer ebenso regelmäßig auf die Bauernhöfe kommen müssen wie die der Ökokontrollstellen.

Das ist arbeitsaufwändig und kostspielig, und deshalb fragen sich viele: Wollen wir wirklich neben Bio noch ein weiteres teures Überwachungssystem aufbauen? Der Verein »Bergisch Pur« möchte deshalb an bestehende Strukturen andocken: an den KAT-Verein (Verein für kontrollierte alternative Tierhaltungsformen) zum Beispiel, der sowieso regelmäßig die Höfe der Hühnerhalter besucht, um Qualitätsstandards zu überprüfen. Für ein kleines Entgelt könnte er auch Umweltkriterien abfragen. Oder die amtlichen Tierärzte, auch sie müssen regelmäßig die Höfe besuchen und kontrollieren.

Lückenschluss mit Rechnerkraft und Solarenergie

Bleibt ein weiteres Problem: Wie schaffen wir die Ware vom Land in die Stadt? Denn die Bauern haben nicht die Zeit, einzelne Gastwirte zu beliefern, und umgekehrt schaffen es auch viele Gastwirte kaum, einzelne Höfe aufzusuchen. Die Regionalbewegung hat diese Lücke erkannt und bietet Beratung in Form von Logistikforen. Eine der Mitgliedsinitiativen, die diese Lücke erfolgreich überwindet, sind die »Meck-Schweizer«. In Mecklenburg-Vorpommern haben sie 2017 eine Online-Plattform gestartet, die Bauern, Händler, Gastronomen, Verarbeiter und Einkaufsgenossenschaften verbindet – also nicht die Endkunden, sondern B2B (Business to Business). Die Hersteller legen Preise und Mengen selbst fest und stellen sie online.

Auf der anderen Seite können Händler, Gastwirte und Verarbeitungsunternehmen die Regionalprodukte so auch zentral von mehreren Erzeugern einkaufen und gebündelt bezahlen, weil die Plattform Rechnungen und Lieferscheine automatisch erstellt. Der Transport wird dann von zwei Kühlfahrzeugen durchgeführt, die kilometersparend regelmäßig algorithmisch optimierte Strecken abfahren, sodass kein Lagergebäude notwendig ist. Typisch für die Mitglieder der Regionalbewegung ist dabei die duale Struktur, bei der kommerzielle und gemeinnützige Partner zusammenarbeiten: Die Logistik wird von der »Meck-Schweizer GmbH« betrieben, die Online-Plattform von einer anderen Struktur, der »ELG Mecklenburgische Schweiz eG«, doch die Marke und damit die Kontrolle sind im Besitz eines Vereins, dem »Regionalbündnis Mecklenburgische Schweiz e. V.«.

Eine Lücke bei Logistik und Verarbeitung

Es klafft aber noch eine andere Lücke zwischen Stadt und Land jenseits der reinen Logistik, denn auch die regionale Lebensmittelverarbeitung existiert nur noch rudimentär. Logistik, Lager und Weiterverarbeitung sind derzeit meist in der Hand von großen Unternehmen, die überregional, wenn nicht weltweit orientiert sind. Ihr Interesse, mit kleinen Bauern und Lebensmittelhandwerkern zusammenzuarbeiten, ist gering. Der Aufwand mit vielen kleinen Handelspartnern ist natürlich größer als mit wenigen großen.

Indem die Großen der Branchen eine ausgeklügelte Logistik für den Weltmarkt aufbauten, setzten sie kleine Schlachtereien, Molkereien, Mühlen und andere unter immensen Preisdruck, sodass die meisten von ihnen schließen mussten. Sie fielen dabei nicht nur dem Preiskampf der Großen zum Opfer, sondern auch den bürokratischen Vorschriften aus Berlin und Brüssel. Damit sind weitgehende Hygiene-Vorschriften gemeint, aber vor allem auch die umfangreichen Dokumentationspflichten, die schematisch für alle Betriebsgrößen gelten. Große Betriebe können sich Angestellte oder eine ganze Abteilung zur Erfüllung dieser Auflagen leisten, ein einfacher Metzger oder eine Bäckerin aber nicht.

Der daraus resultierende massive Konzentrationsprozess zerstört dörfliche Strukturen (wo die Läden aus den kleinen Zentren verschwinden) ebenso wie regionale Lieferketten. Am Ende spielt er den Supermärkten in die Hände, wo inzwischen die meisten ihr Brot und ihr Fleisch kaufen. Der Verdacht liegt nahe, dass diese bürokratischen Auflagen der Behörden von den Lobbys der Großbetriebe angeschoben wurden, um sich der Konkurrenz der Kleinen zu entledigen. Diese verdeckt betriebene Marktbereinigung aber kann nicht im Interesse derjenigen sein, die den Trend zu einem immer weniger nachhaltigen Ernährungssystem stoppen wollen. Anke Kähler vom Verein »Die freien Bäcker« fordert deshalb einen Bürokratieabbau, der die Möglichkeiten kleiner Handwerksbetriebe berücksichtigt und ihnen weniger Überstunden im Büro und weniger bürokratischen Aufwand abfordert.

Die Lage verschlimmert sich zunehmend. Sowohl bei den Verarbeitern – es gibt so gut wie keine regionalen Molkereien oder Schlachtereien mehr – als auch bei den Großhändlern. Vier Mega-Konzerne teilen sich einen immer größer werdenden Marktanteil im Großhandel. Beim Lebensmitteleinzelhandel sind gegenwärtig etwa 85 Prozent des deutschen Marktes im Griff von vier großen Supermarkt- und Discount-Konzernen. Diese noch nie da gewesene Konzentration sorgt dafür, dass heute Milch, Weizen und Fleisch oft Hunderte von Kilometern zur Verarbeitung transportiert werden.

Dazu kommt: Gemüse, das früher oft unverarbeitet ausgeliefert wurde, findet heute ohne Verarbeitung kaum mehr Abnehmer: Gastwirte und Kantinenköche wollen sich zum Beispiel die Arbeit mit dem Kartoffelschälen sparen, aber kleinere, regionale Landwirte haben oft keine Schälmaschine.

Wenn wir Lebensmittel aus der Region in die Städte holen wollen, fehlen die kleinen Logistikpartner und Verarbeiter, die es früher überall gab. Die großen Händler sind natürlich daran interessiert, sich eine Regional-Schiene zuzulegen, weil das Interesse der Kundschaft groß ist. Aber meist sind es Mogelpackungen, die im Eingangsbereich der Supermärkte groß präsentiert werden, während dahinter 95 Prozent des Angebots nicht aus der Region stammen. Was aber macht ein Kantinenkoch oder ein kleiner Händler, der wirklich Ware von regionalen Bauern will? Er hat nicht die Zeit, täglich aufs Land zu fahren, die Logistik-Kosten wären unvertretbar hoch.

Ernährungsräte in den USA haben diese Situation frühzeitig erkannt und darauf reagiert, indem sie *Food Hubs* gründeten, lokale Zentren, in denen die Lebensmittel nicht nur gelagert, sondern auch verarbeitet werden.

Food Hubs

Monostrukturen prägten die Ernährungswirtschaft der USA bereits früher als in Europa, deshalb haben die amerikanischen Ernährungsräte die Infrastruktur-Lücke auch viel früher erkannt. Ihr Lösungsmodell: *Food Hubs*. Anders als die großen Händler arbeiten sie gerne und gezielt mit kleinen, familiengeführten Bauernhöfen. Sie bieten ihnen eine Dienstleistung, die Distribution, Weiterverarbeitung und Marketing umfasst. Heute gibt es 236 *Food Hubs* in den USA, und jedes Jahr werden neue gegründet. Einige sind reale Verteilzentren, andere existieren nur online als Internet-Marktplätze. Aber alle haben dasselbe Ziel: Erzeuger und Verbraucher in der Region zu verbinden. Besonders wichtig sind die Hubs für die Verbindung zu institutionellen Kunden wie Restaurants, Krankenhäusern und Schulen.

Regionale Verteilzentren

Die Nachfrage lokal erzeugter Lebensmittel steigt kontinuierlich, aber viele kleine Bauern tun sich schwer damit, mehr als einen Hofladen oder Verkaufsstand am Straßenrand oder auf Wochenmärkten zu organisieren. Oft reichen die erzeugten Mengen eines einzelnen Bauern einfach nicht, um die Nachfrage von Großabnehmern wie Supermärkte oder Kantinen zu befriedigen.

Die *Food Hubs* fassen die Mengen mehrerer Erzeuger zusammen und sorgen auch für die nötige Verarbeitung, indem sie zum Beispiel eine Kartoffelschälmaschine zentral zur Verfügung stellen. Sie bringen die Bauern mit zusätzlichen und meist größeren Märkten zusammen, indem sie Aufgaben wie Marketing, Buchhaltung, Verkauf und Verbraucherbildung übernehmen, manchmal bieten sie sogar einen Versicherungsservice an. Sie sind ein Sammelpunkt für viele Landwirte, aber auch der Startpunkt für die Distribution: Ihre Lieferwagen können auf einer Sammeltour mehrere Restaurants oder andere Abnehmer ansteuern, fahren so insgesamt weniger Kilometer und sind dadurch billiger und umweltfreundlicher.

Bei fast 40 Prozent der *Food Hubs* in den USA liegt der Fokus auf der Versorgung von »*Food Deserts*« (Armutsvierteln ohne Supermärkte) mit frischem Obst und Gemüse. Aber auch andere Verbraucher profitieren, weil sie nicht mehr mit dem Auto zum Hofladen fahren müssen, sondern die regionalen Genüsse online zu einem Abholpunkt in der Nachbarschaft liefern lassen können. Und: Im Durchschnitt schafft ein *Food Hub* 13 Arbeitsplätze. Oft werden sie von gemeinnützigen Organisationen betrieben wie einem Ernährungsrat oder von einer Kooperative, aber auch von kommerziellen Unternehmen, die mit einem Verein verbunden sind. Dadurch wird sichergestellt, dass das Ziel, vor allem kleine und lokale Erzeuger zu unterstützen und das Ernährungssystem umweltfreundlicher und nachhaltiger zu gestalten, nicht im Lauf der Zeit verwässert wird. Erste *Food Hubs* wurden in den USA schon in den 1970er Jahren gegründet, aber die eigentliche Gründungswelle begann erst mit dem Jahr 2008. Im Wesentlichen lassen sich drei Typen unterscheiden:

- **Farm to Consumer (F2C):** Die Bauern bekommen dadurch einen Zugang zu hochpreisigen Märkten, entweder online, über einen Laden oder eine Verbraucher-Erzeuger-Gemeinschaft (*Community Supported Agriculture*, CSA, in Deutschland meist »Solidarische Landwirtschaft« genannt).
- **Farm to Business (F2B):** Hier gewinnen die Bauern einen Zugang zu großvolumigen Märkten wie Schulen, Läden, Krankenhäusern oder Großkantinen, bei denen ein einzelner Bauer die geforderte Menge nicht oder nicht dauerhaft liefern könnte. Für die Käufer ist es dadurch einfacher, das ganze Jahr über regionale Lebensmittel zu beziehen.

- **Hybrid:** Dieses Modell beinhaltet sowohl Einzelhandels- als auch Großhandels-Elemente.

Der *Food Hu*b im kalifornischen San Bernardino entstand aus einer Solidarischen Landwirtschaft, der *Inland Orange Conservancy*, die mit 1200 Mitgliedern schon recht groß war und auch öffentliche Schulen und eine Tafel mit Orangen belieferte. Aber das Programm war immer auf wenige Bauern limitiert, deren Betriebe groß genug waren und die Zeit hatten, am *Farm-to-school*-Programm teilzunehmen. Erst als die Betreiber mit dem *Food Hub* begannen, die Erzeugnisse mehrerer Farmen gemeinsam zu vermarkten, gewann das Programm an Fahrt: Heute versorgen sie 1,5 Millionen Schüler.

Der Gründer Bob Knight nennt mehrere Faktoren, die seinen Hub zu einem Unternehmen machen, das im Wettbewerb bestehen kann: Zum einen eliminierte die Direktvermarktung einen großen Teil der sonst üblichen Vermarktungskosten, bei Zitrusfrüchten ein rund fünffacher Aufschlag zwischen Erzeugern und den Schulen. Zum Zweiten konnte man die Transaktionskosten bei den Bauern signifikant drücken, indem die verschiedenen Bestellungen zusammengefasst wurden. Drittens brauchte man außerhalb der globalen Verteilungskette keine aufwendige Behandlung mit Wachs oder das Versprühen von Nachernte-Chemikalien (Anti-Keimmittel). Und zu guter Letzt wurden so auch ältere Orangenbäume erhalten, die in den kommerziellen Plantagen entfernt werden, weil sie weniger tragen. Ihre Früchte sind kleiner und gleichzeitig süßer, beides schätzen die Schulkinder sehr.

Direkte Kontakte zwischen Erzeugern und Verbrauchern

Ernährungsräte können jedoch noch etwas viel Weitergehendes aufbauen oder unterstützen, nämlich direkte Marktbeziehungen zwischen Stadt und Land.

Dabei geht es nicht nur um die lokale Versorgung mit Lebensmitteln. Solche direkten, »fruchtbringenden« Beziehungen sorgen auch für weitgehende Veränderungen in den Köpfen – bei Landwirten ebenso wie bei Verbrauchern und Verbraucherinnen. Indem sie die Erzeuger persönlich kennenlernen, entwickeln sie auch eine ganz neue Wertschätzung für die Qualität dieser Lebensmittel. Mit entscheidenden Folgen: Konsumenten sind bereit, mehr dafür zu bezahlen, weil sie wissen, was es unmittelbar und im übertragenen Sinne kostet, ihre Lebensmittel zu produzieren. Und sie gehen sorgfältiger damit um, werfen weniger weg, weil die persönliche Beziehung zum Produzenten Teil ihrer Haltung zu dessen Produkten wird. Anders als beim entfremdeten Konsum aus dem Supermarktregal, wo nicht mehr zu erkennen ist, wo das Essen wirklich herkommt und von wem es stammt.

Kosten für eine Bio-Zertifizierung sind vor allem dann schwer zu umgehen, wenn die Ware über den anonymen Markt verkauft wird. Denn nur so kann sichergestellt und glaubwürdig kommuniziert werden, dass kein Betrug im Spiel war. Wenn Bauern und Verbrauchergruppe sich jedoch direkt kennenlernen, ist ein Zertifikat nicht unbedingt nötig. »Partizipative Garantie-Systeme« nennt der Weltverband der Biobauern *Organics international* (früher IFOAM) dies. Er propagiert diese Systeme vor allem in Entwicklungsländern, wo eine Bio-Zertifizierung für die kleinen bäuerlichen Erzeuger vielfach zu teuer ist. Und in ländlichen Gegenden, wo man sich kennt und sie daher eben auch nicht wirklich nötig ist. In Indien gibt es bereits Hunderte solcher Erzeuger-Verbraucher-Gemeinschaften.

Solidarische Landwirtschaft

Auch in Deutschland gibt es Erzeuger-Verbraucher-Gemeinschaften, hier sind sie meist unter dem Begriff »Solidarische Landwirtschaft« (SoLaWi) bekannt. Sie produzieren allesamt ohne Pestizide und Kunstdünger, brauchen aber kein Bio-Siegel, weil die Abnehmerinnen und Abnehmer ja genau wissen, was und wie angebaut wird, und darüber mitentscheiden. Dazu schließen die Teilnehmer jedes Jahr einen Vertrag mit einem oder mehreren Bauern.

In Deutschland gibt es rund 150 dieser Erzeuger-Verbraucher-Gemeinschaften, sie versorgen meist 50 bis 100 Haushalte, die größte ist das Münchener Kartoffelkombinat mit über 1000 Mitgliedern. Das ist mehr als einfach nur ein Gemüsekisten-Abo. Es ist eine Gemeinschaft, bei der die Verbraucher auch mal auf dem Feld mithelfen, wobei aber am wichtigsten ist, dass sie zu Mitproduzenten werden: Einmal im Jahr können sie ein- oder aussteigen, sodass der Landwirt ein ganzes Jahr lang Planungssicherheit hat. Dafür erhalten alle Teilnehmenden eine Gemüsekiste pro Woche und bei einigen SoLaWis auch Milch oder Fleisch.

Dieser »Ernteanteil« wird monatlich bezahlt, wobei nicht jeder den selben Preis bezahlt – denn die Mitglieder sind nicht nur solidarisch mit dem Landwirt, sondern auch untereinander. Das geschieht auf freiwilliger Basis, in anonymen Bieterrunden, in denen am Jahresanfang jede/r selbst bestimmt, wie viel er/sie leisten kann. Wenn also zum Beispiel herausgefunden wird, dass der Bauer 60.000 Euro über das Jahr braucht, und es sind 60 Haushalte interessiert, dann kann man leicht ausrechnen, dass jede Familie 1000 Euro pro Jahr durchschnittlich aufbringen müsste oder 83 pro Monat. Wenn dann geboten wird, wird der eine etwas mehr und der andere etwas weniger auf sein Zettelchen schreiben. Am Ende wird zusammengezählt, und wenn die 60.000 Euro nicht zusammenkommen, muss erneut geboten werden. Das Prinzip dabei: Wer mehr verdient, zahlt mehr ein, und wer weniger verdient, kann weniger zahlen und dafür im Ausgleich vielleicht mehr mitarbeiten. Aber auch das ist freiwillig. Das soziale Modell mit den Bieterrunden wird allerdings nur von rund der Hälfte der SoLaWis so gehandhabt, die anderen arbeiten mit Festpreisen.

Bei den meisten SoLaWis werden die Produkte in Depots in der Stadt gebracht, zum Beispiel in kleine Bioläden, Stadtteilzentren, alternative Kneipen oder auch Keller von Wohnprojekten oder Kirchengemeinden, wo sie von den Mitgliedern abgeholt werden. In Berlin beliefert die SoLaWi SpeiseGut inzwischen in fast allen Bezirken der Stadt zentrale Abholstellen.

So klein die Initiativen derzeit noch sind, ihre Bedeutung wurde inzwischen auch in der Bundespolitik erkannt, 2018 werden sie sogar in der Koalitionsvereinbarung von SPD und CDU/CSU genannt: »Wir wollen im Rahmen der Modell- und Demonstrationsprojekte Vorhaben zur regionalen Wertschöpfung und Vermarktung fördern, z. B. das Netzwerk Solidarische Landwirtschaft.«

Dabei ist Deutschland keineswegs der Vorreiter, in anderen Ländern sind solche Erzeuger-Verbraucher-Gemeinschaften schon weitaus größer. In Frankreich zum Beispiel heißen sie AMAP *(Associations pour le maintien d'une agriculture paysanne)*, und es gibt davon bereits über 400, über das ganze Land verteilt. In den USA sind es sogar 1500 CSAs; sie entstanden seit 1985. Insgesamt zählen hier 13.000 Farmer dazu, die Hunderttausende Mitglieder versorgen.

Abb. 5: Städter und Bauern ackern solidarisch Hand in Hand – hier bei SpeiseGut in Berlin © Valentin Thurn

Im internationalen Vergleich ist die Größe der europäischen Erzeuger-Verbraucher-Gemeinschaften eher klein. Und auch mit politischer Unterstützung wird es sicher noch eine Weile dauern, bis sie so groß werden wie dort, wo sie erfunden wurden: in Ostasien. Ein Viertel der Bevölkerung Japans ist Mitglied einer »*Teikei*«, einer lokalen Erzeuger-Verbraucher-Initiative. Meist sind sie klein, aber bei insgesamt 127 Millionen Japanern kann man sich die Bedeutung ausmalen. In Südkorea sind die SoLaWi zu einer zentralen Organisation zusammengefasst: Hansalim gilt als die weltweit größte SoLaWi; sie versorgt insgesamt 1,5 Millionen Menschen (siehe Kapitel 6).

Stadt-Land-Beziehungen als neues Forschungsfeld

Auf jeden Fall sind SoLaWis mittlerweile eine internationale Bewegung geworden, die stark wächst und vielen als eine der möglichen Lösungen für den desaströsen Megatrend der ländlichen Entvölkerung gilt. Die Wissenschaft reagierte auf die immer stärkere Urbanisierung mit dem neuen Forschungsfeld »Stadt-Land-Nexus«. Auch in der Politik genießt das Thema neuerdings höchste Aufmerksamkeit. In einigen Bundesländern wurde ein »Heimatministerium« etabliert, andernorts gibt es jetzt ein »Ministerium für ländliche Räume«. Überall geht es um das wachsende Stadt-Land-Gefälle bezüglich Bildung und Sozialdienstleistungen, Gesundheitssystem und Arbeitsmarkt.

Die Auswirkungen solcher Negativ-Trends auf Wahlen haben aufgeschreckt: Bei der Wahl von Donald Trump zum US-Präsidenten und bei der Brexit-Abstimmung in Großbritannien zeigte sich, dass die Verlierer in ländlichen Regionen anders wählen als die Gewinner in den Städten. In etwas geringerem Umfang war auch bei der französischen Präsidentschaftswahl und der Bundestagswahl in Deutschland ein Stadt-Land-Gefälle zu spüren. Wenn wir zulassen, dass die Lebensverhältnisse noch weiter auseinanderklaffen, ist zu befürchten, dass auch populistische Parteien weiter vordringen.

Der ländliche Raum braucht also eine integrierte Entwicklung. Eine große Chance dafür wäre der Aufbau regionaler Wertschöpfungskreisläufe im Bereich Ernährung, findet Stephanie Wunder vom *Ecologic Institute* in Berlin. Ihr Beitrag für das *Rural-Urban-Nexus*-Projekt kommt zu der Schlussfolgerung, dass Ressourcen- und Stoffströme stärker regional ausgerichtet werden müssen, wenn wir mehr Ressourceneffizienz und -schonung erreichen wollen. Die regionale Lebensmittelversorgung kann aber auch wirtschaftliche und soziale Vorteile bieten. Vorausgesetzt, die Regionalentwicklung wird gezielt genutzt, um dörfliche Strukturen zu stärken. Eine solche Regionalentwicklung muss das Ernährungshandwerk, beispielsweise Bäcker und Metzger, ebenso umfassen wie Verarbeitungsbetriebe, etwa Molkereien, Schlachtereien sowie Getreide- und Ölmühlen und natürlich die dörflichen Versorgungsstrukturen, also zum Beispiel den guten alten »Tante-Emma-Laden«.

Digital und doch persönlich

Gruppen, die sich bereits ganz praktisch an die Arbeit gemacht haben und eine zukunftsträchtige Regionalentwicklung ausprobieren und vorleben, gibt es zum Glück immer mehr. Zusammenschlüsse, die sich mal »Food Coop« nennen oder »Gemüse-Koop« oder auch anders. Das geht auch mit einem Strichzettel, einer Telefonliste und einem Kühlschrank, den die lokalen Bauern befüllen, wie die FoodCoop im oberösterreichischen Freistadt zeigt, die gerade mal 18 Mitglieder hat.

Doch im digitalen Zeitalter gibt es natürlich noch ganz andere Möglichkeiten, Erzeuger und Verbraucher zu verbinden, online zum Beispiel. So kann der Zwischenhandel ausgeschaltet werden, und die Verbraucher sind ausreichend flexibel dabei, auch mit ihrem von Woche zu Woche veränderlichen Bedarf. Sie bestellen die Lebensmittel einfach online bei den regionalen Bauern, die sie dann an einem Tag der Woche in die Stadt liefern. Bei diesen »Pop-up-Bauernmärkten« wird kein Bargeld mehr in die Hand genommen, weil schon alles online bezahlt wurde. Und weniger weggeworfen, weil die Bauern nur das Vorbestellte mitbringen und nicht auf Überschüssen einer falsch eingeschätzten Liefermenge sitzen bleiben.

Der womöglich größte Nutzen ist aber ein mentaler. Verbraucherinnen und Verbraucher treffen auf Bäuerinnen oder Bauern, halten ein Schwätzchen und lernen dabei die Nöte ihrer Lebensmittel-Erzeuger aus erster Hand kennen. So entwickeln sich mehr Wertschätzung füreinander und für die Produktqualität und schließlich die Bereitschaft, einen nachvollziehbar fairen Preis zu bezahlen.

Erfunden wurde dieses System in Frankreich unter dem Namen »*La Ruche qui dit Oui*« (»Der Bienenkorb, der Ja sagt«), in England heißt es »*Food Assembly*«, in Deutschland »Marktschwärmer« – eine Alternative zur SoLaWi, vor allem für diejenigen, deren Leben zu unstet ist für eine jede Woche frisch gefüllte Gemüsekiste.

Grüne Aktionäre

Das innovative Konzept der Regionalwert AG geht einen Schritt weiter: Dort zeichnen Bürgerinnen und Bürger der Region Anteile an einem Aktienkapital, das nach gemeinsam festgelegten Regeln in landwirtschaftliche Betriebe investiert wird, aber auch bei Catering-Anbietern, regionalen Händlern und sogar bei kleinen lokalen Vermarktungs- und Logistik-Dienstleistern. Das berechtigt die Regionalwert AG unter anderem, von den geförderten Betrieben auch Sozial- und Ökobilanzen zu verlangen.

Denn als Investorin ist diese innovative Form der Aktiengesellschaft nicht nur daran interessiert, dass der Betrieb finanziellen Gewinn abwirft. Sondern auch daran, dass neben dem ökologischen auch ein sozialer Mehrwert erwirtschaftet wird, indem zum Beispiel Mitarbeiter ständig beschäftigt werden und nicht nur saisonal, wie es in der Landwirtschaft immer üblicher wird. Diese neue Form der Bilanzierung will Christian Hiß, Gründer der deutschlandweit ersten Regionalwert AG, zum Standard für zukunftsfähig wirtschaftende Betriebe der gesamten lokalen Ernährungsbranche entwickeln (siehe Kasten »Regionalwert AG«, Seite 63 ff.).

Ernährungsräte tun gut daran, diese und andere Formen von Erzeuger-Verbraucher-Gemeinschaften zu propagieren und zu fördern. Auch damit lassen sich diejenigen unter den 90 Prozent konventionellen Bauern unterstützen, die sich auf den Weg in Richtung nachhaltig ökologische, sozial gerechte Landwirtschaft machen wollen. Das können sie nur, wenn ihnen ein angemessener Preis für den Mehraufwand gezahlt wird. Und auch viele Verbraucher werden nur dann bereit sein, höhere Preise zu zahlen, wenn sie die Garantie haben, dass sie so in die Kasse für mehr Vielfalt auf dem Acker und in der Kulturlandschaft rund um ihre Stadt einzahlen.

Allerdings weisen die Gründer von Regionalwert AGs selbst darauf hin, dass ihre Initiative ein Anschub ist, der ohne entsprechende öffentliche Mittel und ernährungspolitischen Wandel im Gesamtsystem auf Dauer schwerlich über seine Nische hinauskommen kann. Umso dringender ist es, dass Ernährungsräte sich für derartige Förderung und den politischen Wandel einsetzen.

Während die Erzeuger-Verbraucher-Gemeinschaften bislang nur eine Minderheit erreichen, ist auch bei den kommerziellen Angeboten für die Mehrheit zu erkennen, dass Essen zunehmend zum Event wird. Der Trend zeigt sich an der zunehmenden Zahl von temporären Street-Food-Märkten. Noch tiefgreifender aber ist die Renaissance der historischen Markthallen (wie etwa der Berliner »Markthalle Neun« als eines von vier Relikten der 14 Markthallen im Berlin Ende des 19. Jahrhunderts) oder die Neugründung von Markthallen dort, wo es sie nicht mehr gibt. Für den Thinktank »Zukunftsinstitut« spiegeln sie das gesellschaftliche Verlangen nach weniger Anonymität, nach Entschleunigung und nach Begegnung wider. Und siehe da: Dort, wo die Produzenten vor Ort sind, sind die Kunden bereit, mehr zu zahlen.

Wer jetzt sagt, das gebe es doch längst auf dem Wochenmarkt, den müssen wir enttäuschen. Denn in fast allen Großstädten sind diese längst mehrheitlich in der Hand von Händlern, die ihre Ware nahezu ausschließlich vom global belieferten Großmarkt beziehen. Sie beziehen nur sehr selten auch Produkte von einem kleinen regionalen Erzeuger und machen dieses Missverhältnis von global zu lokal auch höchst selten offen kenntlich. Nur in Kleinstädten sind echte Bauernmärkte noch die Regel. Dort finden Ernährungsräte dann auch eines ihrer praktischen Betätigungsfelder: Indem sie nämlich dafür sorgen, dass auf diesen Märkten klar erkennbar ist, wer die Händler und wer die lokalen Erzeuger sind und was ihre Ware jeweils tatsächlich als Beitrag zu einer zukunftsfähigen Nahversorgung qualifiziert.

Ein Besuch bei der Regionalwert AG Freiburg

Christian Hiß fährt durch die liebliche Hügellandschaft des Kaiserstuhls westlich von Freiburg. Er ist auf dem Weg zu einem der Obstbauern, die seit 2009 unter dem Dach der »Regionalwert AG« arbeiten. Aktiengesellschaft klingt konventionell. Doch Hiß hat damit ein ganz neues System entwickelt, ökologisch kontrollierte Landwirtschaft zu finanzieren. Menschen aus der Umgebung können hier ihr Geld in einer Bürgeraktiengesellschaft anlegen, die direkt in Bauernhöfe, weiterverarbeitende Betriebe und Vermarkter vor Ort investiert. So bleibt das Geld in der Region und stützt gezielt die heimischen landwirtschaftlichen Unternehmen. 2011 wurde Hiß für dieses innovative Konzept als »Social Entrepreneur« ausgezeichnet.

Dass diese Idee dringend nottat, hat nicht zuletzt eine Untersuchung der Stadt Freiburg gezeigt, die prüfen sollte, welchen Anteil regionale Produkte am Lebensmittelkonsum ihrer Einwohner haben. Die Daten des Forschungsinstituts für biologischen Landbau (FIBL) vom Mai 2016 zeigen: Die Region versorgt die Freiburgerinnen und Freiburger derzeit mit ganzen 12 bis 20 Prozent, während das Meiste vom globalen Markt stammt! Das Freiburger Umweltdezernat sprach bei der Veröffentlichung der Ergebisse von einem Appell an die Stadt, ihre Konsumenten und die regionalen Erzeuger einander näherzubringen.

Die sozialen und ökologischen Kosten einbeziehen

»Das Problem der Landwirtschaft«, erklärt Christian Hiß, »ist ja nicht allein die Frage, wo das Kapital herkommt. Viel entscheidender ist, wie und wo es eingesetzt wird. Die Produktionsweise der Landwirtschaftsindustrie ermöglicht doch überhaupt nur Gewinne, weil ein Großteil der entstehenden Kosten sich nicht in den Preisen widerspiegelt, sondern auf die Gesellschaft abgewälzt wird.« Viele Jahre lang hat Hiß als Gärtner unter dem bestehenden Preissystem gelitten: »Ein Bauer, der seine Pflanzen mit industriellem Dünger und Pestiziden versorgt, hat einen enorm hohen Energieverbrauch, laugt auf Dauer den Boden aus und schädigt auch sonst die Umwelt. Die Kosten, um diese Schäden zu reparieren, fließen aber nicht in den Preis seines Produkts mit ein. Er kann also günstig produzieren, weil diese sozialen und ökologischen Kosten auf die Allgemeinheit und die nächste Generation abgewälzt werden.«

Dieser Zustand ist unhaltbar, findet er: »Bio-Bauern hingegen produzieren so, dass sie Schäden an der Natur und Folgekosten vermeiden, beispielsweise indem sie die Bodenfruchtbarkeit erhalten. Dabei entstehen aber zunächst erst mal höhere Kosten für die Bauern selbst. Nur deshalb sind Bio-Produkte teurer als die Vergleichsprodukte der Landwirtschaftsindustrie.« Christian Hiß ist überzeugt, dass eine Ökonomie auf Dauer nur dann funktioniert, wenn sie nachhaltig ist und die sozialen und ökologischen Kosten in die Rechnung miteinbezieht.

Die Gründung von Bio-Betrieben unterstützen

Wie das funktioniert, erklärt er am Beispiel des Hofs von Joel Siegel, der vor drei Jahren die Pacht für einen konventionellen Obstbaubetrieb übernommen und seitdem auf zehn Hektar den Umbau auf ökologischen Obstanbau vorantreibt. »Für die notwendigen Neupflanzungen von Erdbeeren, Himbeeren, Stachelbeeren, Aprikosen, Pfirsichen und verschiedenen Apfelsorten war eine Finanzierung notwendig, da die Erträge aus den Ernten aus dem ersten Anbaujahr dazu noch nicht reichten.« Hier kam die Regionalwert AG ins Spiel, die dem Betrieb mit einer stillen Beteiligung angehört und damit die Existenzgründung des Jungunternehmers stützt. Zustande kam diese

Finanzierung aber nur, weil der Obstbetrieb nicht nur nach rein betriebswirtschaftlichen Kriterien bewertet wird, sondern auch soziale und ökologische Indikatoren miteinbezieht. Darüber hinaus musste sich der Obstbauer zur Zusammenarbeit im regionalen Netzwerk verpflichten.

Das ist auch eine Hilfe bei der Vermarktung. Bauer Siegel lädt mit Angelika Hauser Obstkisten auf einen Transporter. Ihr Lieferservice »Biohöfe-Frischekiste« ist ebenfalls Mitglied in der Regionalwert AG. Joel Siegel strahlt: »Klar ist das eine Win-win-Situation für uns alle. Den Hauptteil meiner Produktion verkaufe ich zu fairen Preisen direkt im Netzwerk.« Und auch die dynamische Betreiberin der Frischekiste ist überzeugt von der regionalen Zusammenarbeit. »Die Wege sind kurz, weil alle Betriebe in der direkten Umgebung liegen.« Christian Hiß nickt zustimmend: »Jede Region sollte über ihre Ernährung selbst bestimmen.«

Regionale Versorgungsökonomie aus Bürgerhand

Die Idee der Regionalwert entwickelte der gelernte Gemüsegärtner vor rund 20 Jahren, unter anderem in nächtelangen Gesprächen mit dem austroamerikanischen Philosophen Ivan Illich. Sie gaben ihm die Zuversicht, dass er auf eigene Mittel bauen kann, um lokale Versorgungstrukturen für die Region Freiburg zu (re)etablieren und dabei weder auf politische Unterstützung noch auf finanzielle Förderung von außen zu warten.

Die kehligen Laute seines Breisgauer Dialekts hören sich fast schweizerisch an: Christian Hiß stammt aus Eichstetten am Fuße des Kaiserstuhls, keine 20 Kilometer von Freiburg entfernt. Sein Vater betrieb in dem Ort, der als »Wiege des Ökolandbaus in Deutschland« gilt, schon 1951 einen Biohof. Als Sohn Christian 1961 zur Welt kam, trugen allein in Eichstetten acht Biobetriebe zur Nahversorgung im Breisgau bei.

Mit gerade mal 21 Jahren gründete Hiß Junior seinen eigenen Gemüsebaubetrieb. Zwei Jahrzehnte lang gedieh das junge Unternehmen gut, produzierte nicht nur Gemüse für den lokalen Bedarf, sondern auch eigenes Saatgut und bereicherte als Züchter die lokale Sortenvielfalt.

Dann jedoch geriet die Betriebsentwicklung ins Stocken. Neben der wirtschaftlichen Gesundheit seines Unternehmens ging es Hiß immer auch um sozialökologische Werte und um eine orts- und situationsangepasste, krisenfeste Versorgungsstruktur. Doch für derart zukunftsfähige Unternehmensführung war im Jahr 2000 keine Unterstützung zu bekommen. Nicht von der Politik und erst recht nicht von Banken.

Zum Glück erwies sich schließlich der eigene Betrieb als fruchtbringende Ideenschmiede. Regelmäßig fanden sich dort Nachbarn und Kollegen aus der Gegend zur »Kultur im Gewächshaus« zusammen. Und eine der dort kultivierten Ideen war die 2006 gegründete »Regionalwert Bürgeraktiengesellschaft Freiburg«.

Deren Kernidee ist es, privates Kapital zu sammeln, um es dann im Regierungsbezirk Freiburg gezielt in Biobetriebe der gesamten Wertschöpfungskette zu investieren, vom Acker bis zum Teller und zur Reststoffverwertung. Als Aktionärinnen und Aktionäre werden die Konsumenten vor Ort direkt an regionale Strukturen gebunden, weil ihnen Anteile an den eher kleinen Unternehmen gehören, die sich um ihr Essen kümmern. Geld aus Bürgerhand wird damit systematisch in eine Lebensmittelwirtschaft investiert, die Menschen in ihrer Nähe versorgt, nicht ferne Märkte. Mit modernen Mitteln, digital unterstützt, aber auf der Ebene der Produktionsmittel strikt gemeinwohlbasiert!

Anfangs war Christian Hiß Alleinaktionär. Zur letzten Hauptversammlung im April 2017 waren 114 Anteilseigner eingeladen, und das Aktienkapital betrug 3,5 Millionen Euro. Um allein große Veränderungen an der regionalen Versorgung zu bewirken, ist die Regionalwert AG im Raum Freiburg dennoch zu klein. Doch Hiß sieht seine Mission auch darin, »Bewusstsein in die entsprechenden gesellschaftlichen und politischen Prozesse zu bringen«. Er ist überzeugt davon, dass der Trend zu mehr regionalen Biolebensmitteln kein kurzfristiges Strohfeuer ist.

Höchste Zeit für »Ernährungspolitik von unten«!

Die Botschaft vom Umlenken privaten Kapitals in zivilgesellschaftlich bestimmte Transformationsprozesse stößt indes auf offene Ohren. Vier weitere Regionalwert AGs sind schon dazugekommen: in Hamburg, im Rheinland, im Raum Isar/Inn sowie in Berlin und Brandenburg. Zweifellos kommt dem, was sich die Regionalwert AGs zum Ziel gesetzt haben, zentrale Bedeutung zu, wenn es darum geht, unsere Ernährungssysteme zukunftsfähig und gerecht zu machen. Es ist deshalb auch kein Zufall, wenn zwischen ihnen und Ernährungsräten auch personelle Querverbindungen bestehen. So ist etwa die Regionalwert AG im Rheinland auch im Kölner Ernährungsrat vertreten. Und Timo Kaphengst lässt seine Expertise als Gründer der Berliner Regionalwert AG mit in die Arbeit des Sprecher*innenkreises im Ernährungsrat Berlin einfließen.

Christian Hiß betrachtet solche Verbindungen mit wohlwollendem Interesse. Und er stand und steht den Gründerinnen und Gründern bestehender und zukünftiger Regionalwert AGs aus Überzeugung auch als Berater zur Seite. Dies und die weitere Verbreitung des »Regionalwert-Bürgeraktien-Konzepts« ist der Geschäftszweck seiner seit 2010 zusätzlich bestehenden »Regionalwert Treuhand UG & Co. KG«.

Im Moment ist Hiß dabei, eine neue Form der Buchhaltung zu entwickeln, in der die Ausgaben nicht nur monetär erfasst werden, sondern auch qualitativ. Der Posten »Mitarbeiter ausbilden zum Thema Bodenfruchtbarkeit« würde dann Zukunftspunkte ergeben, die aus einem Fonds refinanziert würden, den er dafür gerade aufbaut. Seine Vision: Das, was wir jetzt in Freiburg im Kleinen machen, könnte ein Modell sein, um die EU-Subventionen in sinnvolle Bahnen zu lenken. Die ökologische und soziale Buchhaltung wäre dann die Grundlage dafür, dass Brüssel seine Gelder in die Betriebe lenkt, die nachhaltig wirtschaften.

Kapitel 3

Gutes Essen für alle?

Zugang zu gutem Essen ermöglichen, Food Deserts *bekämpfen, gute Gemeinschaftsverpflegung stärken – oder warum soziale Gerechtigkeit im Ernährungssystem auch in reichen Ländern nicht selbstverständlich ist*

Ernährungsarmut, Mangelernährung, Hunger – meistens werden diese Schlagworte eher mit den einstmals so genannten »Entwicklungsländern« verbunden, nicht mit Europa. Hier sind die Supermarktregale doch voll und Lebensmittel verhältnismäßig billig! Den Befürwortern von relokalisierten Ernährungssystemen in Deutschland (und weiten Teilen Europas) geht es jedoch zumeist um andere Aspekte; sie wollen die natürliche Artenvielfalt und die Sortenvielfalt auf den Äckern und in den Gärten der Region schützen und erhalten und die Versorgung mit frischen, ökologisch produzierten Lebensmitteln sicherstellen. Nachhaltigkeit, Umwelt- und Naturschutz stehen hier an erster Stelle – ob die regionalen Lebensmittel für alle gleichermaßen zugänglich sind, wird dabei allerdings selten bedacht.

In Nord- und Südamerika sieht das anders aus: Viele Ernährungsräte in den USA und Kanada sowie der brasilianische Rat für Ernährungssicherheit (CONSEA, siehe Seite 227 ff.) wurden unter anderem gegründet, um Hunger und Ernährungsarmut zu bekämpfen. Hier steht die Frage nach sozialer Gerechtigkeit im regionalen Ernährungssystem ganz weit oben auf der Agenda. Aber auch in Großbritannien wird Ernährungsarmut vom *Sustainable-Food-Cities*-Netzwerk inzwischen – dank jahrelanger Sparpolitik, der viele Sozialleistungen zum Opfer fielen – als eine der größten gesellschaftlichen Herausforderungen gesehen.

Hunger und Mangelernährung in reichen Ländern

Laut der Wohlfahrtsorganisation *Feeding America* leiden 41 Millionen Menschen in den USA an Hunger und Mangelernährung, darunter 13 Millionen Kinder. Das sind zwölf Prozent der Bevölkerung, also jeder achte Einwohner. Auch in Großbritannien berichtet die *Fabian Commission on food and poverty* von weitverbreiteter Ernährungsarmut, insbesondere unter Alleinerziehenden. In Deutschland ist chronische Unterernährung eher selten, doch die Menschenrechtsorganisation FIAN beobachtet, dass auch bei uns immer mehr Menschen nicht in der Lage sind, sich »angemessen und in Würde zu ernähren«, wie es das Menschenrecht auf Nahrung verlangt. Besonders betroffen seien Kinder aus Hartz-IV-Haushalten, Rentner und Rentnerinnen sowie Geflüchtete.

Die Gründe für das Entstehen von Mangelernährung sind klar: Leere Kalorien sind billiger als echte Nährstoffe. Das bestätigt eine Übersichtsstudie US-amerikanischer Wissenschaftlerinnen und Wissenschaftler: Sie werteten 27 Studien aus zehn Industrieländern aus und fanden heraus, dass eine gute, nährstoffreiche Ernährung im Durchschnitt 1,13 Euro pro Tag mehr kostet als eine Ernährungsweise, die primär aus billigen Weißmehlprodukten und zuckerhaltigen Getränken besteht.

Auch in Deutschland sind frisches Obst, Gemüse und Vollkornprodukte teurer als kohlenhydratreiche Sattmacher. Eine Studie des Forschungsinstituts für Kinderernährung (FKE) in Dortmund aus dem Jahr 2007 wies nach, dass die Sozialleistungen für Kinder aus einkommensarmen Familien für eine ausgewogene und qualitativ hochwertige Ernährung nicht ausreichen – selbst dann nicht, wenn die Eltern in Discountern und Supermärkten sorgfältig die Preise vergleichen. Seitdem haben sich zwar die Regelsätze geändert, doch immer noch sind für einen Erwachsenen täglich gerade mal 4,77 Euro für Lebensmittel vorgesehen. Für ein vierzehnjähriges Schulkind sind es 3,38, für ein fünfjähriges Kind lediglich 2,74 Euro. Laut Berechnungen der Deutschen Gesellschaft für Ernährung (DGE) benötigten Erwachsene 2003 bereits über sechs Euro pro Tag für eine vollwertige Ernährung. Neue Berechnungen gibt es von der

DGE nicht – womöglich, weil niemand deren Ergebnisse so recht wahrhaben wollte. Diese würden sicher eine noch größere Lücke zeigen, denn die durchschnittlichen Preise für Lebensmittel sind in den letzten 15 Jahren deutlich gestiegen.

Klar ist: Es gibt auch in Deutschland viel zu viele Menschen, die sich frisches Obst, Gemüse, Vollkornprodukte und hochwertiges Eiweiß kaum noch leisten können, um eine ausgewogene, gesundheitsfördernde Ernährung für sich und ihre Familien zu garantieren. Mindestens die 4,26 Millionen Hartz-IV-Empfänger und -Empfängerinnen in Deutschland sind für ihre Einkäufe auf Billiglebensmittel angewiesen, über den Einkauf von Biolebensmitteln brauchen sie gar nicht erst nachzudenken. Nicht genug damit, dass diese Menschen keinen Zugang zu gutem Essen haben: Sie leiden außerdem auch häufiger an ernährungsbedingten Krankheiten als der Bevölkerungsdurchschnitt und haben eine geringere Lebenserwartung – von sozialer Gerechtigkeit kann da keine Rede sein!

Zugang zu gutem Essen für alle durch Relokalisierung – oder etwa nicht?

Relokalisierte Ernährungssysteme wären auch sozial gerechter – so wird oft argumentiert. Dem liegt die Annahme zugrunde, dass die lokale Wirtschaft gestärkt werde, lokale Arbeitsplätze entstünden und eben die Preise für lokal erzeugte, frische Lebensmittel durch geringere Transport- und Verarbeitungskosten sowie direktere Vermarktung mit weniger Zwischenhandel niedriger seien.

Aber stimmt das wirklich? Eine ganze Reihe von Studien bestätigt, dass das Haupthindernis für die Teilnahme an lokalen Ernährungsprojekten der hohe Preis ist. Auch im Umland von Berlin wird man auf der Suche nach preisgünstigen Regionallebensmitteln kaum fündig: Für eine kleine Märkische Kiste mit vorwiegend regionalem Obst und Gemüse (ergänzt durch Produkte aus dem Bio-Großhandel, insbesondere im Winter) muss man 13 Euro berappen. Die gleiche Menge an Obst und Gemüse wäre zum Beispiel bei Rewe für weniger als 9 Euro zu bekommen, bei Real würde man sogar nur 5,20 Euro zahlen. Zwar hinkt der Vergleich, denn alle Produkte aus der Märkischen Kiste haben Bio-Qualität, während bei Rewe und Real nur auf den günstigsten Preis geachtet wurde. Aber hier geht es nur um die zentrale Frage, wie zugänglich regionale und nachhaltig produzierte Lebensmittel tatsächlich sind im Vergleich zu globalisierter Billigqualität aus dem Supermarkt.

Produkt	**Menge**	**Märkische Kiste**	**Rewe**	**Real**
Apfel	0,5 kg	im Gesamtpreis enthalten	1,05 €	0,60 €
Kiwi	3 Stück	s. o.	1,05 €	0,45 €
Möhren	0,5 kg	s. o.	0,73 €	0,37 €
Salat	1 Stück	s. o.	0,99 €	0,99 €
Spinat	0,5 kg	s. o.	4,00 €	1,99 €
Radieschen	1 Bund	s. o.	0,89 €	0,79 €
Gesamtpreis		**13,00**	**8,71 €**	**5,19 €**

Auch die Mitgliedschaft in einem Betrieb der Solidarischen Landwirtschaft (SoLaWi, vgl. Seite 56 ff.) macht das Leben nicht unbedingt günstiger. Ein großer (für Familien bemessener) Ernteanteil der SoLaWi SpeiseGut in Berlin kostet beispielsweise 70 Euro pro Monat. Die Teilnehmenden bekommen im Winter zum Beispiel alle zwei Wochen eine Kiste mit 1 kg Kartoffeln, 1 kg Möhren, 300 g Zwiebeln, 200 g Mixsalat und 500 g Pastinaken. So sinnvoll das Prinzip der SoLaWi für die Produzenten – und für zahlungskräftige Teilnehmende – sein mag: Eine Alleinerziehende mit Kind kann es sich kaum leisten, knapp ein Drittel des zur Verfügung stehenden Betrags für Ernährung (knapp 230 Euro/Monat für einen Erwachsenen und ein Kind unter 5 Jahren) für eine verhältnismäßig kleine Menge Gemüse aufzubringen und vom restlichen Geld den gesamten übrigen Bedarf an Nahrungsmitteln und Getränken zu decken. Im Sommer gibt es zwar deutlich mehr frische Gemüsevielfalt, aber proteinreiche Kost muss auch dann noch hinzugekauft werden.

In den USA bestätigen viele Studien, dass die Teilnehmer an lokalen Ernährungsprojekten vorwiegend weiß und eher wohlhabend und gebildet sind. Diejenigen, die auch schon in den etablierten Ernährungssystemen marginalisiert sind, bleiben es demnach zumeist auch in den gut gemeinten Alternativprojekten. Wird bei der Relokalisierung von Ernährungssystemen nicht berücksichtigt, dass der sozioökonomische Status Einfluss auf die Teilhabemöglichkeiten hat, dann profitieren vor allem die sogenannten LOHAS *(Lifestyle of Health and Sustainability)* – in der Regel eine relativ wohlhabende und gut ausgebildete Bevölkerungsgruppe. In Berlin kann man davon ausgehen, dass dieser »LOHAS-Fokus« die 20 Prozent der Berlinerinnen und Berliner, die Hartz-IV-Empfänger sind, definitiv ausschließt.

Regionalisierung: eine gute Idee für die bäuerliche Landwirtschaft?

Gleicher Zugang für alle zu gutem Essen ergibt sich also nicht automatisch durch die Relokalisierung des Ernährungssystems. Aber wenigstens für die Produzenten und Arbeitskräfte auf dem Land wäre die Regionalisierung des jeweiligen urbanen Ernährungssystems doch gut, oder? Zumindest werden die Vorteile weitgehend regional gespeister Ernährungssysteme für die lokale Landwirtschaft häufig hervorgehoben. Sie werden zudem oft mit der Förderung kleinerer landwirtschaftlicher Betriebe verbunden, obwohl Letztere ja nicht automatisch zu höheren Einkommen für die Bäuerinnen und Bauern führt. Auch auf regionaler Ebene müssen sich Produzenten auf dem Markt behaupten und kosteneffizient arbeiten.

Untersuchungen aus den USA deuten in der Tat darauf hin, dass niedrige Einkommen auch für die Landwirte selbst in alternativen Nahrungsnetzen ein Problem sind. Ein SoLaWi-Bauer drückte es folgendermaßen aus: »Unsere eigenen Einkommen sind bei Weitem niedriger als die der meisten Teilnehmer in unserer CSA (*community supported agriculture* – dt. SoLaWi).« Landwirte in lokalen Nahrungsnetzen in Washington bestätigen, dass sie sich für ihre Familie nur konventionelle Lebensmittel leisten können, obwohl sie doch selbst biologische Saisonprodukte anbauen.

Ähnliche Erfahrungen haben in Deutschland kleinere landwirtschaftliche Betriebe, wie sie in regionalen Nahrungsnetzen vorherrschen, gemacht. Zwar sind die Einkommen in der Landwirtschaft in den letzten Jahren wieder gestiegen und vor allem in Ostdeutschland verhältnismäßig hoch. Dies liegt jedoch vor allem an der durchschnittlichen Betriebsgröße, die dort historisch aus den alten LPG-Strukturen erwachsen ist. Einzelunternehmer mit Betriebsgrößen von unter 100 Hektar und Milchviehbetriebe mit weniger als 50 Tieren kommen eher schlecht als recht über die Runden.

Gute Arbeit – guter Lohn?

Die Konzentration auf die Landwirte lässt zudem die Frage nach existenzsichernden Löhnen für Arbeiter und Arbeiterinnen (vor allem Saisonkräfte) offen. Lokale Lebensmittelproduktion schafft zwar auch neue Arbeitsplätze, insbesondere wenn der Fokus eher auf arbeitsintensiver Bio-Produktion liegt. Aber auch in der Bio-Branche werden häufig niedrig bezahlte Saison- und Wanderarbeiter eingesetzt, und gesundheitsgefährdende, ausbeuterische Arbeitsbedingungen sind hier leider gang und gäbe. Die arbeitsintensiven Anbaumethoden, die oft in lokalen Nahrungsmittelsystemen gefördert werden, können Landwirte sogar erst dazu zwingen, billige Arbeitskräfte einzusetzen, um auf dem Markt wettbewerbsfähig zu bleiben. Untersuchungen in den USA und Kanada zeigen zum Beispiel, dass *local* und *organic* genauso stark von der Ausbeutung billiger Arbeitsmigranten aus Lateinamerika abhängen wie die konventionelle Agrarindustrie.

Auch im Bio-Siegel der EU fehlen Kriterien zu fairen Arbeitsbedingungen völlig, und es gibt regelmäßig Berichte über Ausbeutung bis hin zu Zwangsprostitution von Saisonarbeitskräften und Arbeitsmigranten, beispielsweise im Tomatenanbau Italiens und Spaniens. Fälle von unzumutbarer Unterbringung, schlechten Arbeitsbedingungen und unangemessen niedrigen Löhnen für osteuropäische Saisonkräfte werden aber immer wieder auch aus Deutschland berichtet, etwa von der Erdbeer- oder Spargelernte, aus Schlachthäusern oder während der Weinlese.

Eine weitere Frage der sozialen Gerechtigkeit in lokalen Ernährungssystemen ist, in welchem Ausmaß sogar unbezahlte Arbeit geleistet wird. Bäuerliche Betriebe, egal welcher Größe oder Ausrichtung, werden überdurchschnittlich häufig von Männern geleitet, nur neun Prozent der Betriebe in Deutschland werden von Frauen geführt. Gleichwohl müssen die »Bauersfrauen« oft unbezahlt mit anpacken, denn kleinbäuerliche Betriebe, die für lokale Märkte produzieren, sind in hohem Maße auf unbezahlte Familienarbeit angewiesen. Immerhin, einige Forschungsergebnisse in den USA deuten darauf hin, dass Frauen in der nachhaltigen Landwirtschaft dreimal häufiger als Betriebsleiterinnen tätig sind als in der konventionellen Landwirtschaft.

Auch auf der Verbraucherseite fällt in lokalen Ernährungssystemen tendenziell mehr »Frauen«-Arbeit an, insbesondere in Projekten wie Selbsterntegärten, Gemeinschaftsgärten und SoLaWis mit Arbeitseinsätzen. Selbst in marktbasierten Projekten erfordert die Tatsache, dass Lebensmittel eher frisch und unverarbeitet sind, mehr Zeit, Mühe und Können für die Verarbeitung. Zudem ist hier der Einkauf aufwendiger, weil einzelne Verkaufsstellen für lokale Lebensmittel oft weit auseinanderliegen. Egal, ob man es als Fortschritt oder Rückschritt ansieht, sich von bequem im Supermarkt gekauften Fertigprodukten abzuwenden und (wieder) mehr frisch zu kochen: Der dafür notwendige Mehraufwand fällt auch heute meistens noch Frauen zu. So kann die Relokalisierung des Ernährungssystems unbeabsichtigt traditionelle Geschlechterrollen in Haushalten verfestigen – für die Geschlechtergerechtigkeit wäre dies ein erneuter Rückschritt.

Ausgrenzung und Bevormundung

Die auf lokaler Ebene erwarteten positiven Effekte basieren häufig auf der Annahme, dass lokalisierte Entscheidungen demokratischer sind oder dass lokale Gemeinschaften automatisch das Gemeinwohl priorisieren. Wer jedoch von einer lokalen Ernährungsstrategie profitiert, hängt nicht unwesentlich von der sozialen Agenda derjenigen ab, die die Strategie entwickeln. Jedenfalls: Die Motive für eine Relokalisierung können durchaus vielfältig sein – und Gerechtigkeit ist nicht notwendigerweise ihr primäres Ziel.

Im Gegenteil, Gemeinschaften auf lokaler Ebene können auch ausgrenzend und nationalistisch sein (siehe Kapitel 4). In Deutschland gibt es zum Beispiel eine wachsende, offen völkisch geprägte Siedlungsbewegung, die regionale Wirtschaftsnetze und Selbstversorgung propagiert, um aus nationalistischen Motiven gegründete Dorfgemeinschaften aufzubauen und die »deutsche Heimat« als Lebensraum der »Blutdeutschen« zu etablieren. In der Tat haben viele der nationalistischen und populistischen Bewegungen, die fast überall in Europa im Aufwind sind, auch die Förderung der regionalen Landwirtschaft in ihrem Programm stehen. In Brandenburg macht sich zum Beispiel die AfD für eine Förderung der regionalen Landwirtschaft und gegen Bodenspekulation stark: richtige Ziele, aber mit falscher, inakzeptabler Motivation und Gesinnung dahinter. Auch in Großbritannien und Frankreich schreiben sich rechtspopulistische Parteien wie UKIP (UK Independence Party) und Rassemblement National (in Frankreich) die Förderung der nationalen bäuerlichen Landwirtschaft mit derart zweifelhaften Motiven im Hintersinn auf die Fahnen. Dahinter steht in diesem Fall also nicht etwa ein Streben nach Gemeinwohl, sondern rassistisches und menschenverachtendes Gedankengut.

Doch lokale Ernährungssysteme können bestehende, repressive Verhältnisse auch ungewollt verstärken: In den USA hat die Sozialwissenschaftlerin Julie Guthman analysiert, wie alternative Ernährungsbewegungen weiße Kulturgeschichte widerspiegeln oder »weiß codiert« sind. Lokale Ernährungsinitiativen werden oft von weißen und privilegierten Klassen gegründet, die nur »das Beste wollen«, während die armen, unterprivilegierten Klassen »erzogen« werden müssen. Feldforschung von Guthman in *Food Deserts* (zu deutsch »Lebensmittelwüsten«: Stadtviertel, in denen wenige oder gar keine Einkaufsmöglichkeiten mehr bestehen, insbesondere nicht mehr für frische Lebensmittel wie Obst und Gemüse) fand heraus, dass die Bewohnerinnen und Bewohner sich vor allem wünschen, in herkömmlichen Lebensmittelgeschäften einzukaufen. Das Beharren auf »Alternativen« kann somit ein Gefühl der Ausgrenzung und Stigmatisierung verstärken, indem es den Bewohnern von Lebensmittelwüsten das verweigert, was andere für selbstverständlich halten: anonymes, bequemes Einkaufen in Supermärkten mit Regalen voller Billigkalorien. Mit anderen Worten: »Alternativen reflektieren oft mehr die Wünsche der Schöpfer dieser Projekte, als diejenigen der Gemeinschaften, denen sie vermeintlich dienen«.

Warum überhaupt Relokalisierung?

Warum also brauchen wir relokalisierte Ernährungssysteme, wenn sie doch, wie wir gesehen haben, weder allen Verbrauchern und Verbraucherinnen gleichermaßen die Teilnahme ermöglichen noch den produzierenden Bäuerinnen und Bauern existenzsichernde Einkommen oder Arbeitern und Arbeiterinnen würdige Arbeitsbedingungen und angemessene Bezahlung garantieren?

Weil geographisch kleinere Räume die aktive Beteiligung der Bürger und Bürgerinnen einfacher macht und mehr Durchschaubarkeit, mehr Wahlfreiheit und auch mehr demokratische Kontrolle ermöglicht. Auf der lokalen Ebene sind Veränderungen sichtbarer und greifbarer, während die Arbeit daran auf einer höheren, politischen Ebene abstrakt, extrem langwierig und damit entmutigend sein kann.

Relokalisierung allein kann nicht das Allheilmittel sein, um unser an Ausbeutung und Ungerechtigkeit krankendes Ernährungssystem sozial gerecht zu machen, und wir dürfen die oben aufgeführten Fallstricke nicht ignorieren. Aber genau hieraus erwächst Ernährungsräten ihre vielleicht wichtigste Rolle: wachsam sein und aktiv dafür sorgen, dass niemand im lokalen oder auch globalen Kontext urbaner Nahrungsversorgung benachteiligt oder ausgegrenzt wird.

Die Handlungsmöglichkeiten von Ernährungsräten, historisch entstandene und im System fest verankerte Ungerechtigkeiten aufzubrechen, sind gleichwohl begrenzt. Aber dennoch bleibt es unsere Verantwortung, zumindest vor Ort für Gerechtigkeit zu sorgen, statt Ungerechtigkeiten als unabänderlich hinzunehmen! »Wir selbst müssen die Veränderung sein, die wir in der Welt sehen wollen« – das sagte wohl nicht nur Mahatma Gandhi, dem dieses Zitat nichtsdestotrotz am häufigsten zugewiesen wird. Als Leitprinzip für die Arbeit von Ernährungsräten ist es jedenfalls passend: Immerhin eint die meisten das Ziel, durch Veränderungen von unten langsam, aber sicher auch das Gesamtsystem zu verändern.

Ohne Preis kein Speis

Zugang zu gutem Essen weniger preisabhängig zu machen ist also ein Kardinalziel für Ernährungsräte. Aber wo sind Ansatzpunkte dafür auf lokaler Ebene zu finden? Solange der Preis für Lebensmittel für viele das einzige halbwegs kontrollierbare Auswahlkriterium ist, müssen Ernährungsräte sich auch mit der »Preisfrage« auseinandersetzen.

Ernährungsräte in den USA versuchen sich dem Thema zu nähern, indem sie sich dafür starkmachen, dass Bauernmärkte und andere alternative Einkaufsorte *Food Stamps* (Gutscheine, mit denen einkommensschwache Personen Lebensmittel kaufen können) als Bezahlung akzeptieren. Zwar können dadurch auch Menschen, die auf diese Gutscheine angewiesen sind, am alternativen Ernährungssystem teilnehmen – aber letztlich sind *Food Stamps* auch nur ein alternatives Zahlungsmittel, das genauso endlich ist wie Geld. Wer nicht viel davon zur Verfügung hat, wird sich mit dem Kauf teurer Lebensmittel auch dann schwertun, wenn ein Teil davon als Zuwendung durch Gutscheine zur Verfügung steht.

Wirklich helfen würde es ärmeren Menschen, wenn sie für ihre Lebensmittel weniger aufwenden müssten, egal mit welchem Zahlungsmittel – wenn also zum Beispiel Hofläden, Bauernmärkte und Marktschwärmereien Preisnachlässe für Geringverdiener gewähren würden. Solange solche Preisnachlässe aber nicht staatlich finanziert werden, müssen sie im Zweifelsfall von den Produzenten oder den Weiterverkäufern getragen werden – und die sind bekanntlich selbst auf ausreichende Einkommen und Gewinne angewiesen, um sich und ihre Familien finanziell über Wasser zu halten und auf dem Markt zu überleben.

Es gibt allerdings auch Spielräume, die ausgehandelt werden könnten. Wie wäre es, wenn sich ein Ernährungsrat erfolgreich dafür starkmacht, dass die Verwaltung so nennenswert in lokale Infrastruktur und effiziente regionale Wertschöpfungskreisläufe investiert, dass sich für Produzenten Kosteneinsparungen ergeben? Kosteneinsparungen, die dann aber nicht in niedrigere Preise für alle umgesetzt werden, sondern gezielt Nachlässe für Geringverdiener finanzieren.

Eine solche Idee setzt natürlich eines voraus: Solidarität von Gutverdienern mit Geringverdienern. Restaurants, in denen jede und jeder zahlt, was gerade möglich ist, sind ein Beispiel für diese Art freiwilliger solidarischer Querfinanzierung. Unter dem Stichwort sind natürlich noch weitere Optionen denkbar: SoLaWis heißen in Deutschland zum Beispiel hauptsächlich deshalb »Solidarische Landwirtschaft«, weil die Teilnehmenden solidarisch mit den Bäuerinnen und Bauern wirtschaftliche Risiken tragen. Sie verpflichten sich für eine ganze Erntesaison, einen festen Monatsbetrag zu zahlen, sodass für die Bauern Planungssicherheit entsteht und sie sich auf ein garantiertes Mindesteinkommen verlassen können. Fällt die Ernte aus oder sacken die Marktpreise in den Keller, ist nicht die Existenz des Produzenten bedroht – sondern alle haben gemeinsam Pech gehabt.

Abb. 6: Eigentlich genial, lokal wie es im Buche steht: gutes Biogemüse aus Brandenburg, zum fairen Erzeugerpreis angeboten in einer rekultivierten Berliner Markthalle. Für »klamme« Kiezbewohner aber leider unerschwinglich. © Markthalle Neun, Berlin

Solidarität kann aber auch zwischen den Teilnehmenden gedacht werden, wenn je nach Einkommen und Möglichkeiten unterschiedliche Beiträge gezahlt werden. In den USA gibt es viele CSAs, in denen die Beiträge gestaffelt sind und geringere Beiträge von einkommensschwachen Mitgliedern durch höhere Beiträge von Besserverdienenden ausgeglichen werden. Auch in Deutschland gibt es viele SoLaWis, die solidarische Bieterrunden durchführen, um finanziellen Ausgleich zwischen den Mitgliedern zu schaffen (vgl. Kap. 2).

Und dennoch: All diese Ideen können den Zugang zu gutem Essen allerhöchstens etwas weniger preisabhängig machen. Kritiker der solidarischen Bepreisung wenden nicht zu Unrecht ein, dass dies die nötige Auseinandersetzung mit den Zwängen einer globalisierten Nahrungsversorgung in einem neoliberal kapitalistischen Markt zu sehr ins Private verlagert, statt dem Staat eine gemeinwohlorientierte Rahmensetzung abzufordern. Solange kapitalistische Marktzwänge für die Produktion von Lebensmitteln gelten, kann gutes Essen durch vereinzelte Vergünstigungen jedenfalls nicht systematisch allen Menschen gleichermaßen zugänglich gemacht werden.

Hinzu kommt: Wer auf Solidarität oder Almosen angewiesen ist, um sich gut und ausreichend ernähren zu können, ist zur Erfüllung seines Menschenrechts auf Nahrung abhängig von der Gutwilligkeit der Besserverdienenden. Wir sollten gut überlegen, ob es wirklich ein Grund zum Feiern sein kann, dass in 25 Jahren die Tafeln in Deutschland nahezu zu Alleinversorgern von gut anderthalb Millionen Menschen geworden sind. Ist das das System, welches uns vorschwebt? Wohl kaum.

Change the system!

Wollen wir nicht eigentlich ein System, in dem jede und jeder sich ausreichende, gute, nachhaltig produzierte und zur jeweiligen Kultur passende Lebensmittel leisten kann, ohne dafür auf Almosen angewiesen zu sein? Der *Food-Policy*-Veteran Mark Winne aus den USA empfiehlt in seinem Buch *Closing the Food Gap* (dt.: Die Ernährungslücke schließen), die Ursachen für Armut endlich zu bekämpfen und Reichtum umzuverteilen, statt sich langfristig lediglich mit Sozialprogrammen zur Bekämpfung von Hunger zu begnügen.

Dem ist zuzustimmen, denn in einer Welt, in der das reichste Prozent der Weltbevölkerung die Hälfte des weltweiten Vermögens besitzt, während ein Drittel der Menschheit von weniger als zwei Dollar pro Tag lebt, sind alle staatlichen und privat organisierten Hilfsprogramme doch nur Tröpfchen auf heißen Steinen. Ohne einen Systemwandel und die Umverteilung von Reichtum wird auch soziale Gerechtigkeit eine Utopie bleiben. Doch wie können sich Ernährungsräte auf der lokalen Ebene für die große Transformation einsetzen?

Zumindest eine greifbare Maßnahme, die auch lokal umsetzbar ist, wäre eine Mietpreisbremse, die tatsächlich ihren Namen verdient. Immobilienpreise steigen nicht nur in deutschen Städten schneller, als Gemüse wächst: Bezahlbarer Wohnraum wird immer mehr zur Mangelware. Je höher die Mieten, desto wichtiger ist es für Menschen mit wenig Einkommen, dass sie billige Nahrungsmittel kaufen können. Der Anteil des Haushaltsbudgets für Nahrung kann entweder durch weniger Essen oder durch billigeren Einkauf gesenkt werden. Wer den Anteil für die Miete verringern will, sitzt jedoch schnell wegen aufgelaufener Mietschulden auf der Straße.

Das heißt: Wirksame Maßnahmen zur Begrenzung von Mietpreisen können für einkommensschwache Menschen wesentlich verlässlicher und systematischer dazu beitragen, dass sie sich ausreichend gute Lebensmittel leisten können, als der Versuch, hier und da gute Lebensmittel für diese Konsumentinnen und Konsumenten preisgünstiger zu machen!

Lebensmittelwüsten in der Stadt

Die ersten *Food Policy Councils* in den USA entstanden dort, wo die Schwerindustrie seit den 1980er-Jahren ihre Fabriken aufgab und die Arbeitslosigkeit viele Menschen in den Hunger trieb. Nicht nur die Fabriken verschwanden, sondern auch Gemüsehändler, Märkte und Restaurants, weil die Kaufkraft drastisch sank. Übrig blieben nur Discounter, in denen Fleisch billiger ist als Gemüse, und Fast-Food-Restaurants. Ganze Stadtteile wurden zu so genannten *Food Deserts*, in denen keinerlei Zugang zu gutem Essen mehr vorhanden ist. Laut US-Landwirtschaftsministerium leben je nach Definition bis zu 55 Millionen Amerikaner in einer solchen »Lebensmittelwüste«, davon 2,4 Millionen ohne Zugang zu einem Fahrzeug – was das Erreichen einer Einkaufsmöglichkeit noch weiter erschwert.

Es gibt keine Zahlen dazu, wie viele Menschen in Deutschland in einer Lebensmittelwüste leben, und sie sind bislang für Ernährungsräte und andere Ernährungsinitiativen auch kein Thema. Dass aber Bioläden und Bauernmärkte vor allem in den Wohnvierteln der besser Betuchten entstehen und Hofläden zumeist nur mit dem Auto erreichbar sind, gilt auch für Deutschland. Nicht weiter verwunderlich, denn diese sind auf die zahlungskräftige Kundschaft angewiesen. Wer in ärmeren Stadtvierteln wohnt und kein Auto zur Verfügung hat, ist daher de facto von diesen alternativen Einkaufsmöglichkeiten ausgeschlossen oder muss zumindest kaum zumutbar große finanzielle und logistische Hürden überwinden, um dennoch dort einkaufen zu können.

Es ist daher in jedem Fall ein relevantes und lohnendes Ziel für Ernährungsräte, derartige Missstände bekannt zu machen und für Abhilfe zu sorgen. In einem zukunftsfähigen Ernährungssystem müssen Einkaufsmöglichkeiten für alle ohne besonderen Aufwand erreichbar sein, unabhängig davon, in welchem Stadtviertel sich der Wohnort befindet und ob ein eigenes Fahrzeug zur Verfügung steht.

Wegzaubern können Ernährungsräte bestehende geographische Strukturen indes natürlich nicht. Möglichkeiten, innerhalb bestehender Strukturen eine intensivere Vernetzung und bessere Erreichbarkeit zu schaffen, lassen sich oft aber trotzdem finden. Viele Ernährungsräte in den USA setzen sich dafür ein, dass Busrouten neu geplant werden, um Lebensmittelgeschäfte für Menschen ohne Auto besser erreichbar zu machen. Oder sie versuchen, Einkaufsmöglichkeiten in den *Food Deserts* zu verbessern: In Baltimore (Maryland) hat der lokale Ernährungsrat eine Verordnung auf den Weg gebracht, mit der Supermärkte Steuerermäßigungen bekommen, wenn sie sich in derartigen Gegenden ansiedeln. Und der Ernährungsrat in Los Angeles hat ein Programm entwickelt, das kleine Eckläden (*Corner Stores* – ähnlich den »Spätis« in einigen deutschen Großstädten) dabei unterstützt, mehr frische Lebensmittel ins Sortiment zu nehmen. Ähnliches existiert in Philadelphia und New Orleans. Man stelle sich vor, in den rund 1000 Berliner Spätis würden Havelländer Bioäpfel und Biomilchprodukte verkauft!

Vielleicht wären manchenorts auch mobile Einkaufsorte und Bringdienste eine gute Lösung: In Hartford (Connecticut) wurde zum Beispiel ein *Mobile Market* ins Leben gerufen: ein umgebauter Bus, der frisches, regional angebautes Obst und Gemüse in Stadtviertel mit wenigen Einkaufsmöglichkeiten bringt.

Growing Power

Während der Amtszeit von Barack Obama als US-Präsident war die grassierende Fettleibigkeit vieler armer Menschen eines der wichtigsten Themen auf der politischen Agenda, vor allem für seine Gattin. Michelle Obama gärtnerte nicht nur medienwirksam im Garten des Weißen Hauses, sie kam auch persönlich, wenn ein Gemüsehändler in einem vernachlässigten Viertel einen Laden eröffnete.

Will Allen besuchte sie sogar zweimal. Denn er gilt als Vorbild für viele Schwarze und seine *City Farm* in Milwaukee als Musterbeispiel, wie gutes Essen und frische Kost in benachteiligte Viertel gebracht werden können. »Wir haben *Growing Power* an einer Stelle errichtet, wo du in jeder Richtung fünf

Meilen gehen kannst, und du wirst kein gutes Essen finden, nur Junk-food. Für die Menschen hier, die oft kein Auto haben, ist das eine Katastrophe.«

Will Allen ist als früherer Basketball-Star im ganzen Land bekannt. Er stammt aus einer Familie von Landarbeitern, die sich später eine eigene Farm leisten konnte. »Wir hatten immer genug Essen, gutes Essen!« Deshalb wurde die *City Farm* auch nicht als Gemeinschaftsgarten gegründet, sondern als Unternehmen mit sozialen Grundsätzen: mit Angestellten entweder aus der meist schwarzen Nachbarschaft oder mit Freiwilligen aus anderen Städten.

Es begann 1993, als er ein Stück Brachland kaufte. 20 Jahre später hatte Will Allen 140 Angestellte, die in Gewächshäusern (mit einer Fläche von 10 Hektar) und auf Äckern und Feldern (120 Hektar) Gemüse anbauen. Angetrieben wird er von immer noch existierendem Hunger: »Drei von zehn jungen Leuten gehen heute Abend ohne ein Essen ins Bett.« Das will er ändern.

Als er neue Felder suchte, stieß er auf das Problem, dass viele Böden in der Stadt versiegelt waren. »Gutes Essen erzeugt man mit gutem Boden. Den stellen wir mithilfe unserer Wurmzuchten her. Aber wenn du einen ehemaligen Parkplatz hast, dann können wir den Asphalt nicht wieder aufreißen, das wäre nicht nur zu teuer, sondern der Untergrund ist auch oft mit Blei belastet. Aber wir können unseren Wurmboden daraufschütten« – und so entstanden hochproduktive Hügelbeete auf Beton und Asphalt.

»In unseren Städten gibt es riesige Brachflächen«, sagt Will Allen. In Detroit sind es noch mehr als in Milwaukee: 230 Quadratkilometer – bei einer Stadtfläche von insgesamt 440 Quadratkilometern! »Meine Tochter will jetzt eine neue Farm in Chicago eröffnen, dort liegen 77.000 Grundstücke brach, insgesamt 85 Quadratkilometer. Die Dachflächen sind da noch gar nicht mitgerechnet. Damit könnte man noch viel mehr machen.«

»Aber tatsächlich ist Bauersein sehr schwierig«, setzt er hinzu, »ich war Profiathlet und habe sonst auch noch vieles gemacht, aber Gemüse auf nachhaltige Art und Weise anzubauen ist der härteste Job. (...) Das Essen hier im Norden der USA wird aus einer Entfernung von durchschnittlich 2400 Kilometer herangekarrt. Das müssen wir ändern.«

Im November 2017 musste *Growing Pow*er Insolvenz anmelden. Doch schon wenige Monate später steht Will Allen wieder in seinen Gewächshäusern und versucht die *City Farm* in Milwaukee wieder zu reaktivieren. Er denkt nicht daran, mit 69 Jahren in den Ruhestand zu gehen, und gründete drei neue Unternehmen. Und seine Farm in Chicago läuft unter der Leitung seiner Tochter weiter als *Urban Growers Collective.* Sein Erbe ist ohnehin größer: Der Pionier der urbanen Gärtnerbewegung half beim Aufbau von Farmen in den ganzen USA, in Südafrika und Haiti, aber er war vor allem ein weltweites Vorbild für den Aufbau von Gemeinschaften: »*We grow more than food, we grow communities.*« Sein größter Erfolg war es dann auch, große Teile der schwarzen Bevölkerung aus dem Griff des Junkfood befreit zu haben.

Auch die Rückeroberung urbaner Flächen zum Anbau von Lebensmitteln ist eine Strategie im Kampf gegen Lebensmittelwüsten. Gemüse und Obst in Gemeinschaftsgärten, Selbsterntegärten oder im eigenen (Klein-)Garten bzw. auf Balkon oder Fensterbank selbst anzubauen ist natürlich ebenfalls eine Möglichkeit, welche die Obst- und Gemüseversorgung einkommensschwacher Gruppen verbessern kann. Der *Los Angeles Food Policy Council* hat sich dafür eingesetzt, dass Gemüse- und Obstgärten im sozialen Wohnungsbau erhalten und gefördert werden. In Detroit hat sich das *Black Community Food Security Network* gegründet, um qualitativ hochwertige Ernährung und vitaminreiche Frischkost in die Armenviertel zu bringen, unter anderem durch urbane Landwirtschaft auf brachliegenden Grundstücken.

Auch für deutsche Ernährungsräte wie in Köln und Berlin gehört die Förderung von urbanen Gärten zu den Schwerpunktzielen, wenn auch häufig primär als Bildungsprojekt und weniger als soziales Projekt für die Produktion von günstigen und zugleich hochwertigen Lebensmitteln. Damit Selbstanbau tatsächlich einen sozialen Effekt hat, muss die Beteiligung an Projekten kostengünstig oder kostenlos möglich sein – was längst nicht in allen urbanen Gemeinschaftsgärten der Fall ist. Zudem erfordert der Anbau von Obst und Gemüse in relevanten Mengen Wissen, praktische Fähigkeiten und Zeit, die nicht zwangsläufig alle mitbringen, auch Hartz-IV-Empfänger wie Aufstocker oder Alleinerziehende nicht. Außerdem sind die Möglichkeiten in kleinen Gemeinschaftsbeeten oder auf Balkonen und Fensterbänken räumlich (sehr) beschränkt. Eine komplette Selbstversorgung aus dieser Quelle ist also utopisch. Hinzu kommt, dass das Selbstversorgerdasein nicht allen liegt, also auch nicht für alle einkommensschwachen Konsumentinnen und Konsumenten die Lösung sein kann. Dennoch dazu »verdonnert« zu werden würde nur das ohnehin schon oft vorhandene Gefühl der Stigmatisierung verstärken.

Abb. 7: Essbare Stadt Köln: Salat vor der Haustür bildet und stärkt die Hausgemeinschaft. © Olga Moldaver

Ernährungsräte tun daher gut daran, bestehende Einkaufs- und Versorgungsmöglichkeiten vor Ort und deren Schwachstellen genau zu analysieren und Konzepte zu entwickeln, um Lücken gegebenenfalls möglichst schnell und vollständig zu schließen. Es liegt zudem nahe, sich als Ernährungsrat in die Stadtplanung möglichst intensiv einzubringen. Etwa, damit Flächen für die urbane Nahrungsversorgung schon in frühen Planungsstadien mitgedacht werden und zugleich auch der gemeinnützige Anbau von Kulturpflanzen auf städtischen Flächen in Erwägung gezogen wird.

Für die Städteplaner hieße das, in Zukunft so zu planen, dass Lebensmittelwüsten gar nicht erst entstehen und eine behutsame Stadtentwicklung nach dem Leitbild einer »durchmischten Stadt der kurzen Wege« Platz greift, die nicht nur Wohnen, Arbeiten und Freizeit zusammendenkt, sondern auch verschiedene Milieus und unterschiedliche Einkommensgruppen.

Verschwenden beenden!

Die Verschwendung von essbaren Lebensmitteln einzudämmen ist aus verschiedensten Gründen ein sinnvolles Anliegen, auch für Ernährungsräte. Wo Lebensmittelüberschüsse nicht von vornherein vermieden werden können, sind Weiterverteilung und -verwendung zu ermöglichen. Ideen dafür gibt es viele.

Bekanntestes Beispiel im englischsprachigen Raum sind die *Food Banks*, in Deutschland als »Tafeln« weit verbreitet. Sie sammeln überschüssige, einwandfreie Lebensmittel und verteilen diese an sozial und wirtschaftlich Benachteiligte. Weitere Möglichkeiten, Lebensmittel zu retten und damit auch das eigene Budget zu entlasten, sind das über Online-Plattformen und sogenannte Fairteiler-Kühlschränke organisierte Foodsharing oder der preisreduzierte Verkauf von »überschüssigen« Lebensmitteln über Apps (z. B. Too Good To Go) oder Reste-Supermärkte (z. B. SirPlus in Berlin).

Die Weiterverteilung von noch einwandfrei genussfähigen Lebensmitteln ist schon deshalb richtig, weil es weder moralisch noch hinsichtlich begrenzter Ressourcen als hinnehmbar gelten kann, weltweit rund die Hälfte aller produzierten Lebensmittel auf den

Müll zu werfen. Man kann aber leider nicht zwangsläufig davon ausgehen, dass derartige Initiativen der »Müllvermeidung« auch zu mehr Gerechtigkeit im Ernährungssystem beitragen. Kritiker nennen die Existenz von »Almosensystemen« wie den Tafeln völlig zu Recht einen politischen Skandal, der die Dysfunktion unserer Ernährungssysteme lediglich verdeutlicht. Nicht zuletzt, weil den als Tafelkunden und -kundinnen gebrandmarkten Menschen nicht selten auch noch Dankbarkeit für die aussortierten Brosamen vom Tisch der Reichen abgenötigt wird, wenn auch zumeist unausgesprochen.

Die Förderung von Armenspeisungen ist nicht der Weg zu sozialer Gerechtigkeit, die Politiker so gerne als Ziel anführen; es ist die entschlossene und vor allem wirksame Bekämpfung der Ernährungsarmut, welche die vermeintlich großzügigen Lebensmittelspenden überhaupt erst notwendig macht. Dazu gehört der Wandel von der Überschussproduktion zu einem zukunftsfähigen System, in dem alles Wertvolle im »ersten Markt« verwertet wird und in dem weder Lebensmittelverschwendung noch ein Schattenversorgungssystem aus Überschüssen Platz haben.

Gute Gemeinschaftsverpflegung

Wie kann gutes Essen systematisch allen Menschen gleichermaßen zugänglich werden, ohne dass einkommensarme Menschen als »Bedürftige« stigmatisiert werden?

Eine der wirkmächtigsten Einflussmöglichkeiten bietet hierzu die Gemeinschaftsverpflegung, insbesondere in Schulen und Kitas, denn hier können tatsächlich alle schulpflichtigen Kinder gleichermaßen erreicht werden. Das setzt aber voraus, dass das Essen für alle kostenlos ist. Dürften nur die als »bedürftig« eingestuften Kinder kostenlos essen, käme dies einer weiteren Stigmatisierung gleich. In vielen US-amerikanischen Städten wie New York, Boston, Chicago oder Detroit wird das Schulmittagessen für alle Kinder kostenlos angeboten, seit sich gezeigt hatte, dass viele Schüler und Schülerinnen lieber mit leerem Magen im Klassenzimmer sitzen, als zuzugeben, dass ihre Familien nicht genug Geld für das Mittagessen aufbringen können.

Ob das Schulessen tatsächlich überall als »gut« bezeichnet werden kann, ist eine andere Frage. Plastiktabletts mit Mulden, in die grauer Brei geklatscht wurde, daneben ein Löffel gezuckertes Apfelmus – derartige Geschmacklosigkeiten findet man öfter bei der Suche nach Bildern vom Schulmittagessen in den USA. Es gibt aber auch positive Entwicklungen. Die Einbindung lokaler Landwirtschaft in die Schulversorgung wird inzwischen auch in den USA großgeschrieben: Über das *National Farm to School-Network* (dt. Landwirt-zu-Schule-Netzwerk) haben rund 42.000 Schulen in allen Bundesstaaten Kontakte zu lokalen Landwirten aufgebaut und damit frisches Obst und Gemüse, Eier und Fleisch auf die Teller gebracht. Versorgt werden damit bis jetzt schon über 23 Millionen Schüler und Schülerinnen – wenn auch noch längst nicht überall kostenlos.

Eine konsequente Versorgung aller Schülerinnen und Schüler mit kostenlosem Mittagessen, die vielen Verwaltungen hierzulande als utopisch und nicht finanzierbar erscheint, ist gleichwohl in vielen anderen Ländern längst Realität: In Schweden und Finnland erhalten alle Schulkinder im Alter von 7 bis 16 Jahren täglich kostenfrei ein warmes Mittagessen. Indien unterhält ein flächendeckendes Schulspeisungsprogramm, mit dem über 100 Millionen Schulkinder versorgt werden. Und in Lateinamerika gibt es kaum Länder ohne kostenloses Schulessen: Nur in vier der sechzehn Staaten müssen Eltern von Grundschul- und Kindergartenkindern für das Mittagessen bezahlen.

Besonders interessant ist das brasilianische Beispiel: Über das Schulessen-Programm PNAE *(Programa Nacional de Alimentação Escolar)* werden täglich 45 Millionen Schulkinder mit Mahlzeiten versorgt. Diese sind nicht nur konsequent kostenlos. Das Programm wird auch gezielt genutzt, um die regionale bäuerliche Landwirtschaft zu unterstützen. Seit 2009 wird per Gesetz 30 Prozent des PNAE-Budgets für den Kauf von Produkten aus regionaler Familienlandwirtschaft genutzt, mit Schwerpunkt auf biologisch und agroökologisch produzierten Lebensmitteln. Positive Effekte ergeben sich dadurch nicht allein für die Kleinbauern, sondern auch für die Kinder, die bis 2009 mit eher minderwertiger Kost versorgt wurden. Was bis dato auf den Tisch kam, legte die Bundesregierung zentral fest, überall in dem riesigen und kulinarisch diversen Land gab es das gleiche Essen. Ein Teil der Nahrungsmittel wie Reis und Milch in Pulverform kam von ausländischen Hilfswerken, der Rest von großen Lebensmittelkonzernen. Fast alles war industriell verarbeitet.

Seit ein Teil des Budgets an regionale Landwirte geht, gibt es an vielen Schulen frisches Obst und Gemüse, Eier, Joghurt, Milch und Brot. Allerdings: Das Gesetz wird nicht in allen Bundesstaaten gleichermaßen systematisch in die Praxis umgesetzt. Während im wohlhabenden Paraná in Brasiliens Süden lokale Kleinbauern bei der Lieferlogistik unterstützt werden, sind sie im ärmeren Bahia auf sich selbst gestellt, obwohl gerade hier Distanzen groß sind und Unterstützung sinnvoll wäre. Zudem ist leider ungewiss, wie es mit dem Programm weitergeht; seit der konservative Michel Temer 2016 als Präsident die Regierungsgeschäfte übernommen hat, werden soziale Programme Schritt für Schritt gekürzt (siehe Seite 227 ff.).

Regionalität und Nachhaltigkeit in der Schul- und Kitaversorgung in den Vordergrund zu stellen fällt dann leichter, wenn sich die Umstellungen für die Eltern nicht im Preis bemerkbar machen. Nachweislich ist die Schulverpflegung immer dann im Durchschnitt qualitativ hochwertiger, wenn sie kostenlos angeboten wird. Drückt der Preis für das Schulessen zu sehr auf ein ohnehin knappes Haushaltsbudget, wird automatisch die kostengünstigste Möglichkeit das Rennen machen. Auch deshalb ist die kostenlose Schul- und Kitaverpflegung ein sinnvolles Ziel. Dass und wie die Umstellung auf eine ökologisch nachhaltige, kulinarisch attraktive und sozialer gestaltete Gemeinschaftsverpflegung weitgehend kostenneutral möglich wird zeigt das Beispiel Kopenhagen (siehe Seite 147 ff.).

Punktuelle Relokalisierung statt echter Transformation

Wie ausgeführt, können öffentliche Einrichtungen als Großabnehmer einen wichtigen Impuls setzen, um regionale Produzenten von ökologischen Lebensmitteln gezielt zu unterstützen. Sie schaffen damit eine stetige Nachfrage und sichern durch die damit verbundenen dauerhaften Lieferbeziehungen den bäuerlichen Betrieben eine sichere Einkommensgrundlage. Unterstützt werden dadurch nicht nur existierende Höfe; auch landwirtschaftliche Neugründungen werden attraktiver, wenn ihre wirtschaftliche Tragfähigkeit mit der regelmäßigen Belieferung von Schulen, Kitas und öffentlichen Kantinen gewährleistet ist.

Sichere Einkommensperspektiven und gute Gewinnmöglichkeiten für regionale bäuerliche Betriebe zählen wiederum zu den wichtigsten Grundlagen, um ein Ernährungssystem auch für Produzenten sowie Arbeiterinnen und Arbeiter fair und gerecht zu gestalten. Eigentlich eine Binsenweisheit, die aber in unserem derzeitigen Ernährungssystem schlicht nicht Realität ist: Nur wer wirtschaftlich gut dasteht, kann auch die Familie gut ernähren, existenzsichernde Löhne zahlen und die Arbeitsbedingungen für alle fest oder saisonal Angestellten menschenwürdig gestalten.

Kurzum: Die Herausforderung bei allen Relokalisierungsbestrebungen besteht darin, eine gute Balance zwischen den Bedürfnissen von Erzeugern und Verbrauchern zu finden: faire Preise für die einen, bezahlbare Lebensmittel für die anderen.

Nicht alle Probleme lassen sich indes auf lokaler Ebene lösen, denn die Relokalisierung von Ernährungssystemen wird nach wie vor stark von kapitalistischen Marktrealitäten bestimmt. Sich allein auf lokaler Ebene davon lösen zu wollen wäre ein utopisches Unterfangen. Solange Lebensmittel wie jede andere Ware behandelt werden, sind lokale Ernährungsakteure genauso wie alle anderen Wirtschaftsakteure davon abhängig, wirtschaftlich tragfähig zu arbeiten. Wenn es nicht gelingt, gleichzeitig ein tragfähiges soziales Sicherungssystem zu schaffen – oder Reichtum gleichmäßiger zu verteilen –, wird die gleichberechtigte Teilhabe aller Bürger und Bürgerinnen immer ein von finanziellen Hürden geprägtes Spannungsfeld bleiben.

Auf lokaler Ebene gibt es einzelne Ansätze, diese Hürden zu überwinden, was aber die dringend nötige politisch betriebene Transformation des Gesamtsystems nicht ersetzen kann. Das Recht, frei von Hunger zu sein, sowie das weitergehende Recht auf Nahrung als Teil eines angemessenen Lebensstandards sind Menschenrechte, die im

UN-Sozialpakt (Internationaler Pakt über wirtschaftliche, soziale und kulturelle Rechte) verankert sind. Die Wahrung von Menschenrechten ist Aufgabe des Staates – wenn also immer mehr Menschen in Deutschland nicht mehr in der Lage sind, sich angemessen und in Würde zu ernähren, wie es das Menschenrecht auf Nahrung verlangt, handelt es sich um staatliches Versagen.

Kapitel 4

Unsere Verantwortung für globale Gerechtigkeit

Globaler Süden im Fokus, oder was geschehen muss, um unserer globalen Verantwortung gerecht zu werden

Eigentlich geht es uns doch gut. Die Regale im Supermarkt sind randvoll, es gibt eine schier unglaubliche Vielfalt an Tiefkühlpizza-Sorten, Eisgeschmacksrichtungen und Frühstücksmüsli-Varianten, und das alles für wenig Geld. Wir Deutschen geben nur rund 10 Prozent unseres Einkommens für Lebensmittel aus. In Kroatien sind es immerhin rund 30 Prozent. Konsumenten in Nigeria müssen dagegen mit 56 Prozent schon mehr als die Hälfte ihres gesamten Haushaltsbudgets allein fürs Essen aufwenden.

Hierzulande muss niemand hungern – oder zumindest sind Hunger und Mangelernährung kein so offensichtliches Problem wie in vielen Ländern des globalen Südens, auch wenn viele Menschen auf Billiglebensmittel vom Discounter angewiesen sind (siehe Kapitel 3). Wenn wir es nun noch schaffen, auch einkommensschwächeren Gruppen die Versorgung mit ausreichend guten, frischen Lebensmitteln zu ermöglichen, dann hieße das doch Friede, Freude, Eierkuchen (natürlich mit Eiern von freilaufenden Hühnern) und alles in Butter – oder nicht?

Aber wer kümmert sich eigentlich um die globalen Auswirkungen unseres Ernährungssystems? Billiglebensmittel sind ja nur so billig, weil anderswo jemand die Differenz zum eigentlich angemessenen Preis »bezahlt«: etwa ausgebeutete Arbeitskräfte, mit Pestiziden vergiftete Anwohner, durch neoliberale Handelspolitik vom Markt gedrängte Kleinstproduzenten oder von ihrem Land vertriebene Subsistenzlandwirte (Bauern und Bäuerinnen, deren Ziel weitestgehend die Selbstversorgung ihrer Familien oder kleiner Dorfgemeinschaften ist – in Entwicklungsländern bis zu 50 Prozent der Agrarproduktion). Die Leidtragenden unseres auf industrieller Landwirtschaft beruhenden Ernährungssystems leben in den ärmeren Regionen der Welt – da, wo sich die Menschen am wenigsten gegen das völlig ungenierte Zusammenspiel von Konzernmacht, Börsenspekulation, internationalen Handelsabkommen und Korruption von Regierungsbeamten wehren können. Globale Gerechtigkeit: Fehlanzeige!

Eine kulinarische Zerstörungsreise um die Welt

Fast ohne es zu merken, sind wir alle fast jeden Tag rund um den Globus unterwegs – allein mit dem Verzehr unserer Lebensmittel.

Unser Frühstückskaffee, gekocht mit Kaffeebohnen aus Südamerika, die auf riesigen Plantagen unter Arbeitsbedingungen angebaut wurden, die nichts anderes als moderne Sklaverei sind. Dazu ein Schokobrot, für das Kakaobohnen aus Westafrika herhalten mussten, einer Anbauregion, wo das durchschnittliche Einkommen der Bäuerinnen und Bauern und ihrer Arbeiter und Arbeiterinnen derzeit weit unter der international definierten Grenze für extreme Armut liegt und wo Kinderarbeit (bei der Kakaoernte mitunter sogar mit anschließender Zwangsverpflichtung als Kindersoldaten) immer noch weit verbreitet ist. Vielleicht noch etwas Müsli mit frischer Vollmilch? Von »Turbo-Kühen« aus Massentierhaltung, die mit Gen-Soja aus Brasilien gefüttert wurden – wofür leider der Regenwald abgeholzt, die ursprünglich dort lebenden Menschen vertrieben, genetisch veränderte Pflanzen in das natürliche Ökosystem eingeführt wurden und dann auch noch alles großzügig mit gesundheitsgefährdenden Pestiziden eingesprüht worden ist.

Doch vielleicht klappt es ja beim Mittagessen besser mit der globalen Fairness? Ein paar grüne Bohnen, die aus Marokko kommen, wo die Arbeiterinnen auf den Feldern Hungerlöhne für ihre harte Arbeit bekommen. Und Tomaten aus Süditalien, unter ebenso ausbeuterischen Bedingungen von Migrantinnen und anderen Saisonarbeiterinnen geerntet, die sich im Einzelfall sogar glücklich schätzen dürfen, wenn der Landbesitzer sie nicht auch noch nachts in sein

Bett zwingt. Dazu etwas Rindfleisch? Ach nein, dabei gab es ja das Problem mit den Gensoja-Futtermitteln aus Südamerika. Aber vielleicht darf es noch etwas Obst zum Dessert sein? Es müssen ja noch nicht einmal die unter Sklaverei-Bedingungen auf Plantagen angebauten Südfrüchte sein. Selbst bei uns außerhalb der Saison angebotene Erdbeeren kommen oft aus China und sind nicht selten mit hierzulande verbotenen Pestiziden, mit Antibiotika und mitunter sogar mit gefährlichen Krankheitserregern belastet: schlecht für uns und schlecht für die Chinesen, in deren Grundwasser die krank machenden Rückstände landen.

Lebensmittel – (k)eine Ware wie jede andere?!

Oft ohne es zu wissen oder zu wollen, verursachen insbesondere die Schnäppchenjäger unter uns einen globalen Vernichtungsfeldzug, angeführt von einem Wirtschaftssystem, in dem Lebensmittel als eine Ware unter vielen angesehen werden, die möglichst frei gehandelt werden soll wie jedes beliebige andere Industrieprodukt.

Die ursprüngliche Idee des Freihandels ist simpel und scheint gar nicht mal so unlogisch: Nationaler Wettstreit sollte durch internationale Kooperation ersetzt werden. Jedes Land sollte seine »komparativen Kostenvorteile« nutzen und sich auf die wenigen Produkte spezialisieren, die es »am besten« kann. Dass diese Idee zu absurd langen und verschlungenen Transportwegen für Lebensmittel führt, ist ein massiver Nachteil. Ein anderer ist die Tatsache, dass die Spezialisierung der Landwirtschaft auf den Anbau weniger Exportrohstoffe der wünschenswerten Resilienz, welche divers sortierte Anbausysteme mit sich bringen, diametral entgegensteht. In traditionellen und agrarökologischen Anbausystemen sorgt eine breite Streuung verschiedener Kulturen möglichst standorttypischer, robuster Feldfrüchte dafür, dass Ernteausfälle bei einer einzelnen Sorte nicht so schwer ins Gewicht fallen. Hinzu kommt, dass die Grundidee der »komparativen Kostenvorteile« an sich schon kritikwürdig genug ist – denn die tatsächlichen Kostenvorteile vieler Anbauländer, insbesondere im Süden, entstehen vor allem durch unfair niedrig entlohnte Arbeitskräfte und lasche, kaum kontrollierte Umweltgesetze.

Die globale Handelspolitik unterminiert aber darüber hinaus vor allem die Fähigkeit der Länder des globalen Südens, sich selbst zu ernähren. Die Europäische Union hat im letzten Jahrzehnt vielen afrikanischen Staaten Freihandelsverträge aufgezwungen. Im Gegenzug für die Möglichkeit, Kaffee und Bananen weiter nach Europa zu exportieren, mussten afrikanische Staaten ihre Märkte für europäische Agrarprodukte öffnen. Mit drastischen Folgen: Gefrorenes Hähnchenfleisch aus Europa, das afrikanische Märkte überschwemmt, bedeutete zum Beispiel für 90 Prozent der Hühnerhalter Ghanas das Aus. Europa kann das Geflügelfleisch zu Dumping-Preisen anbieten, weil hier vor allem Brust und Keule geschätzt werden und profitabel zu vermarkten sind und die weniger »edlen« Teile des Huhns dafür umso billiger anderswo verscherbelt werden können – wofür es sogar noch Exportsubventionen gibt.

Oder Milchpulver: Aus der EU stammend, sorgte es dafür, dass Tausende von Milchbauern in Burkina Faso aufgeben mussten. Burkina Faso ist eines der ärmsten Länder der Welt und liegt in der Sahelzone. Die meisten Flächen sind für Ackerbau zu trocken, deshalb ist Viehhaltung die einzig mögliche Nutzungsform. Wenn jetzt aber das Milchpulver aus Europa billiger und besser haltbar ist als die lokale Milch, müssen die Rinderhalter ihre Kühe schlachten und in die Slums der Städte ziehen.

Mit unserer Handelspolitik produzieren wir also Fluchtursachen und letztlich neue Migrationswellen. Wer Zollschranken abschafft und Lebensmittel wie jede andere Ware behandelt, ignoriert damit auf folgenschwere Weise, dass es sich hier um die Basis unseres Lebens handelt.

Nahrungsmittelkrisen und Spekulation

Was hat das mit Relokalisierung zu tun? Sehr viel, denn wenn die Grundnahrungsmittel aus dem eigenen Land oder noch besser der eigenen Region kommen, kann ein Hungerland zu einer funktionierenden Subsistenzökonomie werden. Es ist kein Problem, wenn Luxus-Lebensmittel wie Kaffee weltweit exportiert werden, sie wachsen nicht überall, und die Anbauländer haben oft nicht viele andere

Produkte, die sie vermarkten können. Wenn es eine Krise gibt und die Preise stark steigen, dann wird durch Mangel an Kaffee jedenfalls kein Hunger verursacht.

Doch bei Grundnahrungsmitteln ist das anders. Wie wichtig die Fähigkeit zur Eigenversorgung ist, haben die beiden letzten Welternährungskrisen gezeigt: 2008 und 2011 stiegen die Getreidepreise weltweit. Die Preise verdreifachten sich binnen weniger Wochen. Die Gründe für steigende Nahrungsmittelpreise sind vielfältig, doch für die extremen Preisschwankungen mitverantwortlich ist die Spekulation mit Agrarrohstoffen an Warenterminbörsen.

Spekulation auf zukünftige Preise ist im Prinzip nicht neu und dient Produzenten eigentlich dazu, sich gegen fallende Preise abzusichern. Inzwischen mischen aber Finanzinvestoren kräftig mit: Sie wetten an den Warenterminbörsen in Chicago und andernorts darauf, dass der Weizen- oder Maispreis sich zum Beispiel in elf Monaten bei 300 Dollar befinden wird, und ein anderer Investor wettet dagegen. Dadurch fließen mittlerweile auf dem Warenterminmarkt virtuelle Geldströme, die nur noch zu einem Bruchteil von der tatsächlich vorhandenen Menge an Waren gedeckt sind. Spekulationen von derartigem Ausmaß haben auch Auswirkungen auf den realen Preis der Lebensmittel, sodass diese seit Beginn der massiven Börsenspekulation im Durchschnitt gestiegen sind.

Jetzt könnte man sagen, prima, die Preise steigen, das ist doch gut für die Bauern. Doch ebenso schnell, wie sie steigen, fallen sie auch wieder. Die neue Herrschaft der Finanzmärkte über den Rohstoffsektor bedeutet letzten Endes, dass die Rohstoffmärkte und damit die Lebensmittelversorgung den hochrisikoreichen Turbulenzen des Finanzmarkts vollkommen ungeschützt ausgeliefert sind – extrem schwankende Preise sind die Folge. Und so profitieren die Kleinbauern in den Entwicklungsländern keineswegs von dieser Nahrungsmittelspekulation, weil sie ihre Produkte zur Erntezeit verkaufen müssen und nicht auf einen Börsenboom warten können. Zugleich aber sind sie zumindest einen Teil des Jahres selbst Konsumenten und leiden massiv unter den spekulativ gesteigerten Preisen.

In Europa spüren wir diese Preisschübe so gut wie gar nicht, weil sich unser Brotpreis zum größten Teil aus Arbeitslohn und Energiekosten zusammensetzt. Der Rohstoff Weizen macht nur einen verschwindend geringen Anteil aus, weshalb der Brotpreis sich während der Welternährungskrisen bei uns nur um wenige Cent erhöhte. In den Entwicklungsländern ist das aber ganz anders. Dort machen den größten Teil des Brotpreises tatsächlich die Kosten für das Weizenmehl aus. Und deshalb haben sich wegen der Nahrungsmittelspekulation sowohl 2008 als auch 2011 weltweit die Brotpreise verdoppelt. Die Folge: Aufstände in über 40 Ländern und von Gewalttätigkeit begleitete Demonstrationen, die sogar Regierungen zu Fall brachten. Die arabische Rebellion begann 2008 in Kairo mit den Brotunruhen. Der Syrien-Krieg hat viele Ursachen, zu denen aber auch die weitverbreitete Armut, gepaart mit rasant gestiegenen Weizenpreisen, gehörte.

Preisschwankungen treffen vor allem die Länder, in denen die Bevölkerung sich nicht mehr eigenständig ernähren kann und ihre Nahrungsversorgung weitgehend vom Weltmarkt abhängig wurde. Die Erkenntnis, dass regionale Ernährungssysteme überlebenswichtig sein können, ist in den letzten Jahren vor allem in den Entwicklungsländern gereift. Sie haben am eigenen Leib gespürt, dass dies der einzige Weg ist, um eine krisensichere Ernährung zu erreichen. Und sie fangen an, auch auf dem internationalen Parkett ihre Autonomie in der Nahrungsmittelversorgung zu verteidigen. Noch ist das möglich, weil in weiten Teilen Afrikas und Südasiens selbst Millionenstädte überwiegend von den Kleinbäuerinnen und Kleinbauern der Region ernährt werden. Dort existieren noch regionale Ernährungssysteme, und urbane Landwirtschaft trägt erheblich zur Versorgung bei.

Unsere globale Verantwortung

Die Relokalisierung der Ernährungssysteme erhöht auch in Europa die Resilienz gegen Preisschwankungen, wenn auch in der industriellen, globalisierten Landwirtschaft eher der Ölpreis und andere äußere Einflüsse wie zum Beispiel der Klimawandel eine wichtige Rolle spielen. Ein mindestens ebenso wichtiger Grund, die Relokalisierung unserer Ernährung zu betreiben, ist die Tatsache, dass unsere gegenwärtige Ernährungsweise weltweit negative Auswirkungen auf Mensch und Umwelt hat.

Es ist gar nicht so leicht, sich in einem durchschnittlichen Supermarkt mit Lebensmitteln zu versorgen, durch die wirklich niemand ausgebeutet, vertrieben oder vergiftet wird. Dazu kommt, dass die industrielle Landwirtschaft einer der Haupttreiber für den Klimawandel ist. Durch die energieintensive Erzeugung von Kunstdünger und Pestiziden, durch Lachgas- und Methanemissionen aus Düngemitteln und Tierhaltung oder die Umwandlung von Wäldern und Mooren zu Ackerland werden große Mengen klimaschädlicher Stoffe freigesetzt. Insbesondere hoher Fleischkonsum heizt das Klima an, denn für die Futterproduktion wird besonders viel natürlicher Lebensraum zerstört. Über die Gülle dampft klimaschädliches Methan in die Luft, und Umwandlung von Wald- und Wiesenflächen in Sojaäcker entlässt zuvor dort gebundenes CO_2 in die Atmosphäre. Von den Folgen der Umweltzerstörung und des Klimawandels wie Bodendegradation, Dürren oder Überschwemmungen sind in erster Linie in Armut lebende Menschen, insbesondere im globalen Süden, betroffen.

Für uns werden die zerstörerischen Folgen unseres Konsums nur selten sichtbar – weil wir sie größtenteils anderen Ländern und Gesellschaften aufbürden, können wir sie hierzulande mit Leichtigkeit ausblenden. Mit ihrem Buch *Die imperiale Lebensweise* wollen Ulrich Brand und Markus Wissen das Bewusstsein wecken, dass wir uns diesen Lebensstil nur leisten können, weil die Kosten dafür nicht denen in Rechnung gestellt werden, die sie verursachen.

Es ist aber nicht nur ein Gebot der Menschlichkeit, dass wir die Ausbeutung von Menschen und Ressourcen – egal ob hier oder anderswo – nicht einfach hinnehmen. Es ist auch eine Pflicht, die uns durch die neuen globalen Ziele für Nachhaltige Entwicklung *(Sustainable Development Goals, SDGs)* auferlegt wird, die die Vereinten Nationen sich gesetzt haben. Sie sollen der Sicherung einer nachhaltigen Entwicklung auf ökonomischer, sozialer sowie ökologischer

Ebene dienen. Und anders als das Vorgängermodell, die *Millenium Development Goals,* gelten die Ziele für Nachhaltige Entwicklung für alle Staaten, nicht nur für Entwicklungsländer. Das aber verpflichtet selbstverständlich auch Deutschland und die übrigen Länder des globalen Nordens, diese Ziele nicht nur gemächlich anzustreben, sondern tatsächlich auch in absehbarer Zeit zu erreichen.

Besonders relevant ist dabei für uns das zweite Ziel, mit dem Hunger bekämpft, Ernährungssicherheit erreicht und eine nachhaltige Landwirtschaft gefördert werden sollen. Dies bedeutet unter anderem, in die Förderung von Kleinbauern zu investieren. Der von über 500 Wissenschaftlerinnen und Wissenschaftlern verfasste Weltagrarbericht kommt hierbei zu dem gut belegten Schluss, die Zukunft der Ernährung liege in ökologischen Anbaumethoden und der kleinbäuerlichen, regionalen Landwirtschaft. Sie zu stärken ist also das vielversprechendste Mittel, um weltweit Hunger und Fehlernährung zu bekämpfen.

***Sustainable Development Goals,* Ziel 2: Den Hunger beenden, Ernährungssicherheit und eine bessere Ernährung erreichen und eine nachhaltige Landwirtschaft fördern**

Ziel 2 sucht nach nachhaltigen Lösungen, um den Hunger in all seinen Formen bis 2030 zu beenden und Ernährungssicherheit zu erreichen. Ziel ist es sicherzustellen, dass jeder überall genug gute Nahrung hat, um ein gesundes Leben zu führen. Das Erreichen dieses Ziels erfordert einen besseren Zugang zu Nahrungsmitteln und die umfassende Förderung einer nachhaltigen Landwirtschaft. Dies bedeutet eine Verbesserung der Produktivität und der Einkommen von Kleinbauern durch Förderung des Zugangs zu Land, Technologie und Märkten, nachhaltigen Nahrungsmittelproduktionssystemen und widerstandsfähigen landwirtschaftlichen Praktiken. Es erfordert auch verstärkte Investitionen durch internationale Zusammenarbeit, um die Produktionskapazität der Landwirtschaft in Entwicklungsländern zu stärken.

Ein weltweit alternatives, kleinbäuerliches Landwirtschaftsmodell zu fordern bringt aber keinen Vorteil oder Fortschritt, wenn wir uns nicht auch selbst damit gemeint fühlen und die ernährungspolitischen Weichen auch lokal entsprechend verstellen. Solange unsere Ernährung abhängig ist von einer globalisierten, industrialisierten Landwirtschaft, kurbeln wir mit unserem Konsum ein ausbeuterisches und zerstörerisches Ernährungssystem geradezu an. Wenn wir uns wirksam und nachhaltig für ein zukunftsfähiges System einsetzen wollen, müssen wir auf regionaler Ebene neue Ernährungsstrategien entwickeln, die weder hier noch anderswo Ressourcen bis zur Neige und endgültig ausbeuten oder Menschenrechte verletzen. Mit anderen Worten: Wir müssen uns ausdrücklich von der »imperialen Lebensweise« verabschieden!

Abb. 8: Kleinbauern wie diese indische Reisbäuerin ernähren drei Viertel der Menschheit dank einer Produktivität, die deutlich höher ist als die von Großfarmen. © Prokino/10 Milliarden

Relokalisierung – ein Instrument für globale Gerechtigkeit?
Was haben Obstsäfte, Weidemilch und Ackerbohnen aus deutschen Anbauregionen mit dem Rest der Welt zu tun? Auf den ersten Blick nicht viel. Doch bei näherem Hinsehen zeigt sich, was der Pluspunkt stärker lokalisierter urbaner Versorgung in Westeuropa wäre: Im gesamten Prozess vollständig hier produzierte Lebensmittel können keine Umweltschäden oder Menschenrechtsverletzungen in fernen Ländern anrichten. Und ihre Produktion erlaubt zugleich mehr direkt nachvollziehbare Kontrolle einer nachhaltigen, schadstofffreien und möglichst emissionsarmen Landwirtschaft.

Aber auch hier ist zu fragen, ob die Relokalisierung unseres Ernährungssystems automatisch zu globaler Gerechtigkeit beiträgt. Das wäre schön, doch ganz so einfach ist es leider nicht. Relokalisierung in einer bestimmten Region kann nämlich auch negative Auswirkungen auf andere, ohnedies schon benachteiligte Regionen haben. Steigt der Konsum regionaler Produkte bei uns, werden gleichzeitig weniger Lebensmittel aus anderen Regionen gekauft, die dadurch weniger exportieren können. Wenn dadurch weniger ausbeuterische und umweltzerstörende Exportlandwirtschaft stattfindet, ist das zwar nicht nur negativ. Aber gleichzeitig sind viele Menschen momentan für ihren Lebensunterhalt auf Einnahmen aus ebendieser Exportlandwirtschaft angewiesen.

Wie stark die negativen Auswirkungen durch den Wegfall von Exporten in anderen Regionen sein können, wurde bislang allerdings wenig untersucht. Szenarien und Prognosen gibt es bislang vor allem für die Folgen des Brexit für den europaweiten Agrarhandel (vgl. Seite 224 ff.). In einigen europäischen Ländern wird ein erheblicher Rückgang der Exporte nach Großbritannien erwartet, mit den stärksten Auswirkungen für Irland und Polen, aber auch zum Beispiel für die deutsche Geflügelfleischbranche. Bislang ist die Direktvermarktung von regionalen Produkten bei uns eher ein Nischenmarkt, durch den vermutlich nicht signifikant viele Importe wegfallen. Soll die Relokalisierung jedoch als zukunftsweisendes Modell verallgemeinerbar werden, dann müssen gleichzeitig in den Produktionsländern starke regionale Wirtschaftskreisläufe aufgebaut werden, mit denen die dort lebenden Menschen ihren Lebensunterhalt sichern können. Ländern des globalen Nordens mag es noch gelingen, Einbrüche bei den Exporten einigermaßen abzufangen. Für viele Länder im globalen Süden und die dort von der landwirtschaftlichen Produktion lebenden Menschen könnten die Folgen im Einzelfall aber, wie schon erwähnt, katastrophal sein.

Relokalisierung – nur für die Reichen?

Die Entwicklung einer dynamischen Ernährungsszene wird oft als die wichtigste Voraussetzung für eine positive Entwicklung der regionalen Wirtschaft gesehen. In der Tat, regionale Landwirtschaft und Weiterverarbeitung schaffen regionale Arbeitsplätze: Im Ökodorf Brodowin, 70 km nördlich von Berlin, sind zum Beispiel in Landwirtschaft, Meierei und Vertrieb über 100 neue Arbeitsplätze entstanden, der Kattendorfer Hof, 35 km von Hamburg entfernt, beschäftigt mehr als 50 Menschen. Eine Studie des Landwirtschaftsministeriums der USA belegt, dass in lokalen und regionalen Ernährungssystemen allein 2008 61.000 Arbeitsplätze entstanden sind – 13 Arbeitsplätze pro eine Million Dollar Umsatz.

Es gibt allerdings auch Hinweise, dass es häufiger umgekehrt läuft. Etwa dass innovative Ernährungsprojekte vor allem in ohnehin schon wohlhabenden Regionen entstehen. Eine dynamische Ernährungsszene mit SoLaWis, Biomärkten, Marktschwärmern, Hühnerpatenschaften und mehr sowie politisch aktiven Ernährungsräten gibt es vor allem in Gegenden mit eher zahlungskräftiger Bevölkerung. Dort also, wo sich mit »hippen« Produkten von regionalen Bioanbietern vor allem das gehobene Bildungsbürgertum bedienen lässt. Das ist innerhalb des globalen Nordens so, aber viel mehr noch im weltweiten Vergleich: Deutschland, die USA und viele andere Länder, in denen alternative, regionale Ernährungsinitiativen entstehen, haben ein allgemein hohes Wohlstandsniveau. Und nicht nur das: Unser materieller Wohlstand ist nicht zuletzt durch schamlos imperialistische Kolonialgeschichte, oftmals gewalttätige Aneignung von Ressourcen und Völkerrechtsverletzungen entstanden. Dass es uns hier gut geht, beruht ja nicht auf überlegener europäischer Leistungsfähigkeit, sondern auf dem jahrhundertelang wirkmächtigen Kolonialismus, der weite Teile der Welt unterwarf, versklavte und ausbeutete. Und als wäre das nicht schlimm genug, wird die Kolonialgeschichte heute von Wirtschaft und Politik ungerührt als Neokolonialismus fortgesetzt. Industrienationen sichern sich die Kontrolle über Ressourcen und Warenmärkte ärmerer Länder durch internationale und europäische Handelsverträge, Finanzmarktregimes und Investitionspolitik.

Wie gerecht die Relokalisierung eines Ernährungssystems im globalen Kontext wirken kann, muss also auch im Zusammenhang mit der Verteilung von Reichtum, Macht und Privilegien im Weltmaßstab betrachtet werden. Entscheidet sich eine, global gesehen, privilegierte Region wie Deutschland, durch Relokalisierung von Wirtschaftskreisläufen vorrangig die heimischen Regionen wirtschaftlich zu stärken, trägt das nicht nur nichts zur globalen Gerechtigkeit bei, es vertieft sogar eher bestehende Gerechtigkeitslücken. Anders gesagt: Was haben Hungernde in Afrika davon, wenn am Starnberger See das üppig bemessene Haushaltsbudget der Villenbewohner für die hochklassige lokale Biogourmetproduktion ausgegeben wird?

Defensiver Lokalpatriotismus

Das Streben nach Relokalisierung kann sogar dem neuerdings wieder erstarkenden Bedürfnis nach Abgrenzung oder sogar Abschottung von »den anderen« entspringen. Im Englischen gibt es dafür den Begriff »*Defensive Localism*« (abwehrender Lokalpatriotismus). Fühlen sich die Menschen einer Region vor allem für ihren eigenen Lebensraum verantwortlich, geht es ihnen vor allem um die Stärkung der regionalen Wirtschaft und die Schaffung von sicheren Arbeitsplätzen in ihrer näheren Umgebung. Innerhalb dieser Grenzen werden dann vielleicht sogar faire und existenzsichernde Preise an die lokalen Erzeugerinnen und Erzeuger gezahlt, die man Produzenten anderswo aber nicht in gleicher Weise zubilligt. Damit unterteilt diese Art Lokalpatriotismus die als zur Region gehörig Anerkannten und alle anderen in ein »wir« und »die anderen«. Wer aber so denkt und handelt, unterscheidet sich kaum noch nennenswert von der nationalkonservativ völkischen Heimatbewegung (siehe Kapitel 3).

Bleibt der Fokus der angestrebten Ernährungswende ohne Weiteres auf das »Lokale« beschränkt, spielt dies in die Hände derer, die mit ihrer Rhetorik von »Andersartigkeit« vermeintliche Qualitäts-Unterschiede zwischen verschiedenen Regionen, insbesondere zwischen entwickelten und sich entwickelnden Regionen, überhaupt erst erfinden. Rechtslastiger Lokalpatriotismus ist das Bollwerk einer »imperialen Lebensweise«, denn diese vermag sich nur so lange vor sich selbst zu rechtfertigen und zu erhalten, wie sie über ein »Außen« verfügt, auf das sie herabsehen und lästige Kosten verlagern kann. Gleichzeitig kann die Schuld für Umweltprobleme ebenfalls leicht auf die »anderen« geschoben werden. Ressourcenausbeutung und Umweltzerstörung können so als Folgen von Überbevölkerung in den Entwicklungsländern abgetan werden, statt sie als das zu sehen, was sie sind: nämlich die großzügig übersehenen Konsequenzen der Überschussproduktion und des durch Werbung angefeuerten Konsumismus in den Industrieländern.

Es ist die undifferenzierte und unvollständige Analyse solcher Probleme, die es erlaubt, das Problem der globalen Fehlverteilung zu ignorieren und Hunger als Folge unzureichender Nahrungsmittelproduktion darzustellen. Diese Sichtweise ist eine der am meisten genutzten Rechtfertigungen für unser konzerngesteuertes Ernährungssystem, scheint es in ihr doch ganz logisch, dass die behaupteten Rohstoffengpässe neue Produkte wie genetisch veränderte Lebensmittel ganz und gar unumgänglich machen, wenn man die Welt ernähren will.

Think global, eat local

Für lokale Initiativen sind die Möglichkeiten, globale Ungerechtigkeiten zu beseitigen, natürlich begrenzt. Tatsächlich wäre es unsinnig zu erwarten, dass lokale Aktivitäten die durch Kolonialismus, Imperialismus und Neoliberalismus begründete Fehlverteilung von Ressourcen, Macht und Reichtum in der Welt allein aufzulösen vermöchten.

Ernährungsräte können und sollten die globalen Zusammenhänge unseres Ernährungssystems jedoch immer mit im Blick haben, denn es gibt sehr wohl auch auf lokaler Ebene manche Chance, »imperialistische Stellschrauben« in Richtung Gerechtigkeit zu drehen – im Folgenden seien einige Handlungsansätze beschrieben.

Auf lokaler Ebene ist der Fleischkonsum eine der wichtigsten und wirksamsten, aber zugleich auch eine der brisantesten Stellschrauben. Die massenhafte Produktion von Billigfleisch trägt rund um den Globus nachweislich in nennenswerter Größenordnung zu Umweltzerstörung und Landverbrauch bei. Für die Produktion von Fleisch werden sehr große Mengen an Futtermitteln gebraucht. Um ein Kilogramm Schweinefleisch herzustellen, sind durchschnittlich drei Kilogramm Futtermittel notwendig. Um die Tiere in europäischen Tierfabriken zu füttern, sind die Viehalter auf Importsoja angewiesen, ein Großteil davon gentechnisch verändert und aus Südamerika. Neunzig Prozent der weltweit angebauten Sojabohnen werden verfüttert. So verbrauchen wir in Europa indirekt Flächen im globalen Süden. In vielen Fällen werden dort die natürlichen Lebensräume zerstört und Menschen von ihrem Land vertrieben. Hinzu kommt: Die Nutztierhaltung und die damit zusammenhängenden Industriezweige tragen maßgeblich zum Klimawandel bei – je nach Quelle ist die Fleischproduktion für bis zu 50 Prozent aller weltweiten Treibhausgas-Emissionen verantwortlich. Durch die Produktion von einem Kilo Rindfleisch entstehen laut Umweltbundesamt zwischen sieben und 28 Kilo Treibhausgase, während Obst oder Gemüse im Schnitt bei weniger als einem Kilo liegen.

Wollen wir also vor Ort effektive Maßnahmen ergreifen, um global positiv zu wirken, dann ist eine Reduktion des Fleischkonsums und zugleich des Konsums tierischer Produkte im Allgemeinen ein sehr starker Hebel. Gleichzeitig aber auch einer, mit dem sich 2010 die Grünen schon heftig in die Nesseln gesetzt haben, als sie einen wöchentlichen *Veggie Day* in öffentlichen Kantinen vorschlugen. Ob zu Recht oder nicht – Vorschriften über unsere Ernährungsweise werden von vielen als Bevormundung empfunden. Beim Essen werden wir schnell emotional. Und das, obwohl es nur um einen einzigen fleischfreien Tag in der Woche ging! Besser für unsere ausgewogene Ernährung und dabei auch effektiver für die Schonung unseres Planeten wäre – so sehen es jedenfalls viele Experten und Expertinnen für Gesundheit, Umwelt und Entwicklungspolitik – ein wöchentlicher *Meat Day*, also die Beschränkung des durchschnittlichen individuellen Fleischkonsums auf den mittlerweile zum geflügelten Wort erhobenen Sonntagsbraten.

Sich als Fleischkritiker zu positionieren ist für Ernährungsbewegungen deshalb gewagt, und man bekommt schnell den Stempel der ideologisch geprägten Radikalität aufgedrückt. Ohne die deutliche Reduktion des Konsums tierischer Produkten ist langfristig die zukunftsfähige, also ökologisch nachhaltige und sozial gerechte Transformation des Ernährungssystems jedoch undenkbar. Wenn wir deshalb Schritt für Schritt wegkommen wollen vom zu hohen durchschnittlichen Jahresverbrauch von knapp 60 Kilogramm pro Person, dann brauchen wir dafür Wegbereiter und Vorbilder.

Auch unbequeme Wahrheiten müssen schließlich irgendwann laut und deutlich ausgesprochen werden. Als wie »radikal« der nötige Umstellungsprozess von der Gesellschaft empfunden wird, lässt sich nicht zuletzt durch die geschickte Auswahl und Verknüpfung von strategischen Maßnahmen beeinflussen. Mitunter ist es einfach eine Frage der richtigen »Strippen«, an denen man zieht, um den Wandel zu einer veränderten Esskultur für alle verträglich einzuleiten. Und es gibt ja durchaus Beispiele, die zeigen, welche Lenkungsmöglichkeiten die Politik zur Verfügung hat. Etwa wenn sie Rahmenbedingungen für eine Ernährungswende schaffen will, die viele verlockend innovative Angebote zu machen weiß, statt bloß schulmeisterlich Verzicht zu predigen.

Welches Maß an Veränderungen tatsächlich akzeptiert oder sogar begrüßt wird, hängt sicher nicht unwesentlich davon ab, wie gut es den zivilgesellschaftlichen und politischen Akteuren gelingt, ihre Positionen und Forderungen exemplarisch zu vermitteln und sachlich zu rechtfertigen. Gute Ansatzpunkte dafür sind zum Beispiel:

- Gemeinschaftsverpflegung als Leuchtturm: Die öffentliche Gemeinschaftsverpflegung in Schulen, Kitas, Kantinen etc. ist Verpflegungs- und Lernort mit großer Reichweite. Für die Forderung eines täglichen Angebots an vegetarischen und veganen Gerichten, die gegenüber Fleischgerichten nie als zweite Wahl platziert werden, sollte jeder Ernährungsrat den Mut aufbringen. Dazu gehört auch, dass angebotenes Fleisch aus tiergerechter, ökologischer Haltung und Fisch aus bestandsschonender Fischerei oder ökologisch zertifizierter Aquakultur stammt und deutlich sparsamer als bisher portioniert wird.

- Bildung für Kopf und Bauch: Erwachsene und Kinder werden über die weltweiten Auswirkungen übermäßigen Fleischkonsums und über wirklich tiergerechte Haltung informiert. Köchinnen und Köche lernen, nahrhafte pflanzliche Kost appetitlich zuzubereiten. Beides sind Voraussetzungen für den gesellschaftlichen Wandel. Wie und mit welcher Ansprache man Menschen für diese Umstellung auf zukunftsfähige Kost gewinnt, muss jede Ernährungsinitiative und jeder Rat für sich herausfinden.
- Kommunale Lobbyarbeit in Genehmigungsverfahren: Die Gemeinde bzw. Stadt, auf deren Territorium eine Massentierhaltungsanlage errichtet werden soll, hat eine starke Stellung im Genehmigungsverfahren für eine beantragte Anlage. Sie kann die Genehmigung versagen, wenn sie glaubhaft und fachlich fundiert begründen kann, dass beim Bau mit schädlichen Umwelteinwirkungen oder der Beeinträchtigung von Natur und Landschaft zu rechnen ist. Ernährungsräte können Kommunen dabei unterstützen, eine solche Absage zu begründen.
- Bundespolitische Lobbyarbeit zum Steuerrecht: Das Umweltbundesamt schlägt vor, Fleisch und andere tierische Produkte ganz regulär mit 19 Prozent Mehrwertsteuer (statt aktuell sieben Prozent) zu belegen. Die Forderung nach einer Abschaffung der Mehrwertsteuervergünstigung für Fleisch ist unterstützenswert, insbesondere in Kombination mit einer Absenkung des Mehrwertsteuersatzes für weniger umwelt- und klimaschädliche Getreideprodukte, Gemüse und pflanzliche Proteine.

Fairen Handel einfordern

Ihren Morgenkaffee oder Tee macht ihnen niemand ungestraft streitig, und auf tropische Früchte und Schokolade möchten die meisten Deutschen auch nicht verzichten. Zum Glück sind solche Produkte auch aus dem fairen Handel erhältlich. Fair-Trade-Siegel werden zwar auch immer wieder kritisiert, weil sie den Produzenten und Produzentinnen nicht notwendigerweise ein existenzsicherndes Einkommen garantieren. Aber sie sind ein Anfang. Die Kampagne *Fair Trade-Towns* fördert gezielt den fairen Handel auf kommunaler Ebene, zum Beispiel in der öffentlichen Beschaffung. Für Ernährungsräte ist eine Vernetzung mit der Fair-Trade-Bewegung deshalb sinnvoll. Und die logische Konsequenz daraus ist die gemeinsam und offensiv kommunizierte Forderung an die öffentliche Beschaffung, in absehbarer Zeit nichts anderes mehr als fair gehandelte Produkte für die Gemeinschaftsverpflegung einzukaufen.

Die Fair-Trade-Produktpalette ist allerdings noch sehr beschränkt und konzentriert sich derzeit vor allem auf haltbare Lebensmittel und meistens auch nur auf Handelsbeziehungen mit sogenannten Entwicklungsländern. Dass aber auch in den Lieferketten von Frischeprodukten innerhalb Europas und im europäischen Gemüseanbau zum Teil haarsträubende Arbeitsbedingungen vorkommen und oft nur Hungerlöhne gezahlt werden, reflektiert die Vergabe von Fair-Trade-Siegeln bisher nicht. Gerade im Biosektor erwarten die meisten Verbraucher und Verbraucherinnen, dass auch die Arbeitsbedingungen für die Feldarbeiter und -arbeiterinnen menschenwürdig sind. Skandalöse Berichte aus dem spanischen Biogemüseanbau in Almería oder aus süditalienischen Anbaugebieten zeigen eine andere Realität. Die meisten Bio-Siegel in Europa garantieren lediglich einen gewissen Grad an ökologischer Nachhaltigkeit, aber keine faire Bezahlung und keine menschenwürdigen Arbeitsbedingungen in der Lieferkette.

Ernährungsräte wollen Ökologie und Soziales zusammenbringen – von den Siegelorganisationen das Gleiche zu fordern, damit die Entscheidung nicht mehr entweder Grün oder Fair lauten muss, liegt da auf der Hand! Dass das geht, zeigt die Siegelorganisation Naturland: Schon 2010 hat der Verband die »Naturland Fair Richtlinien« entwickelt, die Öko-Landbau, soziale Verantwortung und fairen Handel vereinen.

Think global, act local

Sowohl Fair-Trade als auch Bio sind allerdings Nischen abseits eines von Exportlandwirtschaft und internationaler Handelspolitik geprägten Mainstreams – und werden es vermutlich auf absehbare Zeit auch blieben. Eine umfassende Transformation ist nur möglich, wenn Lebensmittel nicht mehr als Ware wie jedes andere Industrieprodukt gehandelt werden, sondern ihr besonderer Status als unsere gemeinsame Lebensgrundlage in Freihandelsverträgen anerkannt wird.

Die Vernetzung mit nationalen und internationalen Organisationen und Gruppen, die sich für gerechte Handelspolitik einsetzen, ist für Ernährungsräte daher nur logisch. Ebenso ist der Schulterschluss mit entwicklungspolitischen Organisationen sinnvoll, um sich gemeinsam auf Bundesebene gegen eine Entwicklungshilfe einzusetzen, die mit unseren Steuergeldern Macht und Profit von Agrarkonzernen alimentiert. Würde hierzulande jemand unsere Wohnung stürmen, unser Wohnzimmer mit Gift verpesten, uns vorschreiben, was wir auf dem Balkon anpflanzen dürfen und was auf unseren Tisch kommt, und uns am Ende auch noch eiskalt auf die Straße setzen – wir würden uns das nicht gefallen lassen! Doch haargenau so agieren große Agrarkonzerne tatsächlich in den Ländern des globalen Südens. Sie forcieren dort gezielt die Kommerzialisierung und Privatisierung von Saatgut, sie erschließen sich zu ihrem alleinigen Vorteil neue Pestizidmärkte, kaufen großflächig Land auf und sichern sich den exklusiven Zugang zu weiteren natürlichen Ressourcen wie Wasser und Artenvielfalt. Kleinbauern und -bäuerinnen verlieren zunehmend den freien Zugang zu ausreichend Wasser, vielfältigem lizenzfreien Saatgut, und im schlimmsten Fall werden sie sogar von ihrem Land vertrieben.

Statt ein solches Verhalten scharf zu kritisieren, unterstützt die Bundesregierung Agrarkonzerne mit Förderprogrammen, zum Beispiel im Rahmen der G8-Initiative »Neue Allianz für Ernährungssicherheit« und der Sonderinitiative »Eine Welt ohne Hunger« (SEWOH) des Bundesministeriums für wirtschaftliche Zusammenarbeit und Entwicklung (BMZ). Kleinbauern und -bäuerinnen hingegen werden seit Jahrzehnten von der Bundesregierung und vielen weiteren Regierungen vernachlässigt.

Der Einfluss von Städten und Kommunen auf Handels- und Entwicklungspolitik ist leider sehr begrenzt, viele Entscheidungen werden auf Bundes- oder sogar auf EU-Ebene getroffen. Organisationen und Kommunen können und sollten natürlich auf höheren Ebenen Lobbyarbeit betreiben, viele Mitentscheidungsmöglichkeiten gibt es aber nicht.

Ein interessanter Ansatzpunkt bietet sich vor Ort unter dem Stichwort »Divestment« (dt. das Gegenteil von Investition, Rückzug aus bestimmten Kreditlinien, Veräußerung von Beteiligungen). Städte und Kommunen halten oft Millionenbeträge als Pensionsrückstellungen für die Renten ihrer Beamten und Angestellten. Davon ist ein Teil zumeist in Aktienfonds investiert – und so unter Umständen auch in börsennotierte Agrarkonzerne sowie Finanzhäuser, die wiederum Nahrungsmittelspekulation betreiben (z. B. die Deutsche Bank oder der Versicherungsriese Allianz). Die internationale *Fossil-Free*-Kampagne hat es vorgemacht: Sie hat Städte, Institutionen und Einzelpersonen aufgefordert, ihre Investitionen in Kohle-, Öl- und Gaskonzerne abzustoßen und ihr Geld Konzernen zu entziehen, deren Geschäftsmodell dem Ziel der Klimaneutralität widerspricht. Warum also keine Divestment-Kampagne mit dem Ziel, Beteiligungen an Agrar- und Lebensmittelkonzernen, deren Geschäftsmodell einem zukunftsfähigen Ernährungssystem widerspricht, abzustoßen?

Auch wenn globale Handelspolitik vor allem auf globaler Ebene stattfindet, gilt auch hier: Die lokale Ebene ist nicht zum Zuschauen verdammt. Es zählt zu den Stärken von Ernährungsräten, dass sie getreu dem Motto *think global – act local* vor der eigenen Haustür kehren. Mancher Sieg über das Beharrungsvermögen der Alteingesessenen lässt sich jedoch erst in der konzertierten Aktion einer internationalen oder globalen Bewegung erkämpfen. Um Systeme und Ideologien herauszufordern, die Fehlverteilung und Ungerechtigkeiten verursachen, müssen viele kleinere lokale Aktivitäten mit einigen größeren interregionalen und ganz großen globalen zusammenwirken.

Kapitel 5

Von lokalen Lösungen zum systematischen Wandel

Globaler Norden »first«?, oder warum wir die Politik in die Pflicht nehmen müssen, den zerstörerischen Wachstumspfad zu verlassen

Unser globales Ernährungssystem kann in seinem gegenwärtigen Zustand fundamentalen Menschenrechten, wie etwa denen auf Nahrung oder Gesundheit, nicht gerecht werden. Auch zum Schutz und zur Erhaltung unserer gemeinsamen Lebensgrundlagen und der begrenzten Ressourcen unseres Planeten trägt es so gut wie nichts bei. Was die strukturellen Ursachen für diese negative Bilanz sind, ist schon lange klar erkennbar und sattsam bekannt. Deshalb gilt es, unabhängig davon, auf welcher geographischen Ebene ein Wandel angestrebt wird, diese strukturellen Probleme in einer weltweit gemeinsamen Anstrengung zu bekämpfen. Geschieht dies nicht, bleiben Transformationen auf lokaler Ebene ein instabiles Stückwerk, das vornehmlich den ohnedies schon privilegierten Eliten zugutekommt, während die Mehrheit der Weltbevölkerung einfach weiter benachteiligt, ausgegrenzt, ausgebeutet, vertrieben oder sogar getötet wird.

Das heißt aber nicht, dass es sinnlos wäre, mit den lokalen Transformationen zu beginnen, sind sie doch eine essenzielle Grundlage für den globalen Wandel, das Experimentierfeld für echte Alternativen und zugleich der Beweis, dass diese funktionieren. Und darüber hinaus sind sie ein notwendiger Impuls und eine Ermutigung für andere Städte, lokalen Leuchtfeuern zu folgen, aber auch dabei das Große und Ganze nicht aus dem Blick zu verlieren.

Der erforderliche Wandel muss daher auf allen Ebenen vom reinen Effizienzdenken wegführen. Weg von der Förderung von Massenproduktion und Ertragssteigerung hin zur Rettung vielfältiger kleinbäuerlicher Strukturen und weg von bloßer Quantität (Kalorien satt) hin zur Qualität (des Essens für alle). Nur eine koordinierte Politik, die Änderungen in allen verbundenen Systemkomponenten veranlasst, hat eine Chance, diesen großen Umstellungsprozess wirklich voranzubringen. Es kann keinesfalls genügen, das System mit kleinteiligen Maßnahmen drehen zu wollen, etwa Flickschusterei bei der Biolandbauförderung oder Prozenthuberei beim Anteil von Bioprodukten bei den Mahlzeiten in Kitas und Schulen. Jedes dieser Reförmchen würde vom Gesamtsystem schnell und nahtlos integriert, während sich an der grundsätzlichen Problemstellung wenig ändert.

Politische Häupter mit fremdem Federschmuck

Das Recht, frei zu sein von Hunger, sowie das weitergehende Recht auf Nahrung als Teil eines angemessenen Lebensstandards sind Menschenrechte, die im UN-Sozialpakt (Internationaler Pakt über wirtschaftliche, soziale und kulturelle Rechte) verankert sind. Ihre Wahrung ist eine zentrale Aufgabe jedes Staates. Ebenso im deutschen Grundgesetz als staatliche Aufgabe verankert ist der Umweltschutz. Ein globaler Umweltpakt zum Klimaschutz wird in der UN gerade diskutiert. Wenn also unser Ernährungssystem immer mehr Umwelt- und Klimaschäden verursacht und es immer mehr Menschen gibt, die nicht mehr in der Lage sind, sich angemessen und in Würde zu ernähren, dann ist dies in erster Linie ein staatliches Versagen.

Ernährungsräte in aller Welt warnen die Politik davor, sich zukunftsweisender Lösungen, die auf privatwirtschaftlicher oder zivilgesellschaftlicher Initiative fußen, einfach zu bedienen, um die eigene ernährungs- und strukturpolitische Fantasielosigkeit und Untätigkeit zu bemänteln. Denn das kennen wir zur Genüge: Nur allzu gern preisen Politiker Solidarische Landwirtschaft und Fair-Trade-Handel, Tafeln und Rabattsysteme für Geringverdiener, regionale Markthallen und Selbsterntegärten als innovative und ultimative Zukunftslösungen für Ernährungsarmut, Umweltzerstörung und Klimawandel.

Gleichzeitig aber trägt die Politik ihrerseits viel zu wenig dazu bei, all diese alternativen und oft so schön medienwirksamen Ansätze aus den engen Grenzen ihrer kleinen Nischenmärkte herauswachsen zu lassen. Weder lokal noch global! Derartige Symbolpolitik wälzt zudem die politische Verantwortung für Menschenrechte allein auf Produzenten und Konsumenten ab. Ein unhaltbarer Zustand, den die wachsende Bewegung für die globale Ernährungswende nicht länger hinnehmen will.

UN-Sonderberichterstatter Olivier De Schutter hat das **Menschenrecht auf Nahrung** so definiert: »Das Recht auf Nahrung ist das Recht jedes einzelnen Menschen, allein oder in Gemeinschaft mit anderen jederzeit faktischen und finanziellen Zugang zu ausreichender und kulturell angemessener Qualitätsnahrung zu haben. Nahrung, die zukunftsfähig erzeugt und konsumiert wird und nachfolgenden Generationen den gleichen Zugang dazu erhält. Der einzelne Mensch muss seinen Zugang zu Nahrung entweder durch ein genügendes Erwerbseinkommen, durch selbstständige Arbeit oder soziale Transfers oder durch Selbstversorgung von eigenem Land oder eigenen Produktionsmitteln sichern können.«

Grundgesetz Artikel 20a: »Der Staat schützt auch in Verantwortung für die künftigen Generationen die natürlichen Lebensgrundlagen und die Tiere im Rahmen der verfassungsmäßigen Ordnung durch die Gesetzgebung und nach Maßgabe von Gesetz und Recht durch die vollziehende Gewalt und die Rechtsprechung.«

Fadenscheinig bemänteltes Politikversagen

Ein weiteres, gern gewähltes Mäntelchen für eine Politik ohne jegliche ernährungspolitische Vision und Handlungsbereitschaft sind möglichst öffentlichkeitswirksam vermarktete Projekte zu Verbraucherbildung und -information. Oder – wie böse Zungen es nennen –

Verbraucherbelehrung anstelle der Wahrung fundamentaler Verbraucherrechte.

Natürlich sind bei den Erfordernissen einer zukunftsfähigen Ernährungswende immer auch Konsumentinnen und Konsumenten und ihre Esskultur mit angesprochen. Denn ohne das Umdenken auf Verbraucherseite ist keine umfassende Ernährungswende denkbar. So manche Erwartungshaltungen von Verbrauchern werden zu Recht als unvernünftig und verantwortungslos kritisiert. Etwa die, dass es Erdbeeren und Tomaten zu jeder Jahreszeit geben soll, Milch zu Preisen zu kaufen ist, die unter den Produktionskosten liegen, Schokolade und Bananen als Grundnahrungsmittel beansprucht werden und nicht als kulinarischer Luxus oder dass Fleisch jeden Tag auf den Teller kommt und Backwarenregale zu jeder Tageszeit immer die volle Auswahl zu bieten haben.

Jedoch: Den Verbraucherinnen und Verbrauchern die alleinige Verantwortung dafür in die Schuhe zu schieben, dass unser Ernährungssystem in der Sackgasse steckt, ist ungerecht, weil die agrarpolitischen Weichenstellungen seit den 1950er-Jahren und mehr noch die millionenschweren Werbekampagnen der Lebensmittelindustrie diese Anspruchshaltung ja erst geschaffen haben.

Und dieses System ist extrem komplex: Für Otto oder Lise Normal-Verbraucher ist es im Alltag so gut wie unmöglich herauszufinden, wie eine auch nur einigermaßen verantwortungsbewusst zusammengestellte Einkaufsliste denn aussehen könnte. Bio- und Fair-Trade-Siegel versuchen, Abhilfe zu schaffen. Doch auch in der Bioproduktion gibt es prekäre Arbeitsbedingungen, Fair-Trade-Siegel garantieren keineswegs allen Kakaobauern ein auskömmliches Erwerbseinkommen, und auch der Anbau von fairem Biopalmöl verdrängt natürliche Ökosysteme. Rein rechnerisch beschleunigt das tägliche Bio-Schweineschnitzel den Klimawandel sogar stärker als die nur einmal pro Woche verzehrte Portion Industriehuhn.

Tim Lang, Professor für *Food Policy* an der Londoner City University, formulierte es so: »Ich beschäftige mich seit Jahrzehnten mit dem Ernährungssystem – und ich weiß immer noch nicht, was ich essen soll.« Wenn ein offizieller Berater der FAO, der WHO, der UN und der britischen Regierung schon so große Schwierigkeiten hat, konfliktfrei einzukaufen, wieso sollte man dann ausgerechnet von ganz normalen Verbrauchern und Verbraucherinnen mehr Urteilsvermögen in diesem Punkt erwarten dürfen?

Hinzu kommt: Selbst wenn man sich vertrauensvoll darauf verlassen dürfte, dass sämtliche Lebensmittel mit einem Siegel garantiert nirgends zur Ausbeutung von Menschen oder natürlichen Ressourcen führen, könnten sich aber noch längst nicht alle Menschen einen derart verantwortungsbewussten Konsum auch finanziell leisten (siehe Kapitel 3). Da hilft es auch nichts, von oben herab einen Wertewandel einzufordern. Wer sich nun mal nicht mehr als den billigen Einkauf im Discounter leisten kann, mag gute, nachhaltig produzierte Lebensmittel noch so sehr wertschätzen, wird sie aber dennoch nicht kaufen.

Und was heißt hier überhaupt »Wertschätzung«: Man muss nur einmal der Werbung großer Lebensmittelketten zuhören, um zu wissen, warum nicht die Produktqualität, sondern der geringste Preis die höchste Wertschätzung erfährt. Über das komplexe Zusammenspiel von Niedriglöhnen, Agrar- und Exportsubventionen schweigt die Werbung natürlich, ebenso wie von Lebensmittelpreisen, die nur deshalb so niedrig sein können, weil der Industrie die wahren Kosten ihrer Billigproduktion erspart bleiben.

Fehlgeleitetes Verbraucherverhalten hat also strukturelle Ursachen. Werden diese nicht verändert, wird jeder noch so ambitionierte Transformationsversuch im Sande verlaufen. Auch deshalb finden sich in diesem Buch wenig Ratschläge, wie man Verhaltensveränderungen bei Verbraucherinnen und Verbrauchern herbeiführen kann: Das kann und sollte keine Aufgabe von Ernährungsräten sein. Sie müssen sich vielmehr für politische Rahmenbedingungen einsetzen, die verantwortungsvolles Verbraucherverhalten nicht nur vereinfachen, sondern durch angemessene Rahmensetzung die sachlich richtigen Verbrauchsentscheidungen bereits vorwegnehmen. Ob beim Lebensmitteleinkauf Menschenrechtsverletzungen mit in Kauf genommen werden, darf keiner individuellen Konsumentenentscheidung überlassen bleiben. Es muss durch Gesetze und Regeln für ganze Wertschöpfungskreisläufe schon im Vorfeld des Konsums ausgeschlossen werden. Solange Supermärkte ungehindert Nahrungsmittel (und andere Produkte) anbieten dürfen, durch deren Erzeugung Menschenrechte verletzt werden oder Ressourcen unwiederbringlich ausgebeutet werden, bleibt das oben monierte staatliche Versagen ebenso ungehindert in Kraft.

Die Trägheit des alteingesessenen Systems überwinden

Um den nötigen umfassenden Wandel zu verwirklichen, muss aber zunächst das Beharrungsvermögen der bestehenden Strukturen unserer Versorgungssysteme überwunden werden. Über Jahrzehnte haben sie sich mit politischer Billigung und Förderung als voneinander abhängige und sich gegenseitig bestärkende Elemente eines Gesamtsystems herausgebildet. Technische Entwicklungen nehmen darauf ebenso Bezug wie Förderprogramme oder Steuergesetze, Investitionen in die Infrastruktur und das gesamte Gesetzes- und Verordnungswesen. All diese Mechanismen und Verflechtungen arbeiten ziemlich perfekt und widerstandsfähig zusammen, um das bestehende Ernährungssystem aufrechtzuerhalten.

Dagegen wird nicht leicht anzukommen sein, schon gar nicht im globalen Maßstab. Immerhin stehen dem die Macht- und Profitinteressen mächtiger transnationaler Konzerne entgegen, die sich mit der geballten Kraft ihrer Lobbyisten bisher sehr erfolgreich gegen jeden Versuch wehren, Menschenrechten den ihnen zustehenden Vorrang einzuräumen.

Unser gesamtes wirtschaftliches System ist auf die Mehrung von Erträgen und Profiten und das Wachstum von Marktanteilen einzelner Unternehmen und Konzerne ausgerichtet. Was aber bedeutet dieser kontinuierliche Wachstumszwang für unser Ernährungssystem? Wenn die Lebensmittelbranche immerzu weiterwachsen will, muss sie ständig mehr produzieren und gleichzeitig für mehr Konsum sorgen. Dass sie Letzteres sogar tatsächlich schafft, bürdet den Konsumenten (und der Umwelt) zusätzliche Probleme auf, denn der Konsum an Lebensmitteln kann ja nicht unendlich weiter wachsen. Selbst wer den Verlockungen der Werbung mit ihren täglich neuen

Marken und Produktlinien und den angeblich immer neuen Geschmackserlebnissen erliegt, zu viel davon kauft und jeden Tag mehr isst, als sein Körper eigentlich braucht, wird den Gesamtverbrauch trotzdem nur begrenzt steigern können. Die biologischen Limitierungen vermag nicht mal eine Werbung außer Kraft zu setzen, die uns weismacht, wir müssten im Überfluss konsumieren, wenn wir unser Wohlbefinden und unsere Gesundheit, ja sogar unsere Teilhabe an der Gesellschaft sichern wollen.

Dazu kommt die dunkelste Schattenseite dieser »schnell drehenden« Wachstumsschraube: die systemimmanente Lebensmittelverschwendung. Weil der Absatz ständig steigen soll, werden Mindesthaltbarkeitsdaten in immer kürzeren Abständen neu gesetzt. Mit der Folge, dass der »abgelaufene« Ausschuss vom Supermarktregal in den Container wandert und in den Haushalten Lebensmittel am oder über dem angegebenen Haltbarkeitsdatum als vermeintlich ungenießbar im Mülleimer landen. In Deutschland werden so jährlich rund 18 Millionen Tonnen genießbarer Lebensmittel umstandslos entsorgt und durch frische ersetzt.

Als weitere Wachstumsmöglichkeit haben Konzerne die Übernahme von Marktanteilen der Konkurrenz für sich nutzbar gemacht. Im deutschen Lebensmitteleinzelhandel teilen inzwischen nur noch vier Supermarktkonzerne über 85 Prozent des Marktes unter sich auf. Durch ihre enorm gewachsene Marktmacht können sie den Lieferanten unfair niedrige Preise abverlangen und so ihre Gewinne zulasten von Arbeitskräften und Umwelt weiter steigern. Um in der Landwirtschaft Profite zu erwirtschaften, wird ein agrarindustrielles Anbausystem am Leben erhalten, das auf hohen Inputs an fossiler Energie und anderen endlichen Ressourcen und der rücksichtslosen Zerstörung der Bodenfruchtbarkeit beruht – auch weil diese immer noch kostengünstiger einsetzbar sind als menschliche Arbeitskraft.

Zusätzlich erschaffen und erschließen sich Agrar- und Finanzkonzerne im weltweiten Zusammenwirken immer neue Märkte. So werden in der Agrarwirtschaft nicht mehr nur Lebensmittel erzeugt und Tierfutter angebaut, sondern auch Rohstoffe für die Energieerzeugung, etwa Mais für Agrosprit. Finanzinstitute kaufen oder pachten außerdem riesige Landflächen – bisher vornehmlich im globalen Süden, inzwischen aber auch in nennenswertem Umfang im Osten – und spekulieren auf hochprofitabel steigende Bodenpreise.

Grenzenloses Wachstum trotz planetarer Grenzen?

Dass unbegrenztes Wachstum auf der Grundlage eines in seinen Dimensionen unveränderlichen Planeten nicht funktionieren kann, müsste eigentlich allen klar sein. Das Wachstum der materiellen Ökonomie basiert auf fossiler Energie, anderen endlichen Ressourcen und der Kapazität der Erde, Abfall und Emissionen aufzunehmen. Klimawandel, Umweltverschmutzung, Ressourcenverknappung und Wirtschaftskrisen zeigen, dass dieses Modell längst an seine Grenzen gekommen ist.

Da der Planet selbst nicht wachsen kann, wäre ununterbrochenes Wirtschaftswachstum nur möglich, wenn trotz steigender Wirtschaftsleistung der Gesamtressourcenverbrauch und die Umweltverschmutzung sinken würden. Zwar sinkt der Ressourcenverbrauch bei vielen Produkten pro produzierter Einheit, aber gleichzeitig wird mehr davon konsumiert. Mehr Effizienz spart also nicht nur Rohstoffe, sondern senkt auch die Kosten, weshalb wir mehr kaufen können und die Wachstumskurve weiter nach oben geht. Das ist der berüchtigte Rebound-Effekt, von dem Kritiker des »grünen Wirtschaftswachstums« sprechen. Doch alle Berechnungen von Experten stimmen hierin überein: Wirtschaftswachstum ohne steigenden Gesamtressourcenverbrauch ist nicht in Sicht und auch in Zukunft unwahrscheinlich.

Dass es Konzerninteressen entspricht, immer mehr Profit zu machen, mag logisch erscheinen. Aber weshalb hält auch die Politik am neoliberalen Dogma des Dreiklangs »Wirtschaft, Wachstum, Wohlstand« fest? Ein wesentlicher Grund dafür ist, dass das gegenwärtige Wirtschaftssystem tatsächlich existenziell von Wachstum abhängig geworden ist – ohne ständiges Wachstum wird es instabil, und es kommt zu Arbeitslosigkeit, zur Abnahme sozialer Leistungen und damit womöglich zu politischen und sozialen Unruhen. Regierungen sehen sich angesichts solcher Szenarien gezwungen, die

Rahmenbedingungen so zu setzen, dass die Privatwirtschaft immer weiterwachsen kann, egal um welchen Preis. Auch deshalb fördern Staaten vor allem die aus ihrer Sicht besonders wachstumsrelevanten Produktions- und Konsummuster mit steuerlichen Vergünstigungen und Subventionen. Zum Beispiel wird Flugverkehr steuerlich begünstigt, auch der Frachtverkehr, unter anderem weil sich sonst nur noch wenige Menschen Importobst wie Bananen oder Schokolade leisten könnten. In den davon berührten Branchen würde in der Folge weniger Einkommen erwirtschaftet, was wiederum die Nachfrage in allen nachgelagerten Branchen senken könnte.

Fehlgeleitete Agrarpolitik: Symptom des Wachstumszwangs

Viele fehlkonstruierte Strukturen in unseren Ernährungssystemen sind ein Symptom dieses Wachstumsdrucks, zum Beispiel die europäischen Agrarsubventionen im Rahmen der gemeinsamen Agrarpolitik. Auch diese sollen letztlich das Wirtschaftswachstum fördern – nicht (nur) das von landwirtschaftlichen Betrieben, sondern auch das anderer Bereiche, die durch niedrige Lebensmittelpreise begünstigt sind. Wer wenig Geld für subventioniertes Essen aufbringen muss, kann sich nämlich mehr Konsumprodukte wie Computer und Kleidung leisten und mehr Häuser bauen.

Das hat auch Auswirkungen auf die Landwirtschaft: Stetig sinkende Erzeugerpreise zwangen in den letzten 20 Jahren über 270.000 Bauern zum Aufgeben. Die Zahl der Bauernhöfe in Deutschland reduzierte sich auf die Hälfte. Die Devise für die Bauern ist seit Jahrzehnten immer die gleiche: Wachse oder weiche!

Die Gemeinsame Europäische Agrarpolitik (GAP) hat diesen Konzentrationsprozess sogar noch beschleunigt. Denn sie verteilt ihre Subventionen so, dass große Bauern mehr bekommen und kleine Bauern weniger. Die Direktzahlungen aus Brüssel sind nämlich an die landwirtschaftliche Fläche geknüpft, und nur der kleinere Teil, die sogenannte Zweite Säule, wird zum Beispiel für ökologische Dienstleistungen verteilt.

Gegenwärtig wird die GAP neu verhandelt, bis 2020 läuft die aktuelle Förderperiode. Derzeit sieht es aber immer noch danach aus, dass die Agrarmilliarden auch in Zukunft gleichmäßig über die Fläche verteilt werden, ohne dass dafür besondere Leistungen von den Empfängern verlangt würden. Es sind 365 Milliarden Euro, die wohl auch in Zukunft mit der Gießkanne ausgeschüttet werden – Lenkungseffekt: null. Kritiker fordern deshalb die Abschaffung dieser kontraproduktiven Verteilungslogik. Doch viele Landwirte verteidigen die augenblickliche Subventionspraxis als ihren Rettungsanker, weil sie durch die stark schwankenden Preise der letzten Jahre finanziell teils bis an die Grenze gebeutelt sind. Verständlich, denn vor allem Milchviehhalter und Schweinemäster müssen über viele Monate mehr Geld ausgeben, als sie einnehmen, und haben zur Überbrückung Kredite aufgenommen. Im Durchschnitt machen die EU-Subventionen knapp die Hälfte des Verdienstes der Bauern aus, weshalb diese in ihren Betrieben längst so abhängig von dieser »Droge« sind, dass sie ohne sie kaum noch existieren, auf alle Fälle aber nicht länger so billig produzieren könnten.

Die Agrarpolitik, die in der Nachkriegszeit eine ausreichende Versorgung der Bürger sicherstellen sollte, sorgte über viele Jahre für stetiges Wachstum und eine Modernisierung im Sinne der Industrie. Die Bauern mussten sich spezialisieren, um billige Rohstoffe in großen Mengen für die Lebensmittelindustrie zu produzieren. Zu den Folgen zählen Monokulturen, Sortenschwund, Insektensterben und der Niedergang der Biodiversität im ländlichen Raum. Dabei wird das Wachstum oftmals im Inland gar nicht nachgefragt, was in den 80er Jahren zu Butter- und Fleischbergen in den EU-Kühllagern führte. Um diese loszuwerden, förderte Brüssel über viele Jahre Exporte in den globalen Süden, zulasten der Kleinbauern dort.

Auch die Reform von 1992, als die Prämien für hohe Produktion abgeschafft und stattdessen die flächengebundenen Direktzahlungen eingeführt wurden, brachten keinen Wandel. Ganz im Gegenteil. Die Exporte von Fleisch und Milchpulver haben seither sogar noch zugenommen. So sieht ökologischer Wahnsinn aus: Unsere Viehhalter importieren große Teile des Viehfutters, meist Soja, und exportieren anschließend Fleisch und Milch auf den Weltmarkt zurück. In Lateinamerika werden dafür Kleinbauern vertrieben und Regenwälder abgeholzt, während bei uns Übermengen an Gülle das Grundwasser verseuchen. Übrigens auch die Atmosphäre. Vielen ist nicht bewusst, dass Feinstaub in den Städten unter anderem durch landwirtschaftliche Ammoniak-Emissionen entsteht, die sich fernab der Tierställe mit den Stickoxiden aus Verkehr und Industrie verbinden und so Zehntausende von zusätzlichen krankheitsbedingten Todesfällen verursacht.

Ein Neuanfang ist daher dringend geboten. Bäuerliche Betriebe gleich welcher Größe sollten nur dann gefördert werden, wenn sie zur Zukunftsfähigkeit des Ernährungssystems beitragen. Zum Beispiel, indem sie regionale Wertschöpfungskreisläufe aufbauen, auf ökologischen Landbau umstellen oder auf artgerechte Öko-Tierhaltung. Nur so können das Höfesterben aufgehalten und die Artenvielfalt erhalten werden. Dafür ist ein generelles Umdenken nötig: Wir dürfen Lebensmittel nicht als eine Ware wie jede andere betrachten, die Bauern nicht als bloße Rohstofflieferanten für eine globalisierte Ernährungsindustrie. Das derzeitige System hat sich überlebt: Wenn keiner mehr weiß, wo die Lebensmittel herkommen, wenn die Entfremdung zwischen Bauern und Verbrauchern stetig zunimmt, dann gibt es auch für die Agrarsubventionen keine Akzeptanz mehr in der Bevölkerung. Erstaunlich, dass sie bis heute einen derart großen Teil des EU-Haushalts einnehmen: 40 Prozent! Gibt es in Zukunft keine qualitativ nachhaltige Begründung für diese Förderung, wird sich diese Quote – so steht zu hoffen – als unhaltbar erweisen.

Ernährungshandwerk in Not

Ein ähnlicher Degradierungsprozess fand im Ernährungshandwerk statt. Die Zahl der selbstständigen Bäckereibetriebe schrumpfte rapide, während überall Filialen großer Backketten aus dem Boden schossen, die nur noch Tiefkühl-Teiglinge aus Osteuropa oder China aufbacken. Auch die selbstständigen Metzgereien verschwinden zusehends, das Fleisch in den Supermarkttheken kommt aus der ganzen Welt und wird in großen Industriebetrieben verarbeitet. Wenn wir verhindern wollen, dass das Ernährungshandwerk ausstirbt, müssen wir die Betriebe unterstützen, die als unverzichtbarer Teil eines regionalen Wertschöpfungskreislaufs arbeiten. Dabei hilft sicher auch gezielte Innovationsförderung, zum Beispiel die Förderung neuer Modelle wie der »gläsernen Bäckerei« oder »gläsernen Metzgerei«, bei der die Kunden und Kundinnen durch eine Glasscheibe in den Backraum schauen oder die Wurstverarbeitung aus nächster Nähe live verfolgen können.

Noch viel mehr muss es jedoch darum gehen, moderne Vermarktungsmöglichkeiten zu schaffen, zum Beispiel neue und wieder neu belebte alte Markthallen, *Food Hu*bs (siehe Kapitel 2) oder digitale Nahversorgungs-Systeme. Auch hier beginnt die Transformation in den Kommunen, die die Vielfalt ihres Ernährungssystems beschützen. In einem zweiten Schritt wird das aber hoffentlich auch auf die nationale und EU-Politik abfärben (»Trickle-up-Effekt«), die ihre derzeit als ziemlich handwerksfeindlich kritisierten Dokumentationspflichten und Hygieneüberwachungen überdenken müssen.

Abb. 9: Eine von ehemals 14 Markthallen in Berlin: die in Privatinitiative wiederbelebte Markthalle Neun in Kreuzberg. © Markthalle Neun

Mehr Konzentration sorgt für mehr Korruption

Solange die hier beschriebenen Strukturen wirtschaftliches Wachstum fördern, bleibt die globale Ernährungswende zum Wohle aller wohl reine Utopie. Was wir brauchen, ist ein tief greifender Systemwandel, der etablierte Strukturen auf allen geographischen und politischen Ebenen aufbrechen kann. Dies jedoch erfordert eine gemeinsame Agrarpolitik, die nicht Subventionen mit der Gießkanne verteilt, sondern für faire Preise sorgt, und eine globale Handelspolitik, die Lebensmittel nicht als Ware wie jede andere behandelt (siehe Kapitel 4). Und nicht zuletzt brauchen wir auch andere Regeln für Konzerne.

Ungezügelte Konzentrationsprozesse haben immer größere Agrarkonzerne entstehen lassen. Bayer und Monsanto sind fusioniert, ebenso Dow Chemical und Du Pont sowie ChemChina und Syngenta. Damit beherrschen nur drei Konzerne mehr als 60 Prozent der Saatgut-Produktion und 70 Prozent der Pestizid-Produktion. Diese multinationalen Konzerne, die global organisiert sind, entziehen sich zunehmend der Kontrolle durch nationale Regierungen. Kein globales Regelwerk verpflichtet sie zu verantwortungsbewusstem Handeln oder belangt sie für die Verletzung von Menschenrechten.

Ihr Einfluss auf die Politik ist derart groß, dass zum Beispiel Malawi, eines der ärmsten Länder der Welt, seinen Bauern allen Ernstes den Verkauf des eigenen, lokalen und damit bisher lizenzfreien Saatguts untersagt hat. Das ist weder im Interesse der Bauern noch des Landes, aber natürlich freut es die Agrarkonzerne, weil nun per Gesetz verfügt wurde, dass nur noch lizensiertes Konzern-Saatgut verkauft werden darf. Die deutsche Organisation für Entwicklungszusammenarbeit GIZ musste daraufhin ihr Saatgut-Vermehrungsprogramm in Malawi aufgeben. Für die Konzerne sind die Kleinbauern eine neue Käuferschicht, und sie haben derartige Macht, dass sie sogar nationale Gesetze ändern und damit die Basis jahrtausendealter Landwirtschaftssysteme zugunsten ihrer Gewinnerwartungen zerstören können.

Nur der kombinierte Einfluss der Kartellbehörden in EU und den USA könnte noch verhindern, dass die Konzentration weiter voranschreitet und richtige Monopole entstehen. Liest man allerdings die Begründung dafür, warum Wettbewerbskommissarin Margrethe Vestager kürzlich die »BaySanto-Fusion« der Konzernriesen Bayer und Monsanto so lässig durchwinkte, kann einem schon der Atem stocken. Sie sagt, sie sei nur für fairen Wettbewerb in Europa zuständig – und den sieht sie ausreichend gewahrt, wenn Bayer im Zuge der Fusion auch einige Unternehmensteile an BASF verkauft. »Wettbewerb fördern« heißt also offenbar nicht, viele Anbieter mit verschiedenen Ansätzen zu befähigen – zum Beispiel auch solche, die ihre Äcker ohne Chemie bewirtschaften wollen und können. Der Tellerrand der Kommission: Er endet da, wo alternative Möglichkeiten anfangen. Ganz so, als sei die Entscheidung, die europäische Landwirte nun treffen können, keine zwischen Pest und Cholera. Mit ihrer Festlegung auf lizensiertes Hybridsaatgut für konventionelle Hochertragssorten sind sie nämlich meist auch auf die einschlägigen Spritzmittel der Konzerne festgelegt. Oft bleibt ihnen also gerade noch die Wahl zwischen Glyphosat von Bayer-Monsanto oder Glufosinat, dann von BASF.

Auf dem Weg zum »Guten Leben«

Wie wir in diesem und im vorigen Kapitel gesehen haben, sind die Strukturfehler des globalen Wirtschaftssystems vielfältig. Viele können nur von »der (großen) Politik« gelöst werden, nicht alles ist unmittelbar Ernährungspolitik im engeren Sinne, etwa eine dringend einzuführende, grundlegend neu orientierte Vermögenspolitik, deren Ziel die gerechtere Verteilung von Wohlstand in der Gesellschaft ist.

Wir haben schon wiederholt betont: Es lässt sich längst nicht alles von der lokalen Ebene ausgehend lösen und auch nicht allein von dort aus. Aber lokales Handeln schafft sichtbare Ergebnisse und treibt die Politik damit an, sich zu bewegen.

Die große Herausforderung ist es jetzt, Lösungen zu finden, die Gerechtigkeit und Nachhaltigkeit überall in den Strukturen unserer Nahrungsversorgung verankern. Gerade im Ernährungsbereich gibt es viele Initiativen, die den Weg in eine lokale, solidarische und menschliche Ökonomie ohne Wachstumszwänge praktisch vorleben. Ernährungsräte bringen solche Initiativen zusammen und diskutieren lokal angepasste Strategien für eine zukunftsfähige Welt, eine Welt, die nicht mehr allein nach der Mehrung materiellen Wohlstands strebt oder sich von denen, die das tun, dazu drängen lässt. Sondern eine, die zuerst danach strebt, allen Menschen weltweit ein »gutes Leben« zu ermöglichen. Wenn diese zukunftsfähigen Lösungen im gegenwärtigen Wirtschaftssystem keine Chance zu haben scheinen, weil sie nicht auf Profit für wenige, sondern auf das Wohl aller aus sind – dann müssen nicht etwa diese Lösungen verändert werden, sondern das Wirtschaftssystem, das sie behindert!

TEIL 2

Kapitel 6

Leuchttürme der Ernährungswende

Wer zu neuen Ufern aufbrechen will, braucht Navigationshilfen. In ruhigem Fahrwasser Kurs auf ein Ziel zu halten und die richtungsentscheidenden Wendepunkte nicht zu verpassen, erfordert wegweisende Mittel. Leuchttürme können solche Wegweiser sein. Man sieht sie gut, selbst aus der Ferne. Und ihr weitreichendes Leuchten hilft, Klippen zu umschiffen und eine sichere Hafeneinfahrt zu finden.

Im übertragenen Sinn und um im Bild zu bleiben, könnten »Leuchttürme der Ernährungswende« auch der »Ernährungsstrategie-Flotte« beim zielsicheren Navigieren helfen. Im Folgenden stellen wir eine kleine Anzahl exemplarischer Projekte vor, die aus unserer Sicht besonders gut zur ernährungsstrategischen Kursbestimmung beitragen können. Darunter die weltgrößte solidarische Landwirtschaft Hansalim in Südkorea, ein beinahe schon als »Klassiker« zu bezeichnendes Pionierprojekt für die Ernährungswende im Norden Großbritanniens und ein weiteres, das mitten in London inzwischen schon Millionen Mäuler mit feinstem Stadtgemüse zu stopfen vermag.

Und nicht zuletzt Kopenhagens Ernährungshaus. Letzterem haben wir hier besonders viel Platz eingeräumt. Es ist aus unserer Sicht nämlich nicht nur auf vielen Ebenen gleichzeitig ein nachahmenswertes Vorbild. Es lässt sich auch als recht detailreiches Logbuch lesen, wie eine Stadt den zukunftsfähigen Wandel urbaner Esskultur binnen einer Dekade erfolgreich von der Theorie in die Praxis befördert hat. So hoffen wir, dass die ausführliche Darstellung allen Interessierten als Handwerkszeug dienen kann, mit dem sich bei Bedarf eine dicke Scheibe vom dänischen Beispiel für eigene Zwecke abschneiden lässt.

Hansalim: 2000 Bauern versorgen 1,5 Millionen Verbraucher

Die Solidarische Landwirtschaft ist in Deutschland noch ein kleines Pflänzchen. Die meisten der heute rund 150 Gruppen wurden hierzulande erst in den letzten zehn Jahren gegründet und haben meist weniger als 100 Mitglieder. Wie groß Verbraucher-Erzeuger-Gemeinschaften werden können, zeigt Hansalim in Südkorea. Sie versorgt 1,5 Millionen Menschen und ist damit die größte SoLaWi der Welt! Ihre Mitglieder sind auch nicht einfach nur Verbraucherinnen und Verbraucher, sie sind die Eigentümer von Hansalim. Die gesamte Eigentümergemeinschaft, die auch den Verwaltungsrat der SoLaWi wählt, ist in 803 Gruppen, verteilt über alle 22 Provinzen Südkoreas, organisiert.

Hansalim wurde in der Not gegründet, als die südkoreanische Landwirtschaft Ende der 1980er Jahre in der Krise war. Die Öffnung der Märkte für Importe führte zu sinkenden Preisen, Landflucht und jährlich rund 1500 Suiziden bei Kleinbauern, die schlicht nicht mehr weiterwussten. Eine kleine Gruppe von Bauern und Widerstandskämpfern gegen die damalige Diktatur beschloss, eine Alternative aufzubauen: »Han-Salim« heißt »Alles Lebendige bewahren«. Die Vision der Gründer: gerechte Preise für die Bauern, Stadt und Land enger verknüpfen, Ernährungssouveränität und Respekt vor allem Lebendigen.

Hansalim-Bauer oder Hansalim-Bäuerin wird man nicht einfach so. Bevor man aufgenommen wird, müssen sich zuvor erst einmal mindestens fünf Biobauern zu einer Kooperative zusammenschließen und mindestens ein Jahr lang zusammenarbeiten. Sie teilen die Maschinen und absolvieren eine Einführung in die Hansalim-Prinzipien. Konsumentinnen und Konsumenten zahlen anfänglich rund 35 Euro pro Jahr, schließen sich ebenfalls zu Kooperativen zusammen und besuchen gemeinsam eine kurze Einführungsveranstaltung.

Wirtschaftliche Größe und Gemeinwohl unter einem Hut

Hansalim startete 1986 als Kooperative mit einem winzigen Bioladen in Seoul, der Hauptstadt Südkoreas. Die Gründer wollten eine Alternative zur anonymen Verteilung von Lebensmitteln über die Supermärkte schaffen und eine Antwort auf die ökologische Krise geben. Die alternative Neugründung war (und ist) ökonomisch extrem erfolgreich: Heute sind es 72 Ladengeschäfte allein in Seoul und über 200 im ganzen Land. In diesen können die Mitglieder die Erzeugnisse zu zuvor mit den Erzeugern gemeinsam vereinbarten Festpreisen kaufen.

2016 wurden Lebensmittel im Wert von 380 Millionen US-Dollar verkauft, Tendenz steigend. Hansalim verteilt sie über die eigenen Läden im ganzen Land. Die ökonomische Basis dieses großen gemeinwohlorientierten Unternehmens stellen die Mitgliedsgebühren der 540.000 Haushalte dar: 52 Millionen US-Dollar sind eine sichere Grundlage für die 2159 Hansalim-Bauern aus 112 Dörfern, die insgesamt 42 Millionen Quadratmeter (oder knapp 6000 Fußballfelder) Land bewirtschaften. Und ebenso für die 2745 Lebensmittelhandwerker, die verarbeitete Lebensmittel liefern.

In ihrem Buch *Was Erbsen hören und wofür Kühe um die Wette laufen* fragt sich Florianne Koechlin, die Südkorea 2017 mit einer kleinen Delegation der Zukunftsstiftung Landwirtschaft besuchte: Wie schaffte es die SoLaWi Hansalim, trotz des großen Erfolges an ihrer ursprünglichen Version eines gerechten Landwirtschaftsmodells festzuhalten? Vom selben Ausgangspunkt, von dem zum Beispiel auch die schweizerische Supermarktkette COOP vor über 100 Jahren als Bauernkooperative ausging, die sich seitdem aber immer weiter von der solidarischen Idee und von der Bauernschaft entfernt hat. Heute vertritt COOP nicht mehr die Interessen der Bauern, sondern drückt genauso rücksichtslos die Erzeugerpreise wie alle anderen Handelsriesen.

Den Slogan der Gründer verwendet Hansalim dagegen auch heute noch zu Recht: »Unsere Bauern, unsere Umwelt, unsere Gerichte.« Die Hansalim-Mitarbeiterin Moon Ji-Young betont den engen Kontakt zwischen den Konsumentinnen und Konsumenten einerseits und den ländlichen Produzenten und Produzentinnen andererseits: »Am Anfang der Saison einigen sich beide Seiten über Preis und Menge, unabhängig von geltenden Marktpreisen. Das sind oft harte Verhandlungen, die mit einem fairen Kompromiss enden müssen. Die Bauernbetriebe erhalten so garantierte Abnahmepreise und damit Sicherheit.« Auch sonst sind die Anforderungen hoch: Es dürfen keine Produkte aus anderen Ländern importiert werden, es gibt nur Lebensmittel der laufenden Erntesaison in den Hansalim-Läden, und die Länge der Transportwege ist bei losen Angeboten am Regal oder Warenkorb gekennzeichnet beziehungsweise auf der Verpackung angegeben. Wenn Menschen aus der Stadt die Bauernbetriebe auf dem Land besuchten, fährt Moon Ji-Young fort, lernen sie die Bauern und Bäuerinnen kennen, die ihr Essen produzieren. »Die Lebensmittel erhalten ein Gesicht. Und die Lebensmittel erhalten einen Ort – den Ort, wo das Lebensmittel entstanden ist.«

Als Florianne Koechlin den Bauern JuHyeng-ro besuchte, stellte sie fest, dass zwischen den Reisbüscheln viele schwarze Schnecken hängen. Sie fragte den Bauern, doch der lachte nur: Er habe die Schnecken selbst ausgesetzt, sie vertilgten den ungebetenen Krautwuchs, der sonst mit den Reispflanzen um Nährstoffe und Platz konkurriere. So kann Hansalim seinen pestizidfreien Bioreis als »Schneckenreis« verkaufen. Andere Bauern halten Enten in den Reisfeldern, die die unerwünschte krautige Spontanvegetation noch effizienter zurückhalten. »Entenreis« gibt es allerdings nur noch selten in den Regalen, weil die Bauern während der Vogelgrippe-Epidemie 2016 ihre Enten schlachten mussten und weil den meisten ein erneuter Start zu riskant erscheint.

Drei Viertel vom Verkaufspreis erhalten die Erzeuger

JuHyeng-ro verkauft seine Lebensmittel direkt an Hansalim, wobei ihm 76 Prozent des Verkaufspreises als Entgelt garantiert werden. Transport-, Verarbeitungs- und Verpackungskosten bezahlen zwar die Bauern selbst, doch auch nach Abzug dieser Kosten bleiben den Bauern immer noch 60 bis 70 Prozent übrig, weil der Zwischenhandel wegfällt. Das stellt das Geschäftsmodell des Handels auf den

Kopf. Üblicherweise sind die Verhältnisse dort genau andersherum, im Durchschnitt bleiben 50 bis 70 Prozent des Verkaufspreises bei den Händlern.

Hansalim kann die Preise auch deshalb moderat gestalten, weil es seine Kosten gering hält. Viele der Kampagnen werden von ehrenamtlich Aktiven getragen, die Läden sind nicht so aufwendig eingerichtet wie gewöhnliche Supermärkte, und die Kooperative arbeitet nicht gewinnorientiert. Die Entscheidungen darüber, was im nächsten Jahr angebaut werden soll und was die Bauern dafür bekommen, werden in Versammlungen von Bauern, Verbrauchern und Angestellten gemeinsam getroffen. Im Gegensatz dazu steigen und fallen die Preise auf den offenen Märkten regelmäßig, manchmal, etwa wenn sich das Wetter oder die Stimmung an den Warenterminbörsen ändert, auch sehr plötzlich.

Erklärtes Ziel von Hansalim ist es, möglichst viele Nahrungsmittel in Südkorea selbst zu erzeugen und die Importabhängigkeit zu verringern. Dazu wurde das Label »Lokales Lebensmittel« eingeführt. Besonders stark war die Abhängigkeit beim Tierfutter, das fast ausschließlich aus importiertem Getreide stammte. So wurde ein Programm aufgelegt, erneut südkoreanische Gerste als Tierfutter aus dem Land zu verwenden. Mit Erfolg: Heute wird Futtergerste in Südkorea auf immerhin 330 Hektar Fläche angebaut. In Goesan baute Hansalim zudem eine Fabrik, um Tierfutter aus landwirtschaftlichen Resten heimischer Produktion herzustellen. Reste, die nicht so verwendet werden können, mischt man mit dem Mist der Tiere und gibt sie an andere Hansalim-Bauern als Dünger weiter.

Mehr Selbstversorgung für Südkorea

Auch anderes Getreide soll möglichst aus Korea kommen. 2014 konnte so die Getreide-Selbstversorgungsquote des Landes auf 24 Prozent gehoben werden. Immer noch unglaublich niedrig, doch wenigstens beim Reis war man sehr viel erfolgreicher und liegt heute mit 95 Prozent schon nahe an dem Ziel der Selbstversorgung – und das in einem der am dichtesten besiedelten Länder der Erde. Hansalim wirbt dafür, dass nur koreanischer Reis verkauft wird, nicht nur wegen der Krisensicherheit, sondern auch, weil Reisfelder ein guter Hochwasserschutz sind, für Nachschub beim Grundwasser sorgen und die Atmosphäre säubern. Dabei wird auch auf alte, lokale Sorten geachtet, die zudem die eigenständige Saatgutvermehrung erlauben, welche einschlägig bekannte Konzerne wie Monsanto auch in Südkorea so gerne vollständig zugunsten ihres hybriden, gentechnisch veränderten Lizenzsaatguts verdrängen würden.

In den Hansalim-Läden gibt es nur Früchte der Saison, ein auffallender Kontrast zu den auch in Korea üblichen Supermärkten. Die meisten Produkte stammen aus ökologisch kontrolliertem Anbau. Obst, das anfällig für Krankheiten ist, darf ausnahmsweise mit Bio-Spritzmittel behandelt werden. Bei tierischen Produkten wird auf tiergerechte Haltung geachtet, was heißt, dass keine Antibiotika verwendet werden und zunehmend heimische Futtermittel zum Einsatz kommen. Generell wirbt Hansalim bei seinen Mitgliedern aber für einen geringeren Fleischkonsum. Die Kooperative hat inzwischen eine Größe, die ein riesiges Lkw-Verteilungszentrum erfordert.

Stabile Preise für Erzeuger und Verbraucher

Hansalim garantiert den Bauern feste Abnahmepreise für ein ganzes Jahr, egal, wie sich der Weltmarktpreis entwickelt. Das gilt auch für andere solidarische Landwirtschaftsbetriebe, die ihre Erzeuger nicht dem ständigen Auf und Ab aussetzen wollen, dem so viele, vor allem kleinere Betriebe zum Opfer fallen, Betriebe, die oft eigentlich gut wirtschaften, aber dichtmachen müssen, wenn sie von Preisstürzen ausgerechnet in einer besonders verwundbaren Phase betroffen sind, etwa weil sie gerade viel Geld investiert haben und keine Reserven mehr übrig sind. Wenn sich der allgemeine Markt gerade in einem Tief befindet, kann es daher vorkommen, dass die Lebensmittel in den Hansalim-Läden aufgrund der garantierten Erzeugerpreise im Vergleich deutlich teurer sind. Andersherum kann es aber auch sein, dass die Lebensmittel dort billiger sind, wenn Agrarprodukte auf dem Weltmarkt gerade boomen. Und das ist tatsächlich häufig der Fall.

Die Erzeuger von Hansalim entscheiden auch ganz eigenständig über ihre Produktqualitäts-Standards – auch dies ist anders als sonst üblich im Handel, dessen Streben nach kosmetischer Perfektion eine gigantische Verschwendung bei den Bauern erzwingt (in Deutschland müssen Landwirte bei Karotten und Kartoffeln zwischen einem Drittel und der Hälfte der Ernte aussortieren, weil der Handel sie wegen Größe, Form oder sonstiger lediglich äußerlicher Merkmale nicht abnimmt). Aber Bauern, die sich selbst kontrollieren – geht das? Der Hansalim-Vorstand meint: Ja! Weil sich Erzeuger und Verbraucher ständig austauschen, ist auch keine kostenpflichtige Zertifizierung nötig. Die externe Kontrolle wird nach Meinung der Mitglieder in derart engen Beziehungen einfach überflüssig. Den Hansalim-Fragebogen zum Qualitätsstandard füllen zwar nicht alle Bauern aus, aber doch immerhin zwischen 80 und 90 Prozent. Zusätzlich gibt es eigene interne Kontrollen, an denen alle Mitglieder teilnehmen können, aber nicht müssen. 2015 schwärmten sie in 58 Teams aus und bescheinigten 114 von den 117 überprüften Betrieben, dass sie den strikten Null-Pestizid-Standard von Hansalim einhalten. Darüber hinaus wird die eingehende Ware noch einmal im Zentrallager überprüft.

Behutsame Anpassung sichert den Bestand

Wie Kwak Keum-Soon, die Präsidentin von Hansalim, unumwunden zugibt, muss sich das solidarische Gesamtunternehmen derzeit auch mit schwierigen strategischen Fragen befassen. Mitgliederzahlen und Umsatz nehmen zwar immer noch zu, aber nicht mehr so stark wie in den Anfangsjahren. Viele Mitglieder kaufen heute individueller ein. Vor allem junge Konsumentinnen und Konsumenten wollten sich nicht mehr an eine Organisation binden. Zudem wird die Konkurrenz größer: Es gibt inzwischen drei weitere Bio-Ladenketten. Und deren Sortiment ist oft vielfältiger als das der Hansalim-Läden, vor allem im Bereich der Fertigprodukte.

Zur Diskussion stehen behutsame Lockerungen der strengen Regeln. Zum Beispiel wird das Hansalim-Prinzip, wonach keine Lebensmittel aus anderen Ländern importiert werden dürfen, für eine

Ausnahme durchbrochen: Der Pollackfisch, der in der koreanischen Küche eine große Rolle spielt, heute aber wegen der Klimaerwärmung nur noch in den kühleren Gewässern Russlands gefischt werden kann, darf jetzt als russischer Import in Hansalim-Läden verkauft werden. Zudem dürfen heute auch Nicht-Mitglieder in Hansalim-Läden einkaufen, sie bezahlen einfach zehn Prozent mehr für die Produkte, ähnlich wie zum Beispiel die LPG-Biomärkte in Berlin in ihrer Verkaufspreisgestaltung zwischen Mitgliedern (allerdings keiner Genossenschaft und ohne Mitbestimmungsrechte) und der übrigen Kundschaft unterscheiden.

Die Erinnerung an die politischen und wirtschaftlichen Verwerfungen der Gründerzeit ließ Hansalim schließlich 2012 einen Stabilisierungsfonds einrichten, in den 0,2 Prozent des Umsatzes fließen und den die Bauern mit derselben Summe aufstocken. Im Falle einer dramatischen Missernte, etwa wenn über 50 Prozent der Ernte ausfallen, werden damit Ausgleichszahlungen an die Bauern möglich. Das war tatsächlich schon 2015 der Fall, nach einer Unwetterkatastrophe wurden die Bauern mit 3,5 Millionen US-Dollar unterstützt.

»Unglaublich essbares« Todmorden

Ruinen von Fabrikgebäuden säumen die Einfahrtsstraße. Die 15.000-Einwohner-Stadt Todmorden liegt sichtbar inmitten der Krisenzone Nordenglands. Und von dieser Stadt soll Aufbruchsstimmung ausgehen? Wie kann das möglich sein?

Ein Besuch bei Mary Clear macht es deutlich: Hier entsteht wirklich etwas völlig Neues. Wie bei vielen der Nachbarn üblich, umgab auch Marys Garten eine Mauer. Eines Tages im Jahr 2007 tat sie das Unerhörte. Sie riss die Mauer ein. Entfernte ihre Rosen. Pflanzte stattdessen Beeren und Gemüse. Und stellte ein Schild auf: *Serve yourself!* – Bedient euch!

Das war das Startsignal für die Bewegung *Incredible Edible* – unglaublich essbar. Mary Clear, Sozialarbeiterin im Ruhestand, hatte damals noch keine Ahnung, welche Wellen das schlagen würde. Aber sie ist überzeugt: »Wenn du eine Aktion starten willst, dann am besten mit deinen eigenen Händen, deinem eigenen Geld und auf deinem eigenen Grund und Boden.« Was zunächst in privaten Gärten beginnt, setzt sich bald auf öffentlichen Brachflächen fort, um die sich niemand kümmert. Ohne lange zu fackeln, bepflanzen die Guerilla-Gärtnerinnen und -Gärtner Bürgersteige oder Bahnsteige. Die Bürgerinitiative erklärt damit die ganze Stadt zum Garten für alle.

Gut sichtbar und offensichtlich illegal

Keiner der neuen Stadtgärtner fragt nach Genehmigungen, und so verschwinden auf so mancher Parkplatz-Begrenzungsfläche die Buchsbäume einfach über Nacht. Wenige Tage später rückt ein Pflanztrupp aus und verwandelt die Rodung umstandslos in einen blühenden öffentlichen Garten mit Fenchel, Rosmarin und mehr. Mary Clear ist in ihrem Element, als sie feststellt, dass zwei zehnjährige Jungs aus der Nachbarschaft sich für die Aktion interessieren. »Wollt ihr mithelfen? Hier brauche ich ein Loch und rundherum die Erde etwas festtreten.« Sie lobt die beiden, ihre Eltern sind Zuwanderer aus Bangladesch: »Toll, ihr habt zuvor noch nie gegärtnert. Stellt sicher, dass hier keiner was kaputt macht, das ist jetzt euer Busch!«

Abb. 10: Mary Clear löste eine Revolution in ihrem Heimatstädtchen Todmorden aus, einfach indem sie »Serve yourself! – Bedient euch!« an ihre offene Gartentür schrieb. © Prokino/10 Milliarden

Lachend erzählt sie, wie kürzlich der Fernsehkoch Hugh Fearnley-Wittingstall nach Todmorden kam und vor laufender Kamera Rosmarin und andere Kräuter ernten wollte. Und von Obdachlosen daran gehindert wurde: »Das ist unser Garten, du bist nicht von hier.« Sie freut sich, dass auch die Menschen am Rande der Gesellschaft von der Idee angesteckt werden und sich verantwortlich fühlen.

Der in Großbritannien sehr populäre Fernsehkoch hatte das nicht erwartet, nahm es aber mit Humor. Ihn beeindruckt, dass so viele Nachbarn die Beete ehrenamtlich pflegen, mit der Möglichkeit, dass jeder an der Ernte teilhaben kann, weil keiner die Ernte für sich allein beansprucht. Mary Clear geht es mit ihrem Projekt einer »unglaublich essbaren Stadt« um mehr als um Todmorden. Sie sieht es als Modell, das überall funktionieren kann: »Wir glauben nicht, dass die Politik das Ernährungsproblem der Welt lösen wird. Geld wird die Menschen nicht satt machen, auch die Wissenschaft nicht, helfen werden nur Großzügigkeit und Gemeinsinn.«

Vorbeugung gegen eine Hungerkrise in England

Mary Clear ist überzeugt, dass dafür eine dringende Notwendigkeit besteht: »Ich denke, bald ist wirklich die ›Kacke am Dampfen‹, wir werden eine Ernährungskrise in der Welt haben. Vor fünf Jahren hinderte nach dem Ausbruch eines isländischen Vulkans eine gigantische Aschewolke alle Flugzeuge daran, nach England zu fliegen.« Tatsächlich wurde damals klar, wie stark Großbritannien vom Import abhängig ist; das Land produziert nur noch rund 40 Prozent des Eigenbedarfs selbst. Und wie klein die Lager der Supermärkte sind: »Wir waren nur vier Tage von einer Ernährungskrise entfernt, als die Flugzeuge endlich wieder fliegen durften.« Mary Clear ist überzeugt davon, dass auch das reiche England sehr schnell wieder eine neue Ernährungskrise treffen kann: »Es ist beinahe passiert, nur wegen eines Vulkanausbruchs in Island. Klar kann das jederzeit wieder geschehen, jederzeit.«

Ihre Lösung klingt einfach: »Lasst uns eine essbare Landschaft machen. Wenn ich 80 bin und die Straße hinuntergehe und Erdbeeren und Äpfel pflücken kann, und alle machen das, dann werde ich glücklich sein. Das wäre so schön.« Die Freiwilligkeit wirkt dabei einnehmend überzeugend: »Auf unsere kleine Stadt übertragen, heißt das: ›Wir machen die Arbeit, und du kannst das Gemüse mitnehmen.‹« Jeder, der hier Gemüse erntet, fühlt sich in der Pflicht. Vielleicht bringt das nicht alle dazu, aktiv mitzuarbeiten, aber viele – die Bewegung wird im Laufe der Jahre immer größer.

Ein köstliches Hochbeet vor der Polizeistation

In Nähe der Polizeistation trauten sie es sich allerdings nicht, die Betonfläche vor dem Haus einfach so zu bepflanzen. Sie fragten den Stationschef. Doch von dem kam eine unerwartete Antwort: »Fragt besser nicht. Bis unsere Behörde antwortet, dauert es Monate oder Jahre, und das verkompliziert das Ganze nur.« Das ließen sie sich nicht zweimal sagen und stellten der Polizei einfach ein Hochbeet mit Mais und Kürbis vor die Tür.

Die Fenster sind verspiegelt, das Gebäude sieht so abweisend aus wie die meisten anderen Polizeistationen. Doch als der Beamte Ryan Stockton mit einem langen Wasserschlauch aus der Tür kommt, wirkt er gar nicht so: »Um ganz ehrlich zu sein, ich war am Anfang etwas skeptisch. Ich dachte, dass Leute die Anlagen verwüsten, aber das ist nicht passiert. Es sieht ganz so aus, also ob es funktioniert.« Der Polizist hilft seitdem, indem er die Pflanzen regelmäßig bewässert. Das hat auch das Image der Polizei verändert: »So können die Bürger auch leichter Kontakt mit der Polizei aufnehmen, so trauen sie sich, mit uns zu reden. Das hilft der Gemeinschaft hier im Tal, ganz ehrlich.«

Seit *Incredible Edible* 2007 damit begann, die Stadt zu bepflanzen, hat sich auch die Kriminalität in ihren Straßen deutlich verringert. Der Zusammenhang ist natürlich nicht zu beweisen, aber durchaus wahrscheinlich, meint der Beamte: »Die Menschen haben das Gefühl, dass sie mitwirken können. Das ist gut, so passen sie auch auf das Gemeingut auf.«

Raus mit dem ungenießbaren Architekten-Grün

Immer wieder bepflanzt *Incredible Edible* auch private Flächen, die brach liegen: »Das Schlimmste, was passieren kann, ist, dass der Besitzer protestiert. Dann bauen wir die Hochbeete einfach wieder ab«, erklärt Mary Clear mit ihrem verschmitzten Lächeln. In den letzten Jahren wagte sich die Initiative sogar an große Projekte, zum Beispiel an den Parkplatz vor dem örtlichen Krankenhaus: »Hier war alles mit großen Bäumen bepflanzt, die im Lastwagen angekarrt wurden, 25.000 Euro teure Architekten-Pflanzen, stachlig, giftig, ungenießbar.« Mary Clear beriet sich mit ihren Mitstreitern und schritt dann zur Tat. »Ich ging zum Chefarzt und fragte: ›Doktor, sollen Ihre Patienten beim Reingehen Äpfel pflücken und beim Rausgehen Rhabarber?‹ Er sagte: ›Tolle Idee, aber wir können nicht dafür bezahlen.‹ Also haben wir Geld gesammelt, die Genehmigung eingeholt und die ganzen Zierpflanzen wieder rausgerissen. Alles, was Sie jetzt dort sehen, ist essbar.«

Die meisten Flächen werden auch weiterhin illegal besetzt, wie die Co-Gründerin Pam Warhurst erklärt: »Wir haben niemanden um Erlaubnis gebeten, wir tun es einfach. Und wir werden sicher nicht darauf warten, dass dieser Wisch im Briefkasten landet; und vor allem lassen wir uns nicht einschüchtern von anspruchsvollen Argumenten wie: Kleine Taten sind bedeutungslos angesichts der Probleme von morgen. Denn ich kenne die Macht kleiner Taten – und sie ist atemberaubend.«

Propaganda für lokale Lebensmittel

Sie erklärt die Idee dahinter so: »Keiner möchte Nein zu etwas sagen – sie wissen nur nicht, wie sie Ja sagen wollen. Also frage sie nicht!« Das Ziel ist viel größer, als nur Lebensmittel anzubauen. Pam nennt es *Propaganda Gardening*: Diese »Propaganda- Gärten« sollen die Einwohner auf den Ursprung ihrer Lebensmittel aufmerksam machen.

Der direkte Konflikt mit der Stadtverwaltung ließ indes nicht lange auf sich warten. Doch bald war klar, dass die Argumente der Kommune nicht griffen, weil hier öffentliches Land sinnvoll und im Interesse aller genutzt wird. Nach kurzen Verhandlungen erteilte die

Verwaltung deshalb die Erlaubnis zur Nutzung der Flächen an Schulen, am Bahnhof oder an Altersheimen. Auch die Kirchen schlossen sich an und die Polizei- und Feuerwehrwachen sowieso.

Woran ihr bei *Incredible Edible* besonders liegt, bringt Pam Warhust klar auf den Punkt: »Das ist keine Bewegung für Leute, die sich abgrenzen wollen. Sie ist für alle. Unser Motto: Wenn du isst, bist du dabei. Über Alter, Einkommen, Kultur hinweg.«

Die Initiative hat auch den Konsum in Todmorden verändert, regional produzierte Lebensmittel boomen, eine *Incredible-edible*-Farm wurde etwas außerhalb der Stadt eingerichtet. 2009 startete die Aktion »Jedes Ei zählt«. Mit verschiedenen Aktionen und kostenlosen Pfannkuchen wird für lokale Bio-Eier Werbung gemacht. An diesem einen Produkt soll gezeigt werden, dass sich Region und Stadt selbst versorgen können. Die bis dahin zögerlichen Bauern und Verarbeitungsbetriebe sollen davon überzeugt werden, dass es einen lokalen Markt für ihre Produkte gibt. Broschüren klären über Hühnerhaltung, Regularien und die Möglichkeit, Überschüsse zu verkaufen, auf. Eine Karte zeigt, wo es regionale Eierproduzenten gibt und wo Privatleute Eier verkaufen.

Todmorden ist durch die Aktivitäten von *Incredible Edible* inzwischen zum Ziel vieler Touristen geworden. Für sie wurde eine »Grüne Route« eingerichtet, die Gärten und Gewächshäuser mit den Sehenswürdigkeiten der Stadt, den lokalen Geschäften und Restaurants verbindet. Eine Karte führt die »Gemüsetouristen«, wie die Aktivisten sie nennen, zu den wichtigsten Orten und fördert so auch die lokale Wirtschaft.

Das Beispiel Todmorden inspirierte bald viele andere Städte – zunächst in England, aber bald auch in anderen Ländern bis nach Australien. 2012 wurde das *Incredible Edible Network* gegründet, in dem inzwischen über 100 Städte in Großbritannien zusammengeschlossen sind. Die Strahlkraft reichte auch nach Deutschland, wo sie Projekte der »Essbaren Stadt« anregte, und in die britische Hauptstadt London mit *Capital Growth* und der im folgenden Abschnitt beschriebenen Idee, genug Grünzeug für eine Million Mahlzeiten in der Stadt anzubauen.

Capital Growth – nahrhaftes Wachstum in London

Die Millionenmetropole London ist fast vollständig abhängig von Lebensmittelimporten aus anderen Regionen und Ländern. Jenny Jones, für die englischen Grünen Mitglied der *London Assembly* (einer Art Stadtrat mit 25 gewählten Mitgliedern verschiedener Parteien, der die Amtsgeschäfte des Bürgermeisters überwacht, Untersuchungen durchführt und Vorschläge unterbreitet), stellte 2008 in ihrem Bericht »*Why London needs to grow more food*« fest, dass für die Ernährung Londons eine Fläche gebraucht wird, die zweimal so groß ist wie ganz Großbritannien. Sie kritisiert, dass die britische Regierung sich darauf verlasse, genug Nahrungsmittel auf dem Weltmarkt kaufen zu können, dabei aber vergesse, dass »Öl das Schmiermittel für den globalen Nahrungsmittelhandel ist und die Richtigkeit dieser Annahme daher davon abhängt, ob Öl gerade mehr oder weniger erschwinglich ist«.

Wie angebracht diese Kritik ist, zeigte die Ölkrise in Großbritannien im Jahr 2000, während der die Supermarktketten binnen weniger Tage damit begannen, den Verkauf von Brot, Milch und Zucker zu rationieren. Das war lange vor dem Brexit. Inzwischen aber ist die Abhängigkeit vom Weltmarkt für Großbritannien ein noch viel größeres Problem geworden. Denn sobald es nicht mehr Teil des europäischen Binnenmarkts ist, kann sich Großbritannien auf den Import günstiger Lebensmittel aus dem Ausland nicht mehr verlassen (vgl. Seite 224 ff.).

Jones weist in ihrem Bericht gleichzeitig auf Studienergebnisse hin, nach denen London und sein Grüngürtel mindestens ein Viertel des Obst- und Gemüsebedarfs der Millionenmetropole produzieren können – wenn der politische Wille dazu da ist. Und der war tatsächlich vorhanden: Der damalige Bürgermeister Boris Johnson gab dem Londoner Ernährungsrat – hier *Food Board* genannt und von der Stadtverwaltung berufen – den Auftrag, Ideen für die Implementierung nachhaltiger urbaner Ernährungspolitik zu entwickeln. Die neu eingesetzte Vorsitzende des *London Food Board*, Rosie Boycott, griff eine Anregung aus Jones' Bericht auf: In den vier Jahren bis zu den Olympischen Spielen 2012 sollten mindestens 2012 neue Produktionsflächen in Betrieb genommen werden, um mit den darauf produzierten Lebensmitteln unter anderem auch die Sportlerinnen und Sportler zu versorgen. Das Projekt *Capital Growth* (ein Wortspiel, das sowohl »Hauptstadt-Wachstum« als auch »Kapital-Wachstum« bedeuten kann) wurde begonnen, um die Stadtbevölkerung zu motivieren und zu mobilisieren, neue Gemeinschaftsgärten für den Anbau von Lebensmitteln auf Brachflächen, in Parks, auf Dächern, Schulhöfen, Grünflächen zwischen Wohnblocks, an Kanalufern und selbst auf ungenutztem Bahngelände anzulegen.

Ein ambitioniertes Ziel, das aber tatsächlich erreicht wurde. Unter anderem, indem 160 Brachflächen mit der Hilfe von über 180.000 Freiwilligen in Gärten verwandelt wurden. 2013 gab es sogar bereits ein Netzwerk von 2000 städtischen Anbauflächen! Die *Capital-Growth*-Webseite wurde als Vernetzungsplattform ausgebaut, um potenziell nutzbare Flächen und interessierte Gärtner und Gärtnerinnen zusammenzubringen. Auch Gartengeräte und Kompost wurden im Rahmen des Projekts zur Verfügung gestellt. Rosie Boycott ist besonders stolz darauf, dass vermüllte und unsichere Gegenden in Hochhaus-Siedlungen nun wieder für jeden frei und ohne Bedenken zugänglich waren: »Ich habe ältere Leute getroffen, die mir sagten, sie hätten sich seit Jahren kaum mehr getraut, ihr Hochhaus zu verlassen. Nun aber, seit die Gärten da sind, zeigen sie den Jugendlichen der Nachbarschaft, wie man Gemüse anbaut.«

Beitrag zur Lebensmittelversorgung

Als nächstes Projekt erreichte Rosie Boycott, dass die Stadtverwaltung vier Gärtner anstellte, um die Gemeinschaftsgärtner zu beraten, damit diese mehr ernten können. Das Ziel der Kampagne lautet nun: »*Growing a million meals*« – eine Million Mahlzeiten pro Jahr, indem Privatleute von den Stadtgärtnern zu Profis in Sachen Gemüseanbau geschult werden. Rosie Boycott will die Londoner damit zu mehr Selbstversorgung herausfordern: »Urbane Lebensmittelproduktion ist nicht nur ein nettes Hobby, sondern kann auch zu mehr gesundem und nachhaltigem Essen auf den Tellern beitragen.« Ein Harvest-o-meter (»Ernt-o-meter«) wurde entwickelt, der Gärtnern und Gärtnerinnen zu berechnen erlaubt, wie hoch der Geldwert ihrer Ernte ist und wie viele Mahlzeiten damit bestritten werden können (beruhend auf 80 Gramm Obst und Gemüse pro Mahlzeit). Nach zwei Jahren war mit 500.000 Mahlzeiten die Hälfte der Zielmarke erreicht. Alle teilnehmenden Anbauflächen zusammen hatten 40 Tonnen Obst und Gemüse im Wert von insgesamt 228.000 Britischen Pfund produziert. Das entspricht einer durchschnittlichen Ernte im Wert von 3,50 Pfund pro Quadratmeter. Rechnet man dies hoch auf alle bei *Capital Growth* registrierten Gartenflächen, könnten also insgesamt ungefähr 380 Tonnen Obst und Gemüse pro Saison produziert werden – genug für knapp fünf Millionen Mahlzeiten!

Trotz dieser beeindruckenden Zahl ist dies natürlich in einer Stadt mit acht Millionen Einwohnern, die jeden Tag mehrere Mahlzeiten essen wollen, nur ein vergleichsweise geringer Beitrag zur Ernährungssicherheit. Eine ganze Reihe der *Capital-Growth*-Anbauflächen befinden sich jedoch in sozialen Brennpunktvierteln, wo zusätzliches frisches Obst und Gemüse eine ansonsten aus billigen, nährstoffarmen Produkten voll leerer Kalorien bestehende Ernährung bereichern können. Insbesondere, wenn in den Gärten vor allem hochpreisige Produkte wie Salate, Beeren und Kräuter angebaut werden, kann dies den Zugang zu frischen, nahrhaften Qualitäts-Lebensmitteln für ärmere Bevölkerungsschichten signifikant verbessern. Insgesamt könnte bei gleichbleibender Produktivität Obst und Gemüse im Gegenwert von bis zu 2,6 Millionen Britischen Pfund produziert werden.

Das Zukunftspotenzial des Projekts ist aber noch weit größer. In einzelnen Gärten wurde zum Beispiel weit mehr geerntet als der Durchschnitt – im Gegenwert von bis zu 14 Britischen Pfund pro Quadratmeter. Sara Ward aus Brentford in West-London erzählt, dass sie seit sieben Jahren Obst und Gemüse anbaut, aber auch Bienen und Hühner hält. Im Verlauf eines Jahres erntet sie Lebensmittel im Wert von rund 1000 Britischen Pfund, um ihre Familie zu ernähren – von Spargel und Tomaten über Kürbisse bis zu verschiedenen Obstsorten. Daher will *Capital Growth* nun den Fokus vor allem darauf legen, die Ernteerträge auf den einzelnen Anbauflächen zu erhöhen und im gesamten Netzwerk noch mehr zu produzieren und damit vielleicht den neuesten Schätzungen einer in der Zeitschrift *Earth's Future* veröffentlichten Studie näher zu kommen. Laut deren Autoren könnten weltweit 100 bis 180 Millionen Tonnen Lebensmittel in urbaner Landwirtschaft produziert werden, das entspräche zehn Prozent des gesamten globalen Gemüsebedarfs!

Eine Ernährungsstrategie für die Millionenmetropole

Die 19 Experten des *London Food Board* beraten den amtierenden Londoner Bürgermeister Sadiq Khan aber nicht nur bei der Implementierung von Strategien zur Erzeugung von Lebensmitteln in der Stadt. Sie bieten ihm auch Expertise und Beratung an zu Themen wie Übergewicht, Ernährungsarmut und Hunger und liefern Konzepte, mit deren Hilfe das immer noch riesige Ausmaß der Lebensmittelverschwendung in der Stadt bekämpft werden kann. Für die ehemalige Vorsitzende Rosie Boycott war es eine zentrale Frage, wie Menschen wieder mehr an die Kochtöpfe zu bekommen wären. 2017 machte sie Schlagzeilen damit, weil sie das Übergewicht bei vielen Menschen als unbeabsichtigte Folge des Feminismus bezeichnete, weil deswegen mehr Frauen in Vollzeitjobs arbeiteten und dadurch weniger zu Hause gekocht werde. Die Äußerung wurde viel diskutiert, zumal Rosie Boycott so etwas wie die Alice Schwarzer Englands ist. Sie hatte in den 1970er-Jahren die feministische Zeitschrift *Spare Ribs* mitgegründet und sagt heute, sie fühle sich teilweise mitverantwortlich dafür, dass es »eine verlorene Generation« von Menschen gebe, die nur Fast Food und Fertigessen zu sich nehmen. »Ich sagte damals: Ihr braucht nicht zu kochen. Damit haben wir alle das Kochen aufgegeben, auch Schulen, jeder.« Heute sagt sie: »Jeder sollte wieder zu Hause kochen. Aber nicht nur Frauen, auch Männer.«

Unter der neuen Vorsitzenden Claire Pritchard arbeitet das *London Food Board* derzeit an einer neuen *Food Strategy*, die noch vor Ende 2018 veröffentlicht werden soll. Pritchard erklärt, Hauptziel dieser Strategie sei es, dass alle Bürger Zugang zu gutem nahrhaften Essen bekommen sollten, das sie sich auch leisten können. »Essen bringt die vielen Nationalitäten zusammen, es ist ein wichtiger Kitt für unsere Stadt.« In den letzten Jahren hatte sie bereits neue Bauernmärkte und Anbieter von Gemüse-Abokisten unterstützt und will jetzt systematisch nach neuen Standorten suchen, die die Lücken bei den lokalen Händlern schließen. Sie will aber auch die über 8000 Fast-Food-Filialen in der Stadt dazu bewegen, »kleine Veränderungen« vorzunehmen, etwa dass Pommes frites eine geringere Portionsgröße haben, dass besseres Frittieröl verwendet wird oder dass zuckerhaltige Getränke weiter von der Kasse entfernt positioniert werden. Und nicht zuletzt will sie mit Immobilien-Entwicklern nach Gartenland suchen, auf dem Gruppen von Nachbarn eigenes Essen von bester Qualität anbauen können.

Mustergültiges Kopenhagen: Die Stadt als Wegbereiter zukunftsfähiger kommunaler Esskultur

Kopenhagen, Ingerslevsgade 44, nicht weit vom Zentrum: Die ehemalige Talgschmelzerei Bast ist ein nüchterner zweigeschossiger Industriebau auf weitläufigem Gelände, weiß verputzt mit blau gestrichenen Rahmen an den großen Fenstern. Von der Straßenecke vor dem Gebäude leuchtet Besuchern ein roter Pavillon in Würfelform entgegen. Daneben zeigt ein schwarzes Schild eine stilisierte Tafelrunde in Rot und Weiß und darunter in drei turmartig angeordneten Letterblöcken: KBH MAD HUS. Das Logo in den dänischen Landesfarben steht für »*Københavns Madhus*« (Kopenhagens Ernährungshaus), eine Einrichtung, die im Auftrag der Stadt an der Ernährungswende in den kommunalen Küchen Kopenhagens arbeitet.

Das Haus hat in den letzten Jahren viel Aufmerksamkeit auf sich gezogen, zuerst in der dänischen Hauptstadt selbst, dann im ganzen Land und inzwischen auch weit über die Landesgrenzen hinaus. Kein Wunder, denn das innovative Madhus-Konzept ist ziemlich einzigartig, selbst für skandinavische Verhältnisse. Auch sein Erfolg ist wirklich bemerkenswert, für die Qualität des Speisenangebots der öffentlichen Gemeinschaftsverpflegung und für den zukunftsfähigen Wandel der Esskultur in Stadt und Land.

Abb. 11: *Københavns Madhus*: die ehemalige Rindertalgschmelzerei im alten Kopenhagener »Meat District« als Thinktank für neue kommunale Küchenpraxis. © Maria Laub

So sind im Laufe der vergangenen zehn Jahre für die täglich 80.000 Mahlzeiten, welche die 1100 kommunalen Küchen Kopenhagens zubereiten, mindestens 75 Prozent, oft auch schon 90 Prozent oder mehr Biozutaten zum allgemein üblichen Qualitätsstandard geworden, und zwar ohne erhöhte öffentliche Ausgaben in diesem Bereich. Die in der Folge deutlich gestiegene Nachfrage nach lokalen Bioprodukten der Saison hat nach Angaben des dänischen Landwirtschaftsministeriums auch zum rasanten Wachstum der Ökoanbaufläche Dänemarks beigetragen. Letztere ist allein im Zeitraum von 2015 bis 2017 um mehr als ein Drittel gewachsen.

Solche Zahlen elektrisieren nicht nur ernährungspolitisch Interessierte in ganz Dänemark. Auch in Köln, Leipzig, Zürich, Wien oder Berlin wächst die Neugier auf den Kopenhagener Weg. Könnten neue Maßstäbe für die Rohstoffbeschaffung und die Qualität der Mahlzeiten in öffentlichen Einrichtungen, in Schulen oder Verwaltungen, in der Gemeinschaftsverpflegung von Kitas, Kliniken, Pflegeheimen oder kommunalen Betrieben nicht auch andernorts zu einem mächtigen Hebel werden, der die lokale Ernährungswende ins Rollen bringt? Was waren die institutionellen und politischen Voraussetzungen, unter denen es in Kopenhagen gelang, von der urbanen Nachfrageseite her steuernd auf die ländliche Angebotsseite einzuwirken und damit einen raumgreifenden ernährungspolitischen Umbauprozess einzuleiten? Und was genau ist die Rolle, die *Københavns Madhus* dabei spielt?

Neue Speisepläne für die Ökometropole

Sieben Jahre vor der Gründung des »Ernährungshauses« hat sich die Stadt Kopenhagen Großes vorgenommen. Zu Beginn des Jahres 2000 fasste die Stadtverwaltung den Beschluss, die dänische Hauptstadt innerhalb der folgenden 15 Jahre in das Musterbeispiel einer Ökometropole zu verwandeln. Das Ernährungssystem stand dabei zunächst nicht im Fokus der Aufmerksamkeit. Doch bereits in den Diskussionen um entsprechend dimensionierte Zielgrößen für verschiedene Sektoren würde deutlich, dass der Nahrungsversorgung der Stadt und dem vorherrschenden Ernährungsstil ihrer Bevölkerung eine Schlüsselrolle bei der Verwirklichung dieses Plans zukommen würde.

Als eines der zentralen Ziele wurde daher festgelegt, dass im Jahr 2015 mindestens ein Fünftel aller in Kopenhagen konsumierten Lebensmittel aus ökologischer Produktion stammen sollte. Mit immerhin 90 Prozent waren die Zielvorgaben für den Anteil an Bioprodukten im Speisenangebot der kommunalen Küchen allerdings noch weit ambitionierter. Wünsche, für deren Erfüllung zunächst eine Vielzahl von Fragen zu beantworten war: Was wären die professionellen Voraussetzungen, um rund 1100 Küchen mit annähernd 1800 Mitarbeitern für einen solch grundlegenden Kulturwandel zu gewinnen? Welche Kompetenzen müsste ein Team von Fachleuten vereinen, um ein geeignetes Konzept für den nötigen Umstellungsprozess ausarbeiten zu können? Wo sollte es institutionell angesiedelt sein, und welcher Finanzbedarf würde voraussichtlich damit einhergehen?

Zum Glück für die Planer wurden erste Lösungen dafür bereits in der Diskussion zu Kopenhagens ernährungspolitischem Zielkatalog auf dem Weg zur Ökometropole entwickelt. Daraus erwuchs unter anderem auch die Bereitschaft der Stadt, nennenswert in den geplanten Umstellungsprozess zu investieren. Beides zusammen lieferte die Basis, auf der *Københavns Madhus* tatsächlich zum Vorbild für zukunftsfähige Stadternährungs-Politik in einer Ökometropole werden konnte.

Københavns Madhus *im Dienste qualitätvoller Stadternährung*

Anfang 2007 war es dann so weit: Nach zwei Jahren konzeptioneller Vorbereitungszeit nahm *Københavns Madhus* zwischen angesagten Restaurants und Gourmetburger-Bratereien im alten Kopenhagener Fleischbezirk Quartier. Für den Start ausgestattet mit einem 10-Jahres-Etat von etwa acht Millionen Euro (was jährlich etwa zwei Prozent der städtischen Gesamtausgaben für die Gemeinschaftsverpflegung entspricht), einem klar umrissenen Auftrag der Stadtverwaltung und einem professionell vielfältig aufgestellten Team. Ganz bewusst wurde dabei die Rechtsform einer politisch unabhängigen, nicht kommerziellen Stiftung gewählt. Denn damit, dass der politische Auftrag, die Nahrungsversorgung der Stadt auf Ökometropolen-Niveau zu heben, auf Widerstände im alteingesessenen Ernährungssystem treffen könnte, war zu rechnen.

Eine Mission wie diese kommt ja nicht umhin, die globalisierte Verwertungslogik der konventionellen Agrar- und Lebensmittelindustrie infrage zu stellen, wenn sie die Qualität von Mahlzeiten in der öffentlichen Gemeinschaftsverpflegung auf allen nur denkbaren Ebenen verbessern und damit langfristig im gesamten urbanen Raum eine neue Esskultur etablieren soll, die Leib und Seele mit zukunftsfähigem Genuss zusammenhält. Im Unterschied zu staatlichen Institutionen kann sich die eigenständige Stiftung, als die *Københavns Madhus* konstruiert wurde, ziemlich unbefangen als Kritiker bestehender Ernährungssysteme zu Wort melden und eine Lanze für die ökologisch nachhaltige, sozial gerechtere Esskultur in Dänemark – und darüber hinaus – brechen.

Neue Qualität auf allen Ebenen

Das »Recht auf gute Mahlzeiten für alle« hat sich das Madhus in leuchtend roten Großbuchstaben auf die Fahne geschrieben. Vor dem Hintergrund bestehender skandinavischer Sozialstandards vielleicht verständlich, legt dieses Motto den Schwerpunkt aber wohl weniger auf den Zugang aller zu genügend und gutem Essen. Nach eigenem Bekunden soll der gewählte Leitsatz auf die gemeinsame Mission verweisen, »Köpfe und Töpfe« fit für die Biostadt zu machen. Danach geht es also hier vor allem um das Recht aller Kopenhagener Bürgerinnen und Bürger, als Gäste kommunaler Küchen Mahlzeiten von guter Qualität genießen zu können.

Mit seinen konkreten Umsetzungsvorschlägen für einen zukunftsfähigen Ernährungswandel will das Madhus-Team allen am Prozess beteiligten Gruppen und sogar deren Beziehungen zueinander neue Impulse geben: den in den Einrichtungen der öffentlichen Gemeinschaftsverpflegung essenden Gästen ebenso wie dem gesamten dort beschäftigten Küchenpersonal und nicht zuletzt den Erzeugerinnen und Erzeugern, Verarbeitern und Händlern, die zur städtischen Nahrungsversorgung beitragen.

Dafür nimmt das Madhus-Konzept zunächst neue Qualitäten des Speisenangebots selbst in den Blick. Wozu unter anderem gehört, den Nährstoffgehalt und die Portionsgrößen von Mahlzeiten auf die jeweils bewirtete Altersgruppe abzustimmen. Oder so weit wie möglich auf individuelle Bedürfnisse einzugehen, je nach kultureller Herkunft, persönlichem Essstil und Geschmack der Gäste.

Teil der neuen Angebotsqualität ist auch alles, was das Essen an einem bestimmten Ort und in einer bestimmten Atmosphäre zur guten Erfahrung macht, die gern wiederholt wird. Wer sich hier an Maßstäbe der Spitzengastronomie erinnert fühlt, liegt richtig. Denn die Professionalität renommierter dänischer Küchenchefs fließt tatsächlich mit in den skizzierten Qualitätshorizont ein. Davon profitiert das Konzept auch für das Ziel, gute Mahlzeiten aus kommunalen Küchen als Mittel der praktischen Ernährungsbildung zu nutzen. Etwa indem man den Gästen zeigt, welche buchstäblich bunte Vielfalt an ungewöhnlichen oder lange vergessenen Gemüsesorten die heimische Region auf die Teller bringen kann. Und das durchaus mit der Absicht, die Essenden selbst zum aktiven Einsatz für zukunftsfähige regionale Nahrungsmittelqualität anzuregen.

Hinsichtlich Erzeugung, Verarbeitung und Handel sieht *Københavns Madhus* seine Mission vor allem im aktiven Changemanagement für höhere Produktqualität. Das Schwergewicht liegt hier darauf, hochwertige Biokost in der öffentlichen Beschaffung zum Maßstab für ökologisch und sozial verantwortungsbewusste Versorgung zu machen. Die Debatte um die Qualität der öffentlichen Gemeinschaftsverpflegung wird damit gezielt in eine Richtung gelenkt, die deren Tauglichkeit für die Ökometropole in den Mittelpunkt rückt. Das Madhus selbst sieht sich dabei in der Rolle des initialen Impulsgebers, der dazu beiträgt, sowohl ökologisch nachhaltig produzierte Kost und das öffentliche Interesse an deren Ursprung zu fördern als auch das Ansehen des Küchenpersonals und dessen eigenes Vergnügen an der täglichen Arbeit zu steigern.

Arbeit am Wandel in Köpfen und Töpfen

Am Anfang stand zunächst das Ziel, sämtliche Zutaten und Speisen der kommunalen Küchen auf mindestens 90 Prozent Bioanteil zu bringen. Prinzipiell ist die Umstellung einer Küche auf Biokost auf verschiedenen Niveaus denkbar: Entweder bleibt die Ökologisierung auf die Produktebene beschränkt, oder ökologische Nachhaltigkeit findet als Maßstab im gesamten Prozess, sozusagen vom Acker bis zum geleerten Teller, praktische Anwendung. Experten sagen, wer nicht mehr zu unternehmen bereit sei, als die konventionell erzeugten Produkte durch Bioerzeugnisse zu ersetzen, werde am Ende mit Extrakosten von 25 bis 30 Prozent konfrontiert sein. Der Auftrag der Stadt Kopenhagen sah eine derartige Kostensteigerung aber nicht vor. *Københavns Madhus* musste sich deshalb deutlich mehr einfallen lassen, als allein die Produktebene zu ökologisieren!

Das aktuell verwirklichte Konzept zielt nun stattdessen darauf ab, neben dem gesamten Rohstoffverbrauch auch die komplette Speisenplanung und -produktion und schließlich die gesamte Arbeitsweise in der Küche umzustellen.

Was jedoch außer nachhaltig veränderter Zutatenqualität auch eine andere Nährwertberechnung und Zusammenstellung von Produkten erforderlich macht. Erst damit lassen sich ausgewogene

Mahlzeiten auf den Speiseplan setzen, die überwiegend frisch aus regionalen Ökoprodukten der Saison zubereitet sind. Doch auch dies nur dort, wo zuvor grundlegende Kenntnisse und Fertigkeiten in der Verarbeitung ökologischer und saisonaler Produkte erworben werden konnten, die auch in Dänemark noch längst kein allgemein üblicher Ausbildungsstandard für Köchinnen und Köche sind.

Darüber hinaus macht es sich für jedes Küchenteam bezahlt zu wissen, wie sich Logistik und Budgetierung optimieren lassen. Die heute in vielen Küchen und Restaurants noch erhebliche Lebensmittelverschwendung ist ein besonders relevanter Kostenfaktor, der die Erfolgschancen der angestrebten Umstellung entscheidend beeinflussen kann. Deshalb muss auch die intensive Beschäftigung mit ihren Ursachen und Vermeidungschancen Platz im Prozess der Umstellung finden.

Die – selbst anfängliche Skeptiker überzeugende – Vermittlung dieser Grundlagen betrachtet das Madhus-Team als seinen Kernauftrag. Daher wird dieser Teil der Mission durch ein umfangreiches, turnusmäßig wiederholtes Angebot von Kurz- oder Langzeit-Praxisseminaren erfüllt, welche sich sämtlich darauf konzentrieren, die professionelle Kompetenz des gesamten Küchenpersonals – von der Chefin bis zum Tellerwäscher – entsprechend zu erweitern. Das gesamte Lehr- und Beratungsprogramm ist auf die Verhältnisse im öffentlichen Sektor zugeschnitten. Es soll dazu verhelfen, ein kreatives Arbeitsklima herzustellen, in dem zukunftsfähige Ernährung im Mittelpunkt steht und Mut zum kulinarischen Experiment und zur Innovation geschätzt und gefördert wird.

Den Teilnehmerinnen und Teilnehmern werden dabei gezielt ausgewählte Methoden und Instrumente gezeigt, die den Wandel unter den jeweils individuell verschiedenen Bedingungen einer Küche voranbringen können. Alle Seminarinhalte folgen ökologischen Prinzipien, und hohe geschmackliche und nährwertbezogene Produktqualität gehört zu den vermittelten Grundwerten der zukunftsfähigen Küchenpraxis nach Kopenhagener Modell. Das Seminarangebot zum Thema »ökologische Küche« gibt daher nicht nur Einblick, wie man die Umstellung mit Bioprodukten der Saison und aus der Region qualitätvoll und zugleich kostengünstig hinbekommt. Es zeigt auch, wie man mit richtig kombinierten Nährwertanteilen, angemessenen Portionen, vor allem aber mit gesteigerter Bekömmlichkeit und Genuss das große Wegwerfen halber Mahlzeiten beenden kann. Daneben gibt es Seminare, die sich schwerpunktmäßig auf ausgewogene und zugleich altersgerechte Ernährung für ältere Menschen oder auch für Kitakinder sowie Schülerinnen und Schüler konzentrieren.

Nicht zuletzt, um der geforderten Kostenstabilität Genüge zu tun, hat man sich für das Madhus-Konzept an bewährte haushälterische Grundsätze erinnert und sie bei Zutatenwahl und Mahlzeitenplanung mit ernährungswissenschaftlich begründeten Empfehlungen kombiniert. Daraus ergibt sich eine Art Nachhaltigkeits-Regelwerk für wendewillige Küchenteams:

- so viel wie möglich frisch kochen
- vielfältige, regionale Zutaten in häufig variierter Zubereitung anbieten
- einfache Mahlzeiten als Regel, Festtagsspeisen als Ausnahme
- Menüs altersgerecht und nährwertbezogen portioniert planen
- reichhaltige Obst- und Gemüsevielfalt nach Saison als Schwerpunkt vorsehen
- regional verfügbare Getreide- und Kartoffelsorten verwenden
- so wenig »freien« Zucker wie möglich einsetzen
- Fleischportionen generell kleiner machen und alle Teile vom Tier verwenden
- mit Rohstoffen sparsam haushalten, alles Wertvolle restlos verwerten
- Fertig- oder Halbfertigprodukte nur ausnahmsweise verwenden

Das Interesse an einer derartigen Umstellung hat inzwischen praktisch alle Restaurants und Küchen öffentlicher Einrichtungen in Kopenhagen erfasst. Dabei wird die Unterstützung von *Københavns Madhus* ganz unterschiedlich stark in Anspruch genommen. Anders als in den Anfangsjahren geht es inzwischen nur noch selten darum, den Wandel überhaupt erst in Gang zu setzen. In den meisten kleineren Küchen, beispielsweise in Kindergärten, kommen seit 2015 mindestens 90 Prozent Ökoprodukte zum Einsatz, in manchen sogar noch mehr. Auch viele der großen Zentralküchen haben die 75-Prozent-Bio-Marke von 2012 inzwischen hinter sich gelassen und konnten diese Umstellung tatsächlich kostenneutral verwirklichen. Das Madhus-Team begleitet auf Anfrage aber auch dort weitere Änderungen oder die Einführung neuer Arbeitsweisen, wo der Wandel schon aus eigenem Antrieb begonnen wurde.

Diversität im Team verbessert den Brei

Einen der zwei wichtigsten Erfolgsfaktoren für seine Arbeit hat das Madhus mit der Entwicklung dieses innovativen, ganzheitlichen Konzepts geschaffen. Der zweite liegt im gelungenen Transfer zwischen Theorie und Praxis, der einem professionell bemerkenswert vielfältig und – typisch skandinavisch – mit ausgeglichenem Geschlechterverhältnis aufgestellten Team zu danken ist. Küchenchefs, Ernährungswissenschaftler, Lehrer, Projektmanager, Ethnologen, Design- und Kommunikationsprofis und Generalisten auf dem Feld der »guten Mahlzeiten« arbeiten hier Hand in Hand.

Abb. 12: Im Madhus reicht die Vielfalt vom Team bis ins Sortenspektrum des hauseigenen Küchengartens. © Maria Laub

Gemeinsam wirken sie auf den Veränderungsprozess hin, indem sie die nötige Überzeugungsarbeit dafür leisten, konkrete Projekte zur Umstellung von Küchen initiieren und begleiten, Kurse, Workshops und Beratung zu allen relevanten Themen anbieten, regelmäßig Praxistrainings in bestimmten Bereichen veranstalten, Öffentlichkeitsarbeit leisten und vieles andere.

Eine der wichtigsten Rollen, die *Københavns Madhus* – auch aus eigener Sicht – im Prozess des Wandels spielt, ist die eines wirkmächtigen Werkzeugs für die gesamte angestrebte Ernährungswende. Diesem Anspruch will das Team damit gerecht werden, dass es dem ernährungspolitischen Mainstream immer ein Stück weit vorauszueilen versucht. Mit visionären Ansätzen, innovativen Ideen und immer wieder neuen Projekten. Auch deshalb werden Theorie und Praxis aller Madhus-Angebote und Veröffentlichungen regelmäßig auf den neuesten Stand wissenschaftlicher Erkenntnisse gebracht. Sowohl, was Fragen der Nachhaltigkeit oder der Umstellung auf ökologisches Wirtschaften angeht als auch solche, die Ernährung in Kita und Schule, öffentliche Versorgung oder Pädagogik betreffen. Großes Interesse am Austausch mit ähnlich gelagerten Institutionen anderer Länder und die Bereitschaft, eigenes Wissen und Erfahrungen mit anderen zu teilen, sind damit zwangsläufig Teil der Mission.

Mehr Qualität auf Kindertellern

Das Madhus bietet auch für Kitas und für die Kinder- und Jugendverwaltung der Stadt Beratung an. Nicht nur, weil Kinder von klein auf gutes, kulinarisch hochwertiges Essen brauchen und ihre Mahlzeiten immer ein Genuss sein sollten, der sie satt und zufrieden macht. Sondern auch, weil dessen Qualitätsniveau Angestellte in den Kita- und Schulküchen, Eltern, Lehrer und Erzieher gleichermaßen überzeugen können muss. Das Team trägt deshalb aktiv zum Diskurs über angemessene Ernährung von Kindern bei. Es hilft aber zum Beispiel auch ganz praktisch bei der gezielt auf den Wandel zugeschnittenen Weiterbildung, bei der Suche nach geeignetem Küchenpersonal und selbst beim zweckmäßigen Design der fraglichen Küche.

Wenn dem Essverhalten der Kinder von klein auf eine zukunftsfähige Richtung gegeben werden soll, sehen Madhus-Pädagogen zuerst die erwachsenen Bezugspersonen in Familie, Kita und Schule in der Verantwortung. Und nicht allein, um das Leben von Kindern damit besser zu machen, sondern auch, weil dies aus ihrer Sicht längerfristig positive soziale und ökonomische Effekte für die gesamte Gesellschaft zu entfalten verspricht. Konzeptentwicklung und Erfahrungsaustausch sind deshalb ein Schwerpunkt, der das Bewusstsein aller Beteiligten dafür schärfen soll, was ausgewogene Ernährung im Kindesalter bedeutet und wie man am besten für eine neue, genüssliche und nachhaltige Esskultur für die jüngsten Mitglieder der Gesellschaft sorgen kann.

Altersgerecht komponieren, verlockend präsentieren

Altersgerechte Kinderernährung ist nahrhaft, hinsichtlich der enthaltenen Nähr- und Vitalstoffe ausgewogen und angemessen portioniert. Gerade bei Kindern spielt aber auch die Art der Darbietung eine besonders wichtige Rolle. Wie Speisen aussehen, duften und schmecken, welche Farben sie haben, ob sie roh sind oder gar, fest oder weich, immer wieder neu und überraschend variiert oder angenehm vertraut zubereitet, all das verdient sorgsame Beachtung. Jedenfalls dann, wenn man Kinder zur genussvollen Wahl von Speisen bewegen möchte, die ihnen guttun.

Der Hinweis, dass eine Speise oder ein einzelnes Lebensmittel gesund sei, hat für Kinder übrigens erwiesenermaßen keine oder keine positive Bedeutung. Wo der Genusswert nicht überzeugen kann, führt auch die eindringlichste Betonung eines angeblichen gesundheitlichen Nutzens nicht zum Erfolg. Deshalb rät das Madhus dazu, den Speisenplan gerade für Kinder besonders bunt und vielfältig zusammenzustellen, dabei sowohl offiziellen ernährungswissenschaftlichen Empfehlungen zu folgen als auch kindliche Geschmacksvorlieben zu berücksichtigen und darüber hinaus möglichst weitgehend auf individuelle Bedürfnisse einzugehen.

Gemeinsam kochen und essen bildet fürs Leben

Kinder lernen, während sie essen, sagt der dänische Sozialpsychologe Per Schultz Jørgensen. Wir müssten daher sicherstellen, dass das, was sie dabei lernen, als positive Erinnerung weit in ihre Zukunft reichen kann. Was bedeutet, dass sie Verantwortung für ihren eigenen Essstil zu übernehmen lernen, für sich selbst und auch für die Freundinnen und Freunde, mit denen sie bei Tisch zusammensitzen.

In vielen Kindertagesstätten Dänemarks wird das gemeinsame Kochen und Essen systematisch als spannendes Gemeinschaftserlebnis in den Tageslauf der Kinder einbezogen. Denn Kinder profitieren außerordentlich, wenn sie – auf Augenhöhe mit den erwachsenen Köchinnen und Köchen – in der Küche mitarbeiten dürfen und anschließend die Speisen schön angerichtet ihren Freunden servieren. Sie können lernen, sich gegenseitig Essen anzubieten und Schüsseln zu reichen, abzuwarten, bis alle versorgt sind, zu probieren und zu kosten und sich gegenseitig dabei zu helfen. Dies fördert ihr Sozialverhalten aktuell und auf lange Sicht. Gleichzeitig lernen sie dabei spielend gutes Essverhalten, finden ihren individuell bedarfsgerechten Essstil, entwickeln Tischmanieren und Hilfsbereitschaft, lernen sogar, Lebensmittel und Speisenqualität zu beurteilen und Verantwortung für ihren Konsumstil zu übernehmen, und erleben gemeinsames Essen als bedeutsam für den sozialen Kontakt untereinander.

EAT – Kopenhagens Qualitätsoffensive für zentral zubereitetes Schulessen

Die Bereitstellung von Essen als geliefertes Catering mit den zukunftsfähigen Ansätzen zu qualifizieren, für die das Madhus steht, war eine anspruchsvolle Aufgabe. Ihre Lösung hat mit dem EAT-Konzept ein innovatives kulinarisches Angebot für Schulen ohne eigene Schulküche oder Schulrestaurant verfügbar gemacht. Das wichtigste Ziel des Konzepts ist es, gute Produkte, die liebevoll zubereitet und ausgewogen zusammengestellt sind, so in den Schulrestaurants zu präsentieren, dass die Schüler sich jeden Tag aufs Essen freuen können. Schulessen, egal ob aus einer schuleigenen

Küche oder einer staatlich unterhaltenen Zentralküche, die für viele Schulen zugleich kocht, soll immer auch die Liebe zu gutem Essen und Interesse für das gesamte kulinarische Umfeld kultivieren. Diesen Anspruch tatsächlich einzulösen, dazu haben einige der besten Köche des Landes beigetragen.

Die belieferten Schulen bekommen täglich zwei verschiedene frisch gekochte, warme Mahlzeiten und dazu eine Sorte Sandwich zur Auswahl für ihre Schülerinnen und Schüler. Zubereitet von trainiertem Personal, das in Madhus-Seminaren gelernt hat, ausgewogen, nahrhaft und saisonal zu kochen, altersangemessen zu portionieren und kulturell zu variieren. EAT bedeutet für Schulen nicht nur wohlschmeckendes, appetitlich angerichtetes Essen, das vielseitig, abwechslungsreich und professionell zubereitet ist. Das Angebot enthält auch mindestens 75 Prozent Ökoanteil und frische saisonale Produkte, richtet sich nach allgemein anerkannten ernährungswissenschaftlichen Grundsätzen und trägt der kulturellen Diversität der jeweiligen Schule Rechnung.

Besser essen macht Schule

Sieben Kopenhagener Schulen haben ihr ganz eigenes Profil entwickelt, indem sie zu Schwerpunktschulen rund ums Kochen und Essen wurden. Damit ist mehr verbunden, als die schuleigene Küche und Kantine zu managen. Dieses spezielle Schulprofil ist als exemplarisches Leuchtturmprojekt gedacht, das Vielfalt und Qualität im Schulessen-Angebot Kopenhagens insgesamt steigern helfen soll.

Schülerinnen und Schüler sind dabei aktiv in den gesamten Prozess eingebunden, der mit der Menüplanung und dem Einkauf beginnt und das Vor- und Zubereiten ebenso einschließt wie das Anrichten und Servieren. Lebensmittelproduktion, Warenkunde, Esskulturen, Ernährungswissenschaften und mehr sind hier theoretisch und praktisch Teil des Curriculums. Diese sieben besonderen Schulen fungieren zugleich als Küchenlaboratorien, wo Neues probiert wird, wo Ideen für spätere Food-Start-ups sprießen können und wo kulinarische Erfahrungen aller Art gerne mit anderen Schulen, anderen Städten und anderen Ländern geteilt werden.

Der Kopenhagener Küchenwandel macht von sich reden

Anfang 2012 war man auf dem Weg zu dem Ziel, Kopenhagens öffentliche Küchen auf Bio umzustellen, schon weit vorangekommen. 75 Prozent Bioanteil bei allen Mahlzeiten war zu diesem Zeitpunkt bereits als allgemeiner Standard erreicht. Die Stadtverwaltung beschloss daher eine groß angelegte PR-Kampagne, um diesen Erfolg auf dem Weg zur Ökometropole gebührend zu feiern. Alle, die dazu beigetragen hatten, sollten dafür ganz offiziell Anerkennung bekommen. Der interessierten Öffentlichkeit wurden Frauen und Männer aus über 1000 Küchenteams in und um Kopenhagen auf Postern vorgestellt, jeweils mit einem persönlichen Fotoporträt, ihrem »Menü des Tages« als Illustration und einem kurzen Begleittext. Diese Posterkampagne trug den Titel »Menschen hinter dem Teller«. Sie wurde bei vielen Gelegenheiten in der Stadt und bei Veranstaltungen verschiedener Organisationen und Ministerien gezeigt.

Um zum Erreichen der nächsten Zielmarke – 90 Prozent Bioanteil bis Ende 2015 – anzuspornen, folgte dieser ersten eine zweite Öffentlichkeitskampagne im gesamten Stadtgebiet, die Videos und verschiedene Veranstaltungsformate mit der Beteiligung bekannter Personen des öffentlichen Lebens, etwa des aktuell amtierenden Kopenhagener Bürgermeisters und der bekannten Schauspielerin Sofie Grabøl, einschloss.

Evaluation mit dem Kitchen Lift

Qualität lebt vom Vergleich. Und ein wenig Wettbewerb kann dem Qualifizierungsstreben auch nicht schaden. Vor allem aber braucht es nachvollziehbare Maßstäbe, wenn qualitative Veränderungen im kommunalen Speisenangebot als Beweis für erreichte Ziele dienen sollen. Um den Fortschritt der laufenden Maßnahmen selbst evaluieren zu können, hat das Madhus-Team seinen eigenen Kriterienkatalog zur Erfolgsmessung entwickelt.

Das selbstentwickelte Verfahren, das als Qualitätsrating funktioniert, hat den Namen »*Kitchen Lift*« bekommen. Es dient nicht nur der Bewertung des Veränderungsfortschritts einer bestimmten Küche. Es ist auch dazu da, Bereiche aufzuspüren, die noch weiteres Entwicklungspotenzial haben. Zugleich ist das Verfahren als Ansporn gedacht, sich untereinander zu messen, einen Gesamtüberblick über die allgemeine Niveausteigerung in der öffentlichen Gemeinschaftsverpflegung zu geben und der Öffentlichkeit einen transparenten, allgemein zugänglichen Fortschrittsbericht zu präsentieren.

Das *Kitchen-Lift*-Bewertungsverfahren ruht auf drei Säulen: Das sind zum einen die Lebensmittel selbst, dann die daraus zubereitete Mahlzeit und schließlich die Organisation dahinter.

1. Die Qualität der verwendeten Zutaten ist die erste und entscheidende Voraussetzung für die spätere Speisenqualität. Die Rohstoffgüte wird dabei zum Beispiel an Aussehen, Duft, Geschmack und Konsistenz gemessen. Aber auch an ihrem Bezug zur Saison, am Einfallsreichtum beim Variieren von Rezepten, an der eingesetzten Sortenvielfalt oder an der Herkunft aus regionalem Bioanbau. Nicht zuletzt wird bewertet, ob sich das Küchenpersonal bei der Auswahl genug Zeit zum Probieren und zum Ausprobieren neuer Rezepte nimmt und anderes mehr.
2. Die Qualität des Mahls selbst und der Geschmack, den Essende daran finden können, wird nicht unwesentlich von der räumlichen Situation und der Atmosphäre bei Tisch mit beeinflusst. Wie sauber ist der Essplatz, wie ist er beleuchtet, wie ruhig oder geräuschvoll ist der Raum, wie weit wird auf soziale Normen und Routinen Rücksicht genommen und wie auf kulturelle Regeln? Ist das Speisenangebot als Bewirtung durch einen Gastgeber erkennbar, der in irgendeiner Form auch persönlich in Erscheinung tritt? Ist sich das Küchenteam seiner Gastgeberrolle bewusst, und kann es sie gut ausfüllen? Und wie geht man auf die Gäste ein, auf ihre Rückmeldungen oder auf Kritik?
3. Als dritte Säule wird schließlich die Qualität der Organisation beurteilt, die nicht nur die betriebsinterne Planung und Logistik betrifft. Dazu gehören auch Aspekte wie das Verantwortungsgefühl der Mitarbeiter für ihr Metier, die Arbeitszufriedenheit und die Freude am Kochen und Bewirten von Gästen. Nicht zuletzt aber auch ihre Professionalität und ihre Fähigkeiten als Restaurantbe-

treiber, ihre Haltung zu Budgetfragen ebenso wie zu gemeinsamen Wertmaßstäben.

Der *Kitchen Lift* hilft bei nötigen Kurskorrekturen und legt auch offen, wo weiterer Bedarf für Rat, Ausbildung und Entwicklungsplanungen besteht, die *Københavns Madhus* einem Küchenteam anbieten kann. Geht es nach dem Madhus-Team, soll möglichst jede kommunale Küche am *Kitchen-Lift*-Bewertungsverfahren teilnehmen, weil nur so ein realistisches und zutreffendes Bild von der Qualität der öffentlichen Versorgung in Kopenhagen entstehen könne.

Damit die Teilnahmeoption eine gewisse Zugkraft entwickelt, hat man sich im Madhus einen offiziell ausgeschriebenen Wettbewerb ausgedacht. Dessen Kriterienkatalog legt die Latte für Bestnoten relativ hoch, was jeweils nur wenige Bewerber an die Spitze bringt. Immerhin lässt sich dabei aber auch mit deutlichen Entwicklungsfortschritten gegenüber der letztjährigen Bewertung punkten. Die am besten bewerteten Einrichtungen erhalten Diplome und Preise für ihre Arbeit, die im Rahmen einer öffentlichen Festveranstaltung im Rathaus verliehen werden.

Kapitel 7

Die Welt der Ernährungsräte – wo gibt es was?

Wie Pilze schießen in aller Welt in den letzten Jahren immer mehr neue *Food Policy Councils*, Ernährungsräte und vergleichbare Gruppierungen (mit Namen in ihrer jeweiligen Landessprache) aus dem Boden. Um die Analogie zur auch kulinarisch interessanten Flora und Fauna noch ein wenig weiterzutreiben: Tatsächlich ähneln diese überall aufkommenden Initiativen in gewisser Weise den oberirdisch sichtbaren Fruchtkörpern, die viele Pilze ausbilden. Und so wie bei Pilzen unterirdisch weitverzweigte Strukturen den Boden für Wachstum und Vermehrung der Arten bereiten, so können auch lokale Ernährungsrats-Initiativen erst richtig fruchten, wenn gleichzeitig ein langfristig möglichst weitreichendes Netzwerk – mittels guter Beziehungen und viel Erfahrungsaustausch – die Bewegung zu einer machtvollen Größe formiert.

Im Folgenden haben wir deshalb alle uns derzeit bekannten Räte und entsprechenden ernährungspolitischen Initiativen aufgelistet, einzelne kurz kommentiert und die internationale Liste mit den Lehren zweier besonders erfahrener »Netzwerker« in Sachen *Food Policy Councils* aus den USA und Kanada kombiniert.

Dabei haben wir trotz schon ziemlich umfassender Recherche Mut zur Lücke nötig gehabt. Mit Sicherheit fehlen allein in Europa viele Länder, in denen aber durchaus schon länger eine ernährungspolitisch alternative Szene aktiv ist, Italien zum Beispiel und Polen oder Ungarn, wo der entsprechende Gründungseintrag »Gödöllő, 2012« in der derzeit größten verfügbaren US-amerikanischen Übersicht mit einem Fragezeichen versehen ist, weshalb er bei uns nicht auftaucht.

Es wird sich sicher lohnen, neugierig auf diese uns noch nicht bekannten »Anderen« zu bleiben und unsere Netzwerkliste in Zukunft von West nach Ost und Nord nach Süd mit neuen Einträgen zu versehen. Einstweilen aber gibt dieses Kapitel schon einigen Einblick in den gegenwärtigen Stand der weltweit wachsenden Bewegung.

Food Policy Councils – Ernährungsräte rund um den Globus

Den gegenwärtig umfassendsten Überblick über ernährungspolitisch aktive Gruppierungen in aller Welt gibt das *Food Policy Networks (FPN)-Project* der Johns Hopkins University im dortigen *Center for a Livable Future* (CLF). Dessen Netzwerk-Seite beginnt mit dem Hinweis, dass dort nicht nur die explizit *Food Policy Council* genannten Initiativen aufgelistet sind, sondern auch alle Gruppierungen, die dem Modell in ihren Zielen, Themen und Arbeitsweisen ähnlich genug sind, also auch *Food Coalitions* oder *Committees*, *Food Policy Task Forces*, *Food Partnerships*, *Boards* oder andere ernährungspolitische Steuerungsgruppen (ebenso wie Ernährungsräte oder Ernährungsforen im deutschsprachigen Europa, Überblick hierzu siehe Seite 189 ff.), unabhängig von ihren Unterschieden in Organisationsstruktur, Finanzierung und Beziehung zu Regierungen.

1. USA

Der Statusbericht der FPN von 2016 weist für die USA 262 *Food Policy Councils* aus, die aktuell als aktiv (214), in Gründung (29) oder als in Umstrukturierung befindlich (19) eingestuft werden. Dazu kommen vier *Native American Tribal Councils*, drei davon aktiv, eines in Umstrukturierung. Nahezu 90 weitere wurden laut Statusbericht entweder als inaktiv beurteilt, oder ihr aktueller Status war nicht bekannt.

In den USA boomt die Szene, seit 2010 hat sich die Zahl der *Food Policy Councils* versechsfacht. Allein 2016 gab es 18 neue, aktive oder in Aufbau oder Umbildung befindliche derartige Einrichtungen. In 47 der 50 Bundesstaaten sind derzeit Councils aktiv, nur South Dakota, Wyoming und New Hampshire fehlen. Besonders viele wurden in Kalifornien gegründet, gefolgt von North Carolina und Colorado. Der älteste US-amerikanische *Food Policy Council* wurde in Knoxville, Tennessee gegründet.

Der erste *Food Policy Council* der USA entstand in Knoxville. Es begann 1977 mit Professor Robert Wilson und einer Handvoll Studentinnen und Studenten an der Universität von Tennessee. Sie untersuchten, wie gut die Stadt Knoxville darin war, allen ihren Einwohnern gutes, bezahlbares Essen zugänglich zu machen, und fanden heraus, dass dies in Knoxville nicht in ausreichendem Maß der Fall war. Gemeinsam mit ernährungspolitisch aktiven Stadtbewohnern überzeugten die Studenten ihre Stadtverwaltung, einen Ernährungsrat einzusetzen. Der begann 1982 mit der Arbeit und konnte, obwohl nicht mit ordnungspolitischer Macht ausgestattet, schon bald erste Erfolge verbuchen, zum Beispiel kostenloses Frühstück für Schulkinder aus armen Familien und ein öffentliches Verkehrsnetz, das Lebensmittelgeschäfte für Menschen ohne eigene Autos besser erreichbar machte. Seit 2002 arbeitet der immer noch sehr aktive Rat als *Knoxville-Knox County*-FPC vor allem an der Regionalisierung der Nahrungsversorgung seines Einzugsgebiets.

Zwei zur Boomzeit an weit voneinander entfernten Orten der USA gegründete *Food Policy Councils* zeigen, wie verschieden strukturiert auf gemeinsame Ziele hingearbeitet werden kann.

Der *Food Policy Council* für den Staat Alaska ist eine unabhängige Organisation. Seine Gründung geht zurück auf den Aufruf an Interessierte, die Idee bei mehreren Aktivistentreffen zu besprechen. Unter den etwa 80 Personen, die dem folgten, waren Angestellte des öffentlichen Dienstes ebenso wie Vertreter von Tribal Nations, Bauern und andere Akteure des lokalen Ernährungssystems. 2012 waren bereits über 100 Organisationen und einzelne Bürger aktiv an dem neuen Rat beteiligt.
Ganz anders kam dagegen der ***Food Policy Council* von Massachusetts** zustande. Für dessen Gründung wurde im Frühjahr 2010 ein Gesetzesvorschlag eingebracht, der später im Jahr

tatsächlich als Gesetz verabschiedet wurde. Regierungsmitglieder beider großen Parteien und Vertreter der Exekutive werden vom Senat für den Rat ausgewählt. Der Gouverneur benennt sieben Mitglieder aus Lebensmittelproduktion und Wertschöpfungskette sowie Experten des öffentlichen Gesundheitswesens. Andere Akteure des lokalen Ernährungssystems kommen hier nur als Mitglieder eines externen Beratergremiums zum Zuge.

2. Kanada

In Kanada sind aktuell 58 *Food Policy Councils* aktiv (49), in Gründung (2) oder in der Umstrukturierung (7) befindlich. Die meisten davon (über 20) finden sich in British Columbia, gefolgt von Ontario, sowie einige in Saskatchewan, Alberta, Newfoundland/Labrador und Nova Scotia.

Der **Toronto *Food Policy Council*** in Ontario ist ein Beispiel für einen vollständig in die Regierung eingebetteten Ernährungsrat. Das heißt, Regierungsangestellte sind entweder ordentliche Mitglieder oder regelmäßig an Sitzungen beteiligt. Lokale, staatliche oder Stammes-Regierungen unterstützen den Rat, der auf Gesetzesinitiative gebildet wurde. Die Regierung ist offiziell gehalten, in allen Fragen des Ernährungssystems Beratung und Empfehlungen vom Rat einzuholen.

Einen seiner größten Erfolge errang der Toronto FPC im Jahr 2005: Da beschloss die Stadtverwaltung, die Bebauung einer Fläche von 720.000 Hektar zu untersagen. Sie wollte damit die Ausdehnung der Siedlungsfläche in der schnell wachsenden Metropolregion begrenzen und stattdessen Ackerland für die lokale Lebensmittelproduktion schaffen und Naturreservate schützen.

5500 Bauernhöfe wurden so neu geschaffen, erhalten und erweitert, hauptsächlich in Familienbewirtschaftung. Zusammen erwirtschaften diese nun rund zwölf Prozent mehr Gewinn als die in der Regel deutlich größeren landwirtschaftlichen Betriebe in der umliegenden Region Ontario, die meist den Weltmarkt beliefern – unterm Strich ein Gewinn von 9,1 Milliarden US-Dollar und der Erhalt bzw. Ausbau von 161.000 Arbeitsplätzen in der Region!

Ein anderes Beispiel ist das ***All Things Food Community Food Network (ATF)***, welches auf kommunaler Ebene diverse Akteure und Partner-Organistionen der Stadt Cornwall und ihrer Umlandregionen Stormont, Dundas und Gengarry versammelt, die zusammen etwa 100.000 Einwohner vertreten. Es wurde 2007 mit öffentlicher Förderung gegründet. Inzwischen arbeitet ATF unter dem Dach des gemeinnützigen *Social Development Council of Cornwall and Area*, der das Ziel hat, Armut zu verringern, Nahrungssicherheit für die lokale Bevölkerung herzustellen, Jobs zu schaffen und Ernährungsbildung zu vermitteln.

3. Großbritannien

55 Städte, die im Netzwerk der Sustainable Food Cities verbunden sind *(Einzelheiten zu den genannten Städten lassen sich auf der Internetseite der SFC für jeden der 55 Karteneinträge einfach per Klick abrufen.).*

4. Neuseeland

Dunedin (in Gründung)
Northland (2015 gegründet)

5. Australien

nationales Netzwerk *Sustain – The Australian Food Network*

6. Frankreich

Bordeaux: *Conseil consultatif de gouvernance alimentaire*

7. Niederlande

Amsterdam: *The Food Council Metropolitan Region Amsterdam*, gegründet 2017 u. a. mit Unterstützung der Rabobank

8. Skandinavien

EAT Nordic Cities Initiative: im Juni 2016 auf dem *Stockholm Food Forum* gestartet

9. Spanien

Nationales Netzwerk: *Red de ciudades por la agroecologia*
Valencia (in Gründung)
Vitoria-Gasteiz

10. Belgien

Brüssel, Brügge, Lüttich, Gent

11. Brasilien

Das lateinamerikanische Land steht nicht auf der Liste der FPN, hat aber mit seiner staatlichen Ernährungspolitik national und auch auf kommunaler Ebene ähnliche Strukturen eingerichtet und vergleichbare Ziele verfolgt wie die Ernährungsräte anderer Länder: Brasiliens Nahrungssicherungsgesetz von 2006 (LOSAN) lieferte den Rahmen für ein nationales Ernährungs- und Nahrungsversorgungssystem (Sistema Nacional de Segurança Alimentar e Nutricional – SISAN). 2010 wurde dies vom damaligen Präsidenten offiziell als regierungsamtliche Grundlage für Brasiliens Ernährungspolitik und -strategien genehmigt (siehe Seite 227 ff.).

12. Schweiz, Österreich, Südtirol und Deutschland

Diese vier befinden sich mit aktuell über 50 Ernährungsräten natürlich auf der Liste der FPN, sind für uns jedoch ein separates Kapitel (vgl. Seite 189 ff.).

Experten im Gespräch

Mark Winne schildert uns seine Erfahrungen und Lehren aus der Praxis US-amerikanischer *Food Policy Councils*

Mark Winne beschäftigen die Themen Ernährung und lokale Nahrungsversorgung seit mehr als 30 Jahren. Als Mitgründer einer ganzen Anzahl landwirtschafts- und ernährungspolitisch engagierter Gruppen in den USA und in der Zusammenarbeit mit über 100 Food Policy Councils *im ganzen Land ist er zu einem der führenden Experten für deren Praxis geworden. Einen Teil seiner Zeit widmet der Autor zahlreicher Bücher inzwischen auch der systematischen Beratungsarbeit, die das* Food-Policy-Networks-*Projekt im Johns Hopkins University Center for a Livable Future für die weltweite Vernetzung der Bewegung leistet. Anlässlich des ersten Vernetzungstreffens der Ernährungsräte im deutschsprachigen Raum im November 2017 gab Mark in seinem Vortrag exemplarischen Einblick in seine mannigfaltigen Erfahrungen.*

Abb. 13: Mark Winne, Santa Fe, USA. © Mark Winne

Obwohl die Geschichte der *Food Policy Councils* in den Vereinigten Staaten weit zurückreicht, hat nach Marks Einschätzung erst die jüngste Zunahme von Neugründungen eine wirklich machtvolle Bewegung in Gang gesetzt. Für ihn ist das nicht nur ein Beweis, dass das Bewusstsein für die Bedeutung zukunftsfähiger Ernährungspolitik inzwischen in allen Gesellschaftsbereichen weit entwickelt ist. Es zeigt sich darin auch die Entschlossenheit, mit der die Akteure in den lokalen Ernährungssystemen den nötigen Wandel zu ihrer ganz persönlichen Angelegenheit machen und gemeinsam handeln. Zum Beispiel, um Kommunen und Bundesstaaten davon zu überzeugen, dass sie tatsächlich Einfluss auf ihr Ernährungssystem nehmen können und sollten. Dafür müssten mehrere Hindernisse überwunden werden, schreibt Mark Winne in seinem Buch *Closing the food gap*. Das beginnt damit, dass keine einzige Stadt ein Ernährungsamt hat. In einigen Bundesstaaten tragen Ministerien das Wort »*Food*« im Namen, aber meistens fühlen sie sich nur für die Produktion zuständig. Nur an wenigen Stellen hat sich die Erkenntnis durchgesetzt, dass das Ernährungssystem langfristig geplant werden muss, so wie etwa die Flächennutzung oder der Straßenbau. So eine Planung wird nicht in den Studiengängen für Raumplanung gelehrt und auch nicht in den Lehrgängen für die Planungs-Praktiker aus der Verwaltung. Erst neuerdings hat die *American Planning Association* das Thema Ernährung in die Richtlinien für die Ausbildung integriert.

Ernährungsdemokratie als gemeinsame Leitidee

Mark ist überzeugt, dass heutige *Food Policy Councils* bei aller Verschiedenheit in Struktur oder Zielen im Kern doch alle der Idee der Ernährungsdemokratie folgen. Einem Konzept, das Professor Tim Lang von der City University London in den 1990er Jahren auf diesen Begriff gebracht hat. Dahinter steht die Vorstellung von einem langfristig angelegten Prozess, der auf gutes Essen für alle statt nur für wenige hinausläuft. Ein Prozess, der Nahrungssicherheit herstellt und dabei auch die ökonomische und soziale Gerechtigkeit für all jene nicht aus den Augen verliert, die Rohstoffe erzeugen, Nahrung produzieren, transportieren und verkaufen.

Die Organisationsform, Größe und Arbeitsweise von *Food Policy Councils* folgt in den USA gewöhnlich der politischen Struktur vor Ort. Der größte Teil von ihnen sind basisdemokratische Zusammenschlüsse unabhängiger Akteure auf Bezirksebene, für die ihre eigenen Einflussmöglichkeiten im kommunalen Bereich im Vordergrund stehen. Trotzdem können staatlich oder föderal organisierte nationale Programme (von denen es derzeit landesweit etwa 15 verschiedene gibt) auch für lokale *Food Policy Councils* zum Thema werden, vor allem dann, wenn sie schlecht durchgeführt sind.

Private Aktion sorgt für kommunale Reaktion

So zum Beispiel geschehen in Hartford, der Hauptstadt von Connecticut, wo seit 1992 einer der ältesten Ernährungsräte der USA aktiv ist. Dieser wurde von der Non-Profit-Agentur *Hartfood Food System* beraten. Als ihr langjähriger Direktor erinnert sich Mark an die Anfänge: »Alles, was wir geschafft haben, die Entwicklung lokaler Ernährungsunternehmen, einer Solidarischen Landwirtschaft (CSA), einer Tafel und eines Nachbarschaftssupermarkts zum Beispiel, geschah durch private Initiative, aber unterstützt von den Kommunen.«

Als städtischer Ernährungsrat kümmerte sich der *Hartford Food Policy Council* um ein öffentliches Nahverkehrsnetz, das Supermärkte auch für einkommensschwache Bürger erreichbar werden ließ, und sorgte dafür, dass zuckerhaltige Getränke aus den Schulen verbannt wurden. Er kämpfte dort aber mitunter auch heftig mit einer ziemlich ignoranten Verwaltungsbürokratie. Etwa nachdem die Stadt 2001 innerhalb weniger Monate mir nichts, dir nichts mehrere städtische Beratungsstellen geschlossen hatte, von denen bis dahin mehrere Tausend einkommensschwache Mütter minderjähriger Kinder regelmäßig Gutscheine zur Unterstützung ihrer Nahrungsversorgung erhalten konnten. Letztere sind Bestandteil des bundesweiten WIC-Programms (»*Women, Infants and Children*«), dessen Zuwendungen zu der Zeit allein in Hartford mehr als 11.000 Mütter in Anspruch nehmen konnten.

Zum Glück saß eine der örtlichen Programmverantwortlichen mit im Hartforder Ernährungsrat. Sie informierte diesen, dass die Stadt viel zu wenige Mitarbeiter für die Ausgabestellen vorgesehen hatte und eine unfähige Bürokratie deshalb fast 5000 bedürftige junge Mütter einfach so im Regen stehen ließ. Daraufhin beschloss der Hartforder *Food Policy Council*, zum Bürgermeister zu gehen und mit negativen Presseberichten zu drohen, falls die zuletzt geschlossene Beratungsstelle nicht kurzfristig wieder geöffnet würde. Mit Erfolg: Binnen Monatsfrist war das Problem aus der Welt, weil die Stadt schnell reagierte und den Zugang zum nationalen Essensbeihilfeprogramm wieder möglich machte.

Zwar seien diese nationalen Beihilfeprogramme etwas ziemlich US-spezifisches, sagt Mark. Sie seien aber für viele Menschen an der unteren Einkommensgrenze der einzige Weg, zu ausreichend Nahrung zu kommen. Der geschilderte Fall sei dennoch typisch dafür, wie lokale Initiativen unmittelbaren Einfluss auf die konkreten Probleme nehmen könnten, vor denen die einkommensschwächste örtliche Bevölkerung in den kommunalen Ernährungssystemen stünde. Das illustriere beispielhaft eine der wichtigsten Funktionen von *Food Policy Councils*, nämlich Augen und Ohren für die zu sein, die es am dringendsten brauchen, und das Ernährungssystem vor Ort im Gemeinschaftsinteresse zu kontrollieren. Aus Marks Sicht haben FPCs hier ziemlich exklusive Kompetenz und Verantwortung. Denn gute Organisation vorausgesetzt, besitzt keine andere Initiative mehr Sachkenntnis über Strukturen und Probleme der lokalen Ernährungssysteme.

Der Kampf um die Flächennutzung

Ein anderes Beispiel betrifft Aktivitäten des *Food Policy Councils* für den gesamten Staat Connecticut, zu dessen Gründern Mark ebenfalls gehörte. Mit dem *Connecticut Food Policy Council* wurde 1996 der erste Ernährungsrat mit Zuständigkeit für einen ganzen Bundesstaat der USA gegründet. Die meisten Mitglieder stammen aus der Zivilgesellschaft, dazu jedoch benennt die Regierung auch sechs Mitglieder aus verschiedenen Behörden.

Als ein Mitglied dort eines Tages berichtete, nach amtlichen Statistiken verliere Connecticut aktuell mehr Ackerland an Nutzungsinteressen wie Siedlungs-, Industrie- und Straßenbau als jeder andere der US-Staaten, waren die übrigen Mitglieder schockiert. Verfügte doch ausgerechnet ihr Staat über eine der ältesten gesetzlichen Regelungen zu Erhaltung und Schutz von Ackerland. Es war klar: Ohne entschlossenes Handeln der Politik würde dieses Land, noch dazu mit den fruchtbarsten Böden der USA, für immer für den Nahrungsanbau verloren sein. Diese Nachricht gab den Ansporn zur Gegenoffensive. Die Öffentlichkeit musste erfahren, was da schieflief und dass der Staat dem einfach untätig zusah.

Der FPC Connecticut machte sich damit zum Anwalt der Farmer und der Ackerlandschaft. Daraus erwuchs eine große Kampagne, der sich über 150 Organisationen anschlossen, die unermüdlich Öffentlichkeitsarbeit betrieben und viel Zeit damit verbrachten, die Regierung dazu zu bringen, Gelder aus den Schutzprogrammen lockerzumachen und die Entwicklung zur Flächenumnutzung aufzuhalten. Eine in diesem Zusammenhang sehr wichtige Arbeitsgrundlage war ein Bericht zur Ernährungssicherheit für das Parlament. Daraus ergab sich zum Beispiel ein Kongress zum Thema Verlust von Ackerland, bei dem die *Working Lands Alliance* und der *Connecticut Farmland Trust* gegründet wurden. Letzterer kauft mit privatem Geld Flächen auf, um sie vor der Spekulation zu schützen (in Deutschland ist die 2009 gegründete BioBoden-Genossenschaft eine vergleichbare Initiative). Ferner wurde eine Karte aller Bauernhöfe herausgegeben, die Bauern wurden unterstützt, am System der Essensmarken teilzunehmen, damit Sozialhilfeempfänger auch im Hofladen einkaufen können, und die Gefängnisverwaltung dazu bewegt, die Lebensmittel für ihre Kantinen bei Bauern aus der Region einzukaufen. Und noch eine Ebene dazwischen war wichtig: Die 32 Kommunen der *Capitol Region* rund um Hartford schlossen sich in einer Planungsagentur zusammen, die einen regionalen Entwicklungsplan erarbeitete, in dem auch eine Ernährungsstrategie enthalten war. Dabei ging es um den Schutz von Ackerland ebenso wie um gute Ernährungsqualität und um Lebensmittelverschwendung.

Ähnlich wie in Connecticut konnten auch in Cleveland/Ohio Änderungen in den lokalen Flächennutzungsplänen zum Schutz von Nahrungsanbauflächen genutzt werden. Der *Food Policy Council Cleveland* konnte solche Nutzungsänderungen sogar in vergleichsweise großer Zahl durchsetzen, mit dem Erfolg, dass lokal produzierte Produkte wesentlich konkurrenzfähigere Marktbedingungen erhielten.

Doch auch wenn für Mark grundsätzlich nichts dagegenspricht, als *Food Policy Council* selbst Bauernmärkte vor Ort zu starten, sieht er dies doch eher als Lernfeld für die Praxis. Denn, so sagt er, es müsse Ernährungsräten hauptsächlich darum gehen zu lernen, wie man Regierungen und Gesetze im Sinne der eigenen Ziele beeinflussen könne. Statt selber Gärten in die Stadt zu bringen, wäre also eher dafür zu sorgen, dass die Flächennutzungsplanung regionale und zukunftsfähige Nahrungsversorgung an die erste Stelle setzt.

Gezielte Impulse für den Systemwandel

Schulverpflegung ist für Mark ebenfalls ein ergiebiges Thema, mit dem FPCs viel in Bewegung bringen könnten. Wenn sie sich zum Beispiel für bessere Kochausbildung und neue Fähigkeiten, Qualitätsessen frisch zuzubereiten, starkmachten, brächte dies so manche verwaiste Schulküche wieder ins Spiel. Vor allem aber kann nach seiner Erfahrung die öffentliche Beschaffung für Einrichtungen der Gemeinschaftsverpflegung (nicht nur in Schulen), die ja oft beträchtliche Geldmengen bewegt, eine hochwirksame Stellschraube auch für Weiteres werden.

Der lokale *Food Policy Council* von Los Angeles hat 500 Mitglieder, eine aktive Kerngruppe von 20 bis 30 Personen und zahlreiche Arbeitsgruppen (Komitee). Eine davon kümmert sich gezielt um die Beschaffung der öffentlichen Hand und das örtliche *Good Food Purchasing Programme*. Letzteres verknüpft eine Reihe Knotenpunkte, die die Kraft haben, das System als Ganzes zu ändern, weil sich die Landwirtschaft mit der Nachfrage verändert, ebenso wie das Essverhalten der lokalen Bevölkerung und die Haltung der Produzenten und ihre Produktionsweise.

Als Ausgangspunkt für derart systematische Veränderungen lassen sich auch die Mittel eines bundesweiten Fonds nutzen, der lokale Initiativen finanziert: das *Community Food Project Grant Program* (CFP) des Landwirtschaftsministeriums (USDA). Es unterstützt bundesweit Projekte wie regionale Supermärkte, Ernährungserziehung, Kalorien-Label und lokale Vernetzung. In den USA wurden Hunderte von Nachbarschaftsprojekten mit CFP-Geldern gestartet, schwärmt Mark Winne. Besonders wichtig war dies für Viertel mit einkommensschwacher Bevölkerung und auf der anderen Seite familiengeführte Bauernhöfe.

Zum Beispiel der Bauernmarkt in Santa Fe (New Mexico), wo Mark heute lebt. Er wurde ganz bewusst in einem der sozialen Brennpunkt gegründet und war die Grundlage für ein »*Farm to school*«-Projekt, bei dem Bauern mit Schulkantinen verknüpft wurden. Diese Anschubfinanzierung führte dazu, dass heute der Staat New Mexico viele Bauernmärkte nach dem Prinzip »*double-up buck*« unterstützt: Für jeden Dollar, der dort eingenommen wird, kommt ein weiterer aus der öffentlichen Kasse obendrauf, landesweit 400.000 Dollar im Jahr. Und das Schulamt der Stadt Santa Fe beschloss, jedes Jahr 50.000 Dollar einzusetzen, um Lebensmittel von den lokalen Bauern für die Schulkantinen einzukaufen.

Nach der Bedeutung von »bio« versus »regional« gefragt, zitiert Mark klar definierte Ansprüche der meisten US-amerikanischen Ernährungsräte an »gutes Essen«, das beispielsweise in kommunalen Kantinen angeboten werde. Es soll regional und ökologisch nachhaltig angebaut und unter fairen Arbeitsbedingungen produziert sein und zu fairen Preise vermarktet werden. Derartige Forderungen nach umfassend zukunftsfähig gedachter Ernährung lassen »bio« und »regional« weniger als Wahloptionen, sondern eher als zwei Seiten derselben Medaille erscheinen.

In den meisten Kommunen sei aber vor allem das Bewusstsein für die Bedeutung gestiegen, welche die Relokalisierung der Nahrungsversorgung hat. Einerseits, weil jeder sehen kann, dass viel zu viel von viel zu weit her herangeschafft wird, und andererseits, weil die lückenhafte Verfügbarkeit von Lebensmitteln vor Ort neuerdings stärker im Fokus steht. Zudem ist die Lebensmittelverschwendung in den letzten Jahren ein Thema geworden, das für viele *Food Policy Councils* im ganzen Land weit oben auf der Agenda steht.

Keine Angst vor Gegenwind

Fast noch wichtiger als die Einzelthemen ist Mark aber der generelle Hinweis, wie wenig Markt und Demokratie beim Essen zusammenpassten. Aus seiner Sicht ist es daher von zentraler Bedeutung, dass FPCs sich nicht scheuen, explizit politischen Einfluss zu beanspruchen. So wie sich unsere Ernährungssysteme entwickelt hätten, nähmen Konzerne und Politiker den Bürgerinnen und Bürgern nur zu gern alle wichtigen Entscheidungen darin ab. Deshalb falle *Food Policy Councils* in den USA ebenso wie Ernährungsräten in Europa die wichtige Aufgabe zu, öffentlich zu erklären und zu kritisieren, dass die direkte Beteiligung der Bevölkerung an den Entscheidungen über unsere Ernährung viel zu gering ist. Und sie müssten mit Ausdauer für einen Politikwechsel kämpfen, der das grundlegend ändert.

Allerdings, so Mark, sollten sich die Aktivisten darüber im Klaren sein, dass sie sich mit ihrer Vorstellung von zukunftsfähiger Ernährungspolitik zwangsläufig im Konflikt mit den Interessen der Agrar- und Nahrungskonzerne (wie Bayer und Monsanto) befinden, die natürlich nicht ruhig zuschauten, wenn ihr Terrain von anderen beansprucht werde. Das Thema Zuckersteuer sei ein aufschlussreiches Lehrstück dafür gewesen. Damit verbunden ist auch sein Rat, sich keinesfalls auf die Integration von Vertretern der Nahrungsindustrie und großer Unternehmen in den lokalen Rat einzulassen. Er kenne keinen einzigen Fall, in dem ein *Food Policy Council* gut mit einem derartigen Arrangement gefahren sei, dafür aber viele Beispiele, in denen die Zusammenarbeit mit kleineren lokalen Produzenten, Köchinnen und Bauern den Erfolg sichtbar in Richtung Zukunftsfähigkeit befördert habe.

Vor allem in den letzten Jahren sieht Mark zunehmende Belege dafür, dass Nahrung, ihre Qualität und ihre gerechte Verteilung Themen von so hohem öffentlichen Interesse geworden sind, dass die Politik an bürgerschaftlichen Forderungen zur Zukunftsfähigkeit von Ernährungssystemen nicht mehr so ohne Weiteres vorbeikommt.

Ob und wie gut *Food Policy Councils* oder Ernährungsräte in Europa in der Lage sind, ihr lokales Ernährungssystem genau unter die Lupe zu nehmen, dessen aktuellen Zustand systematisch zu analysieren und für die Allgemeinheit verständlich zu beschreiben und der Politik die eigenen Pläne und Strategien entscheidungsreif zu vermitteln, erscheint ihm vor diesem Hintergrund als der wichtigste Erfolgsfaktor für ihre Arbeit.

Entwicklung und Bedeutung der *Food Policy Councils* in Nordamerika und Kanada aus der Sicht von Wayne Roberts

Wayne Roberts leitete den Toronto Food Policy Council *von 2000 bis 2010. Inzwischen hat die Expertin für nachhaltige lokale Nahrungsversorgung Lori Stahlbrand diese Position übernommen. Ihr Ehemann Wayne stellt seine langjährige Erfahrung dafür jetzt ernährungspolitischen Initiativen in aller Welt in Vorträgen und Werkstattgesprächen zur Verfügung, so auch 2017 beim ersten Ernährungsrätekongress in Europa.*

Abb. 14: Wayne Roberts, Toronto, Kanada. © Wayne Roberts

Bis heute ist der Hunger das größte Problem der Städte in Nordamerika, berichtet Wayne. Denn weder in den USA noch in Kanada gibt es Sozialhilfe wie in Europa. Der Hunger begann sich auszubreiten, als Ende des letzten Jahrhunderts die großen Industriebetriebe pleitegingen und die Leute ihre Jobs verloren. Viele Familien fielen auseinander, das größte Hungerrisiko hatten damals wie heute alleinerziehende Mütter. Dass überall Menschen aus den Psychiatrien entlassen wurden, kam dazu; nachdem sich niemand mehr um sie kümmerte, landeten viele auf der Straße und hungerten ebenfalls.

Um die Jahrtausendwende gab es nur rund ein Dutzend *Food Policy Councils* in Nordamerika, zunächst in kleineren Städten, wo große Fabriken schlossen. 2018 gibt es über 300 dieser Ernährungsräte in den USA und Kanada. Für Wayne ist das die schnellste Entwicklung bei den lokalen Verwaltungen seit Langem. Gleichzeitig werden Städte immer wichtiger – inzwischen lebt die Mehrheit der Menschen dort. Städte sind zum wichtigsten wirtschaftlichen und gesellschaftlichen Akteur geworden, weltweit.

Wayne argumentiert, dass Lebensmittelpolitik bisher mit dem ländlichen Raum assoziiert wurde. Dort war und ist es das Ziel der Landwirtschaft, billige Lebensmittel herzustellen. Das geht zurück bis in die Kolonialzeit, Nordamerikas Landwirtschaft wurde dafür gegründet, England mit billigem Essen zu versorgen, vor allem mit Getreide. Die billige Massenproduktion von Lebensmitteln wurde nach dem Zweiten Weltkrieg zu einem Modell auch für Europa, um Hunger in Nachkriegszeiten abzuwenden. Damals gründete Großbritannien zum ersten Mal in seiner Geschichte ein Ernährungsministerium.

Eine Fortsetzung des Krieges mit anderen Mitteln

Als der Krieg vorbei war, konnte in Nordamerika all das, was zuvor für den Krieg gebraucht wurde, für die Landwirtschaft genutzt werden: Die Panzerfabriken produzierten nun Traktoren, und die Giftgase, die zuvor feindliche Soldaten getötet hatten, wurden als Insektizide genutzt. Nach dem Krieg wurden also, wie Wayne es formuliert, die Waffen auf das eigene Land gerichtet.

Aber das war nicht alles. Was brauchte es, um Nahrungsmittel aus den Weiten von Saskatchewan zur Front nach Europa zu bringen? Die Lebensmittelproduktion wurde zu einer Logistik-Industrie. 1954 wurde deshalb der Begriff »Agrobusiness« erfunden, der all dies enthielt, die Infrastruktur, das Saatgut, den Dünger, die Traktoren, die Verarbeitung. Diese Revolution war in Nordamerika schneller als in Europa. Nahrungsmittel wurden zu einer Ware mit der Aufgabe, auch Menschen mit geringem Einkommen billig zu ernähren.

Weil sich hier sehr viel früher aus der bäuerlichen Landwirtschaft ein Industrieapparat entwickelte, wurden laut Wayne Ernährungsräte in Nordamerika schon früher gegründet als in Europa. Die Landwirtschaft stand dieser neuen Bewegung eher feindlich gegenüber, und die Food-Bewegung sah sich auch nicht als Unterstützung für die Landwirte. Letztere waren der Meinung, sie verdankten industrieller Technik, Pestiziden und Düngern und später der Gentechnik ihr Überleben. Sie waren überzeugt, sie würden sterben ohne diese Technologien.

Die Spaltung zwischen Stadt und Land

Im Gegensatz dazu schaute die Food-Bewegung auf authentische und gesunde Lebensmittel. In Nordamerika denken urbane und ländliche Regionen sehr unterschiedlich, was sich auch in den Wahlergebnissen zeigt, meint Wayne. Diese gesellschaftliche Spaltung zeigt sich unglücklicherweise auch beim Essen. Die Food-Bewegung versucht, diese Spaltung zu überwinden, aber zunächst einmal muss sie zugeben, dass sie auch Teil dieser Spaltung ist, findet Wayne.

Er gibt freimütig zu, dass die Probleme heute schlimmer sind als 1991, als sie den *Toronto Food Policy Council* gründeten. Es gehen mehr Leute zu den Tafeln *(food banks)*, es gibt mehr Hunger, und weniger Menschen können mit ihrem Gehalt oder der Sozialhilfe den Monat überstehen. Und leider gibt es auch mehr chronische Ernährungskrankheiten, die in den 1990er-Jahren regelrecht explodierten, vor allem Übergewicht.

Aber sie haben das Verständnis vertieft, worum es beim Thema Essen überhaupt geht, findet Wayne. Ein Teil der Probleme komme doch daher, dass die Gesellschaft nie ernsthaft über Essen nachgedacht habe. Das habe sich geändert. Zum ersten Mal waren sie in der Lage zu fragen: Welche Vorteile bringt das Thema Essen für unsere Stadt, wie nutzt Essen uns? Bisher drehte sich die Frage immer nur um Hunger: Was kann die Stadt tun, um das Hungerproblem zu lösen? Waynes Fazit: Essen ist heute wichtiger als vor 25 Jahren.

Hunger in Nordamerika

Essen ist wie eine Rettungsleine für die Stadt. Städte hängen vom Essen ab, auch für das soziale Miteinander. Rund um den Essenstisch versammeln sich die Menschen und reden miteinander. Natürlich geht es auch um das Sattmachen, aber nicht nur. Als Wayne im Jahr 2000 die Leitung des *Food Policy Council* in Toronto übernahm, wurde gerade eine neue Stadtverwaltung für den Ballungsraum mit seinen 2,5 Millionen Einwohnern gegründet, und die beauftragte ihn mit einem Report über Lebensmittel und Hunger. Auftraggeber war die städtische Gesundheitsbehörde, aber es sollte eine Strategie sein, die auch für andere Behörden gelte, von der Müllentsorgung bis zum Tourismus. Lebensmittel wurden als strategisches Element für den Aufbau der Stadt gesehen.

Wayne und seine Mitstreiter wollten nicht wissen, warum Essen ein Thema für die öffentliche Gesundheit, sondern warum es ein Thema für die Stadt ist, also zum Beispiel auch für die Leute in der Abfall- oder Sozialbehörde. Also entwickelten sie eine Gesamtstrategie, und das war ein großer Sprung für die kommunale Politik. Sie waren Pioniere; allerdings nicht die einzigen, bald kamen andere Großstädte hinzu, die 2015 schließlich gemeinsam den *Milan Urban Food Policy Pact* (Mailänder Abkommen für Ernährungspolitik, siehe Seite 229 f.) unterzeichneten.

Das neue Selbstbewusstsein der Städte

Um zu verstehen, was das bedeutet, muss man sehen, dass bis vor Kurzem die Stadtverwaltungen als lokale Dienstleister gesehen wurden, die für Straßen, Müllabfuhr oder Trink- und Abwasser sorgten. Sie wurden noch nicht als politikgestaltend wahrgenommen, und sie dachten auch nicht über globale Themen nach, sondern nur über ihre Stadt.

Die Städte sind heute der Ort, an dem die größte politische Dynamik zu beobachten ist. Nationale Regierungen tun leider so gut wie nichts, um die großen Probleme unserer Zeit zu lösen, findet Wayne. Sie haben weder den Zuckergehalt in Lebensmitteln reguliert, noch haben sie die Antibiotika-Rückstände begrenzt oder die Werbespots der Nahrungsmittelkonzerne, die Kindern ungesundes Essen anpreisen. Er findet: Seit den 1990er-Jahren haben nationale Regierungen keines der großen Themen mehr angepackt, weil sich seitdem die Politik im Griff der Industrielobbys befindet.

Städte mussten in diese Lücke springen, und das Mailänder Abkommen spiegelt diesen Moment wider, indem es signalisiert: Vergesst die nationalen Regierungen, sie werden das Hungerproblem nicht lösen, wir Städte müssen es selbst tun! Die Macht der Konzerne ist inzwischen größer als die der meisten nationalen Regierungen auf der Welt. Regelrechte Armeen von Lobbyisten stehen bereit, klagt Wayne. Wenn ein Politiker auch nur eine kleine Änderung vorhat, wird er von einem richtigen Krieg gestoppt.

Industrie-Lobby gegen Transparenz

Was Wayne besonders irritiert: »Ein Herkunftslabel an einem Hemd ist normal, aber wenn du wissen willst, woher dein Essen kommt, das ist nicht normal, da musst du dafür kämpfen, um es zu erfahren. Und wenn du wissen willst, ob das Saatgut genetisch verändert wurde, stellst du fest, dass das unmöglich ist. Beim Essen wird dir noch nicht einmal die einfachste Information geliefert. Noch keine Regierung hat gesagt: Unsere Bürger haben ein Recht zu wissen, woher ihre Lebensmittel stammen, wo sie angebaut wurden.«

Städte versuchten jetzt, diese Entscheidungslücke zu überwinden: So haben einige amerikanische Kommunen entschieden, dass sie Softdrinks besteuern, um gegen die Fettleibigkeit vorzugehen.

Auch Mexiko City versucht es, aber die Industrie wehrte sich mit Multi-Millionen-Dollar-Kampagnen. Eine Warnung an alle anderen Städte: Wenn ein Becher Limonade künftig 1,50 Dollar kosten soll, dann müssen sie sich für einen großen Kampf bereitmachen. Nationale Regierungen wagen sich erst gar nicht daran.

Die Kosten für das Gesundheitssystem wären immens, wenn Antibiotika, die 40 Jahre lang geholfen haben, nun nicht mehr funktionieren, weil sie bei der Hühner- und Mastschweinehaltung verwendet werden. Keine Regierung hat die Macht, »Stopp« zu sagen, obwohl sie Millionen für dieses Gesundheitssystem ausgeben. In diesem Kontext, findet Wayne, müssen die Städte eingreifen, weil die nationalen Regierungen in diesem Punkt wie gelähmt scheinen.

In den Städten leben die meisten Menschen, hier wird das meiste Geld ausgegeben, für Autobahnen, Abwasserleitungen und so weiter. Aber das Budget nationaler Regierungen werde mehrheitlich anderswo ausgegeben. Das beschränkt natürlich die Möglichkeiten für die Städte, die großen Themen wie Hunger oder das Verschwinden kleiner Bauernhöfe anzugehen. Städte könnten ihre Bürger erziehen, aber mehr leider nicht. Wenn sie also das Mailänder Abkommen unterzeichnen, dann sollte ihnen klar sein, dass sie viele Probleme nicht ändern könnten, vor allem in der Landwirtschaft.

Das Ernährungssystem im Würgegriff der Nahrungskonzerne

Erstaunlich findet Wayne, dass jede andere Industrie mehr reguliert wird, und das seit fast 100 Jahren, egal ob Textilien oder Telefon. Die Industrielle Revolution war ein spürbares Ereignis, da war Rauch in der Luft, und dein Handwerksladen verschwand durch die Fließbandproduktion. Aber die landwirtschaftliche Revolution der letzten 50 Jahre wurde kaum wahrgenommen. Dabei müssen immer mehr Bauernhöfe schließen, und Bauern werden bald zu einer gefährdeten Art, in Nordamerika ebenso wie in Europa.

Es ist bereits zu spät für Fragen wie: Werden große Nahrungsmittelkonzerne das Ernährungssystem dominieren? Werden sie nicht mehr lokal produzieren und mit künstlichen Zutaten? Denn sie tun es schon längst. Und zwar beides. Nationale Regierungen hätten nichts dagegen unternommen, so Wayne. Vor der Erfindung des Fernsehens musste man die Werbung für Kinder zum Beispiel nicht regulieren. Doch heute ist der wichtigste Babysitter weltweit das Fernsehen, und er bombardiert unsere Kinder mit Ernährungsbotschaften, von denen die Eltern keine Ahnung haben. Dagegen sind auch Stadtregierungen kaum gewappnet.

Ernährungswirtschaft als wichtigster Arbeitgeber

Was Städte tun können, ist meist verbunden mit Arbeitsplätzen vor Ort. Die meisten Städte auf der Nordhalbkugel waren dabei von der Schwerindustrie abhängig, deren Arbeiter gingen in Restaurants, kauften Kleidung, gingen zum Friseur und hielten auch den Rest der Wirtschaft in Schwung. Seit diese Industrien in den globalen Süden verschwanden, bleibt unseren Städten nur noch die Ernährungswirtschaft als wichtigste Industrie, um die Menschen zu beschäftigen. Wayne vermutet, dass in fast jeder Stadt der Nordhalbkugel der Arbeitgeber Nummer eins die Ernährungswirtschaft ist. In Ontario und Toronto sei es sicher so. Köche, Bedienungen, Caterer, die Verarbeitung, in geringem Umfang auch Landwirte – die Produktion von Essen ist die letzte Bastion signifikanter Beschäftigung.

Die Schwerindustrie bezahlte gut. Aber die Ernährungsindustrie bezahlt nur wenig. Also sei das Problem billigen Essens gar nicht so sehr: Können die Verbraucher billiges Essen kaufen? Sondern vielmehr: Kann die Ernährungswirtschaft die Stadtbewohner mit Einkommen unterstützen, von denen sie die hohen Mieten bezahlen können?

Wer in einer Stadt lebt, muss mit anderen kooperieren. Landbewohner sind da weniger abhängig. Aber in der Stadt ist man bei vielen Dingen des Lebens abhängig, beim Abfall ebenso wie beim Licht. Damit diese Kooperation in der Stadt gut funktioniert, brauche es ein Schmiermittel, findet Wayne, und das ist Essen. Viele Orte, die mit sozialen Verbindungen zu tun haben, sind Orte, an denen man isst, Restaurants, Cafés, Kantinen, Wochenmärkte, Picknickplätze. Wir brauchen Essen nicht nur für unsere körperlichen Bedürfnisse, sondern auch für unsere geistige Gesundheit, als Teil unserer Freundschaften.

In der Stadtplanung gibt es den Begriff »dritter Platz«, nach dem Zuhause und der Arbeit ist es der Platz, an dem alle deinen Namen kennen. Städte brauchen solche Begegnungsorte, um Menschen zu verbinden. Sie könnten sich ohne diese Dinge überhaupt nicht entwickeln, die über das gemeinsame Essen möglich werden.

Essen als Kitt für die multikulturelle Gesellschaft

Als er ein Kind war, erzählt Wayne, war die überwiegende Mehrheit der Menschen in Toronto britischer Herkunft. Da mag es Kämpfe zwischen irischen Protestanten und Katholiken gegeben haben. Aber alle stammten aus Großbritannien. Heute sind die Städte multikulturell. Die Hälfte der Menschen im Toronto von heute wurde nicht in Kanada geboren, die bedeutendsten Bevölkerungsgruppen stammen neben England, Schottland und Irland aus Indien, China und Italien. Und da ist das Essen eine der wenigen Möglichkeiten, die zum Beispiel den Christen helfen kann, über die Muslime zu lernen, oder den Asiaten, die Engländer besser zu verstehen. Wayne meint, dass diese Brückenfunktion von Essen immer wichtiger wird in Zeiten von Migration. Keine Stadt in dieser Welt würde ohne diese Brücken funktionieren. Es ist die Straße des Interkulturalismus, auf der wir voneinander in solch einer angenehmen Weise lernen.

Wayne findet, dass es für die meisten schwerer zu verstehen ist, wenn die Menschen andere Kleidung tragen oder andere Ansichten haben darüber, was im Leben wichtig ist. Sehr viel leichter ist es da beim Essen, das kann man gemeinsam genießen, es ist eine wunderbare Art, sich zu verstehen, eine »*foodbridge*«. Waynes Tochter arbeitet in Bristol (Großbritannien) bei einer Organisation, die »91 Wege« heißt. Es gibt 91 verschiedene ethnische Gruppen in Bristol, und jede kocht dort eine Woche lang. In der ersten

Woche waren die Ägypter dran. Wayne findet, es sei schwierig, den Ägyptern feindlich gesinnt zu sein, wenn man eine Woche lang ägyptisches Essen genossen hat.

Eine neue Aufgabe für die Grünflächen in der Stadt

Für die Städte ergeben sich daraus große Vorteile: Sie müssten weniger Ordnungskräfte anstellen, um Unruhen zu bekämpfen. Über viele Jahre hinweg waren Parks in Nordamerika sehr unsicher, weil dort Straßengangs gegeneinander kämpften. Das sei viel besser geworden. In Toronto hat eine Frau einen öffentlichen Backofen im Zentrum eines Parks gebaut, der zu einem Begegnungszentrum vieler Bevölkerungsgruppen wurde. Der Park wurde dafür ausgezeichnet. Alles ging von der Idee eines Backofens aus und von der Entdeckung, dass es schwieriger ist, jemanden zu hassen, wenn du mit ihm gegessen hast.

Wayne erklärt, dass die Grünflächenämter diejenigen Behörden sind, für die sich am meisten geändert hat durch die veränderte Rolle der Ernährung. Sie haben meist noch die Idee, dass Parks ein Ort sind, in dem man Natur genießt, ein wenig abseits der Welt. Gärtnern scheint da zu stören. Doch das sollte als eine weitere Form der Erholung gesehen werden. Die meisten Parks haben Raum für Fußballplätze und andere aktive Sportarten, und mit einer alternden Bevölkerung brauchen wir auch eher moderatere Formen bewegter Erholung wie Gehen oder eben Gärtnern.

Andere machen Picknick, da versammeln sich afrikanische Familien mit 30 oder mehr Leuten im Park, erzählt Wayne. Sie kommen am frühen Morgen und gehen spät in der Nacht. Die Erwartung, wie Parks genutzt werden können sollten, wandelt sich. Und die Grünflächenämter, merkt er kritisch an, hängen immer noch den alten Vorstellungen nach, erstens Naturgenuss und zweitens aktiver Sport. Aber da gibt es eine Menge Dinge dazwischen.

Die Städte müssen mit ihrer Politik proaktiv sein, nicht nur auf Probleme reagieren, fordert er. Denn es werde sich alles ändern. Schon mit dem Computer änderte sich unsere Wirtschaft, nicht nur die Kommunikation, wir kaufen heute ganz anders, und wir arbeiten anders. Die neuen Realitäten der Ernährung werden ebenso bahnbrechend sein wie die Computer. Wir müssen uns ändern, meint Wayne, und Ernährungsräte seien ein sehr gutes Mittel, das auf demokratische Weise zu tun, gewissenhaft, planvoll und produktiv.

Regional und nachhaltig

Wayne erzählt, dass seine Frau Lori Stahlbrand die Organisation *Local Food Plus* leitete, wobei das Plus für Nachhaltigkeit steht. Damals konnte man aber noch nicht so genau sagen, was nachhaltiges Essen eigentlich bedeutet. Es gab nur »konventionell« oder »bio«. Also entwickelte *Local Food Plus* eine Reihe von Standards für die nachhaltige Landwirtschaft. Das musste ganz neu gemacht werden, die Bio-Standards halfen auch nicht weiter, weil sie die Lokalität nicht bewerteten und auch nicht das Wohl der Arbeiter. Bei den Pestiziden akzeptierten sie einen Kompromiss, die »integrierte Landwirtschaft«, wo man nur dann spritzt, wenn es absolut nötig ist, nur das notwendige Minimum und nur die am wenigsten giftigen Pestizide. Die neu entwickelten Standards sind also besser als »Bio«, was die Arbeitsbedingungen betrifft, und schwächer als »Bio« bei den Pestiziden, aber das konnten viele kleine Bauern der Region so übernehmen.

Dann überzeugten sie die Universität von Toronto, 10 Prozent ihres Essens nach diesem Standard zu kaufen, mit einer Steigerung von 5 Prozent in jedem weiteren Jahr, sie sind jetzt bei 25 Prozent. Leider konnten sie keine fortlaufende Finanzierung finden, weil die Inspektionen bei den Bauern ziemlich teuer sind, und mussten deshalb das Programm beenden, aber die Universität folgt dem Programm nach wie vor. Lori schrieb dann ihre Doktorarbeit über das Thema: »Warum scheiterte meine Organisation?« Es gab danach noch eine Organisation in England, die dasselbe probierte, erfolgreich. Also weiß Lori jetzt, wie das Räderwerk zwischen Bauern und Köchen funktioniert. Sie nennt das die »mittlere Infrastruktur«. Die große Agrarindustrie hat andere Methoden, sie importiert Soja aus Brasilien oder Mais aus den USA. Aber Lori findet: »Wir könnten das allein mit den Rohstoffen aus einer kanadischen Region machen, und das ist neu.«

Was genau bedeutet regional? Definieren muss man es laut Wayne ausgehend von der Infrastruktur, die man braucht, vor allem Transport und Verarbeitung. In Toronto gibt es die Firma »*100 km food*«. Sie sorgt für die Lieferlogistik, weil die Köche keine Zeit haben, selbst zu den Bauern zu fahren. Die Firma hat ein Schlachthaus und für die Erdbeeren ein Kühlhaus. Zuvor war diese Infrastruktur nur für die Großhändler verfügbar, jetzt gibt es sie auch für regionale Lebensmittel. Solche *Food Hubs* gibt es inzwischen in vielen Städten. In den USA werden sie meist von Ernährungsräten betrieben, oft in Zusammenarbeit mit einem kommerziellen Unternehmen. Nun überlegt »*100 km Food*«, wie sich diese Infrastruktur auch für den Weg zurück nutzen lässt: Wie kommen die Lebensmittelabfälle zurück zu den Bauern?

Ernährungsräte im deutschsprachigen Raum

Nach dem Vorbild der *Food Policy Councils* ist in den vergangenen drei Jahren auch im deutschsprachigen Raum Bewegung in die ernährungspolitisch engagierte Szene gekommen: Ernährungsräte und vergleichbare Initiativen, die wie in Zürich auch mal Ernährungsforum heißen können, werden zunehmend als innovatives Werkzeug für eine zukunftsfähige Ernährungs- und Agrarwende entdeckt. Die Gründung der Ernährungsräte in Köln und Berlin 2016 wirkte wie ein Startsignal, auf das viele offenbar nur gewartet hatten, um selbst in der neuen Bewegung für Ernährungsdemokratie aktiv zu werden. So haben sich in vielen Städten und Regionen Akteurinnen und Akteure des regionalen Ernährungssystems zusammengefunden, um die Ernährungspolitik vor Ort auf die Tagesordnung zu setzen.

In einigen Städten hat eine formelle und offizielle Gründung bereits stattgefunden oder ist zumindest fest eingeplant, in anderen finden erst Gespräche dazu statt. Dabei ist das Wort »Gründung« selbst eine Definitionsfrage, denn nicht alle Ernährungsräte geben mit der Organisation einer öffentlichen »Gründungsveranstaltung« ein öffentlich wahrnehmbares Zeichen für ihren Aktivitätsstatus. Manche, wie zum Beispiel die Hamburger, verzichten auch auf diese Formalität und organisieren stattdessen regelmäßig offene Netzwerktreffen für alle interessierten zivilgesellschaftlichen Akteurinnen und Akteure. Wie viele Ernährungsräte es im deutschsprachigen Raum derzeit genau gibt, ist nicht mit Sicherheit zu sagen. Die im Folgenden gegebene Übersicht über die (bei Drucklegung dieses Buches im Sommer 2018) aktiven Ernährungsräte im deutschsprachigen Raum kann also nur eine Momentaufnahme sein. Fest steht aber: Es hat sich bereits jetzt eine Bewegung formiert, welche die ernährungspolitische Diskussion stark bestimmt. Und sie breitet sich überall im deutschsprachigen Raum in rasantem Tempo weiter aus!

Die generellen Ziele von Ernährungsräten oder Gründungsinitiativen stimmen meist ziemlich weitgehend überein: Ihre Gründer wollen das Thema Ernährung auf die politische Agenda setzen, weil es dort bisher fast völlig fehlt, und sie wollen eine Plattform für die

Vernetzung regionaler Akteure sein, die sich für zukunftsfähige, nachhaltige und gerechte Ernährungssysteme einsetzen und zusammen Ernährungsdemokratie erkämpfen. Allen gemeinsam ist auch, dass sie für die Mitarbeit aller Menschen offen sind, die mit einem starken Bündnis den zukunftsfähigen Wandel ihrer regionalen Ernährungssysteme anstreben wollen. Unterschiede gibt es jedoch in den Strukturen und Organisationsformen der Räte, denn was in einer Stadt oder Region funktioniert, passt für eine andere nicht unbedingt genauso.

Abb. 15: Ernährungsräte im deutschsprachigen Raum (Stand: August 2018).

Die Gründungsgeschichten, Herausforderungen und Erfolge der beiden Ernährungsräte in Köln und Berlin werden hier von uns exemplarisch aus der jeweiligen Gründerperspektive etwas ausführlicher beschrieben. Einerseits, weil die Erfahrungen der beiden ältesten Ernährungsräte in Deutschland auch für andere Städte und Regionen interessant und nützlich sein können. Und andererseits, weil die beiden Räte zugleich Beispielcharakter für zwei recht unterschiedliche Herangehensweisen haben. Während in Köln nämlich die Stadtverwaltung von Anfang an miteinbezogen wurde, ist der Berliner Ernährungsrat eine rein zivilgesellschaftlich gegründete Bürgerinitiative ohne Beteiligung des Senats. Als dritte Herangehensweise sei schließlich im Abschnitt »Wenn die Gemeinde einen Ernährungsrat gründet« noch die Gründung eines Ernährungsrates »von oben« beschrieben.

Kleine Typologie der Ernährungsräte im deutschsprachigen Raum

- **Das Berliner Modell:** basisdemokratisch. Die Mitglieder-Vollversammlung wählt den Sprecher*innenkreis. Dieser kann weitere Sprecher*innen nachberufen. Rein zivilgesellschaftlich, nicht an die Verwaltung angedockt, unabhängig vom Senat.
- **Das Kölner Modell:** Mischform zwischen Wählen und Ernennen: Das Koordinationsteam wird von den Aktiven in den Ausschüssen gewählt. Es kooptiert 12 weitere Mitglieder des Ernährungsrates. Weitere 10 Mitglieder aus Verwaltung und Politik werden von der Oberbürgermeisterin ernannt.
- **Top-down-Modell:** Die Kommune gründet und leitet den Ernährungsrat. Vor allem in kleineren Städten (Leutkirch, Oberösterreich).
- **Landesweite Initiative:** bisher nur im Saarland und in Südtirol (wenn man von Hamburg und Berlin absieht, wo die Stadt ja zugleich auch Bundesland ist).

- **Kommunale Initiative:** In den meisten Fällen beziehen sich die Ernährungsräte auf eine Kommune, Köln bezieht explizit auch die umgebenden Landkreise mit ein.

Regelmäßig aktualisierte Informationen über die Aktivitäten von Ernährungsräten, weitere Gründungen und Gründungsinitiativen stehen auf der Webseite www.ernaehrungsraete.org. Kontaktdaten und Weblinks zu den hier aufgelisteten Ernährungsräten sind im Serviceteil ab Seite 272 zu finden.

Ernährungsräte und Gründungsinitiativen im deutschsprachigen Raum – eine Übersicht

- **Aachen:** Eine Kerngruppe bereitet eine Gründungsinitiative vor, beteiligt sind bislang Akteure aus Zivilgesellschaft, Stadtverwaltung und Universität. Fachleute aus verschiedenen Ernährungssektoren sollen hinzukommen.
- **Berlin:** Am 22. April 2016 gründete sich in Berlin der »Berliner Ernährungsrat für eine zukunftsfähige Ernährungs- und Landwirtschaftspolitik in der Region«. Mehr über den Ernährungsrat Berlin auf den Seite 208 ff.
- **Bern:** Im September 2018 organisierte das Amt für Umweltschutz die Genusswoche »Berner Platte 2.0«. Im Anschluss daran soll nun mit den Beteiligten auf Initiative der »Ökonomischen Gemeinnützigen Gesellschaft Bern« ein Ernährungsforum gegründet werden.
- **Bielefeld:** Im September 2016 hat die CDU-Stadtratsfraktion die Stadtverwaltung mit einem Antrag im Umwelt- und Klimaausschuss dazu aufgefordert, die Einführung eines Ernährungsrats am Beispiel von Köln und Berlin für Bielefeld zu prüfen und, wenn möglich, umzusetzen.
- **Bonn:** Es gibt eine offene Gründungsinitiative für den »Ernährungsrat Bonn und Umgebung« mit einer Koordinationsgruppe, die sich alle zwei Wochen trifft. Außerdem treffen sich regelmäßig mehrere Aktionsgruppen, zum Beispiel »Mehr Bio in Bonn«, »Öffentliches Kochen« und »Nährstoffkreisläufe«. Für das

lokale Ernährungssystem wurde bereits eine »Vision 2030« erarbeitet.

- **Braunschweig:** Seit Januar 2018 ist eine Gründungsinitiative für einen Ernährungsrat Braunschweig aktiv.
- **Dresden:** Am 25. September 2017 wurde der Ernährungsrat Dresden und Region offiziell gegründet. Er ist eine offene Bewegung ohne Rechtsform, die auf ehrenamtlichem Engagement fußt, hat aber »Die Lokale Agenda 21 für Dresden e. V.« als Trägerverein an ihrer Seite. Es gibt vier Arbeitsgruppen: Essbare Stadt und Stadtlandwirtschaft; Regionalität und kurze Wege; Gutes Essen in Küche und Kantine; Bildung für Ernährungskompetenz. Aus jeder Arbeitsgruppe werden zwei Personen in eine Lenkungsgruppe entsandt, die sich regelmäßig abspricht und den Ernährungsrat koordiniert. Zusätzlich gibt es eine Organisationsgruppe, die die Gründungsveranstaltung vorbereitet hat und die Fäden zusammenhält. Die Einrichtung einer zentralen Koordinationsstelle ist angedacht.
- **Essen:** Es existiert eine offene Bewegung zur Gründung eines Ernährungsrats mit einem Lenkungskreis. Als Dach fungiert der gemeinnützige Verein »Initiative für Nachhaltigkeit e. V.«
- **Frankfurt:** Der Ernährungsrat Frankfurt am Main wurde am 30. August 2017 gegründet. Er wird vom Verein »Bürger für regionale Landwirtschaft und Ernährung e. V.« getragen, agiert aber als eigenständiges Projekt des Vereins. Ein Lenkungsrat aus sieben Personen von unterschiedlichen Initiativen und dem Umweltdezernat der Stadt koordiniert die Aktivitäten, die derzeit sechs aktiven Arbeitskreise oder organisiert Veranstaltungen.
- **Freiburg:** Ein Initiativkreis bringt interessierte Bürgerinnen und Bürger sowie Akteure aus Land- und Ernährungswirtschaft, Forschung, Verwaltung und andere Initiativen zusammen. Gemeinsam wurden Strukturen für den Freiburger Ernährungsrat sowie ein Leitbild erarbeitet. Die offizielle Gründung wurde am 21. Juli 2018 im Beisein des Oberbürgermeisters gefeiert.
- **Fürstenfeldbruck:** Der »Ernährungsrat für den Landkreis Fürstenfeldbruck« wurde mit Beteiligung des Landratsamts am 5. Fe-

bruar 2018 offiziell gegründet. Vorab ist ein Positionspapier entstanden und zu jedem der vier Themen »Ernährungsbildung und Esskultur«, »Ökologische und faire Erzeugung und Vermarktung«, »Zukunftsfähige und umweltgerechte kommunale Planung« sowie »Ernährungshandwerk, Gastronomie und Gemeinschaftsverpflegung« gibt es eine Arbeitsgruppe.

- **Hamburg:** Seit April 2016 treffen sich in Hamburg engagierte Akteurinnen und Akteure, um gemeinsam als Ernährungsrat stadtpolitisch gezielt aktiv zu werden. Die Ernährungsrats-Initiative ist eine offene Plattform, Struktur und Rechtsform werden noch diskutiert. Zurzeit gibt es eine Arbeitsgruppe zu öffentlicher Beschaffung.
- **Hannover:** In Hannover arbeitet eine offene Gründungsinitiative auf die offizielle Einrichtung des Ernährungsrates für die Region Hannover im September 2018 hin.
- **Innsbruck:** Die örtliche Ernährungsrats-Initiative ist im Oktober 2017 mit einer Auftaktveranstaltung an die Öffentlichkeit getreten. Der Innsbrucker Rat soll aus einem »Legitimationskreis« mit zehn bis 15 Mitgliedern aus verschiedenen Bereichen des lokalen Versorgungssystems sowie einem Koordinationsteam bestehen. Letzteres setzt sich aus den Sprecherinnen und Sprechern der drei Arbeitsgruppen »Nachhaltige Versorgung«, »Ernährung und Stadtentwicklung« sowie »Kommunikation und Bildung« zusammen. Als Trägerverein wurde die »Initiative Ernährungsrat Innsbruck e. V.« gegründet.
- **Kiel:** Der Ernährungsrat Kiel wurde am 24. Januar 2018 als offene Plattform ohne Rechtsform mit einer öffentlichen Veranstaltung im Rathaus aus der Taufe gehoben. Es gibt einen Koordinierungskreis und zwei aktive Arbeitsgruppen zu Bildung und zu Regionalisierung.
- **Köln:** In Köln wurde der Ernährungsrat am 7. März 2016 offiziell gegründet, als Träger fungiert der Verein »Taste of Heimat«. Mehr über den Ernährungsrat Köln auf den Seiten 198 ff.
- **Leipzig:** Seit Februar 2018 arbeitet in Leipzig eine offene Gründungsinitiative auf einen Ernährungsrat hin. Drei Arbeitsgruppen

befassen sich mit verschiedenen Themen des Ernährungssystems: Regionale Wertschöpfung, Bildung, Gemeinschaftsversorgung. Zwei weitere Gruppen kümmern sich um den strukturell und inhaltlich übergeordneten Prozess sowie um Recherche und Forschung.

- **Leutkirch:** In Leutkirch im Allgäu hat die Gemeinde selbst im Rahmen eines Forschungsprojekts einen Ernährungsrat gegründet. Begleitet wird dies durch eine Bürgerinitiative. Im Herbst 2017 wurde vom Gemeinderat ein ernährungspolitischer Ziel- und Maßnahmenkatalog verabschiedet. Mehr dazu siehe Seite 219 ff.
- **Lüneburg:** Im Rahmen des Projekts »Zukunftsstadt Lüneburg 2030+« wurde eine Vision für das regionale Ernährungssystem entwickelt, und die Idee eines Ernährungsrats für Lüneburg entstand. Das Projektteam der Zukunftsstadt koordiniert den Prozess.
- **München:** Am 18. Juni 2018 wurde der derzeit jüngste Ernährungsrat im deutschsprachigen Raum als Verein in München gegründet und ein siebenköpfiger Vorstand dafür gewählt. In den nächsten Monaten sollen Arbeitsgruppen eingerichtet und die Art der Zusammenarbeit mit der Stadtverwaltung geklärt werden.
- **Münster:** Die im April 2018 gegründete »Allianz für Lebens|mittel|wertschätzung« bringt acht Münsteraner Initiativen zusammen, die gemeinsam auf politischer Ebene ein nachhaltiges, demokratisches Ernährungssystem in Münster aktiv gestalten und Münster zur »Essbaren Stadt« machen wollen.
- **Nürnberg:** Die Gründungsinitiative für einen Ernährungsrat Nürnberg und Umgebung trifft sich seit April 2018 regelmäßig. Es gibt mehrere Arbeitsgruppen, unter anderem zurzeit zu urbaner Landwirtschaft und essbarer Stadt. Als Trägerorganisation fungiert »Bluepingu e. V.«
- **Oldenburg:** Der Ernährungsrat Oldenburg hat sich am 21. Oktober 2017 gegründet. Er besteht aus einer 15-köpfigen gewählten Vertretung, deren Mitglieder zu gleichen Teilen aus der Zivilgesellschaft, aus der Wirtschaft und aus der Politik und Verwaltung kommen. Zusätzlich gibt es vier Ausschüsse, die für alle Interessierten offen sind: Essbare Stadt, FairWertbar, Bildung und Events

sowie Erzeuger-Verbraucher-Beziehungen. Es gibt ein Koordinationsteam und eine halbe Koordinationsstelle, die beim »transfer-Verein für Medienarbeit zugunsten einer gesunden Umwelt e. V.« angesiedelt ist.

- **Pennewang:** In Pennewang in Oberösterreich gibt es einen von der Gemeinde eingerichteten Ernährungsrat, siehe Seiten 218 ff.
- **Prignitz-Ruppin:** Im Rahmen eines BNE-Projektes (Bildung für nachhaltige Entwicklung) wurde in der Region Prignitz-Ruppin die Gründung eines Ernährungsrates initiiert. Später soll dieser auf ganz Brandenburg ausgeweitet werden und überregionale, allgemeine Aufgaben wie Lobbyarbeit und überregionale Zusammenarbeit, insbesondere mit dem Berliner Ernährungsrat, übernehmen. Die offizielle Gründung soll am 7. September 2018 in Kyritz in Form einer Auftaktveranstaltung stattfinden.
- **Regensburg:** Es gibt eine Initiative zur Gründung vom »Ernährungsrat Regensburg – Stadt und Land«, die voraussichtlich im Herbst 2018 vollzogen werden soll. Die Kriterien der Akteursbeteiligung und Strukturen der Zusammenarbeit werden gerade entwickelt.
- **Saarland:** Im Saarland soll am 16. August 2018 ein landesweiter Ernährungsrat gegründet werden, getragen von einem eigenen Verein.
- **Südtirol:** Seit Oktober 2017 agiert der Ernährungsrat als Arbeitsgruppe ohne offizielle Struktur. Voraussichtlich soll ein eigener Verein gegründet werden. Der Vorstand trifft sich etwa viermal im Jahr, priorisiert Themen und gibt die Ziele vor. Die vertiefte Erarbeitung von Themen findet dann in Kleingruppen statt, wo externe Expertinnen und Experten dazugeholt werden. Themenschwerpunkte des Ernährungsrates im Jahr 2018 sind Gemeinschaftsverpflegung und Gesundheit/Genuss/Esskultur.
- **Traunstein:** Im Juni 2018 gab es ein erstes Treffen einer offenen Gründungsinitiative, die offizielle Gründung soll im Herbst 2018 erfolgen.
- **Trier:** Die Lokale-Agenda-21-Gruppe möchte einen Ernährungsrat für Trier initiieren und koordiniert gegenwärtig den Prozess.

- **Waldkirch:** neben Leutkirch die zweite Modellkommune des Forschungsprojekts KERNiG. Auch hier wird der Rat von der Stadtverwaltung getragen.
- **Wien:** In Wien gibt es einen Zusammenschluss engagierter Menschen, die die Gründung eines Ernährungsrates anstreben. Wie der Rat sich strukturiert und welche Rechtsform er annehmen wird, ist gegenwärtig noch offen.
- **Wiesbaden:** Im März 2017 hat sich eine Gründungsinitiative zusammengefunden, der Rat befindet sich seitdem in seiner Konstituierungs- und Vorbereitungsphase.
- **Wuppertal:** Der Initiativkreis Ernährungsrat Wuppertal ist ein offenes Netzwerk von vorrangig zivilgesellschaftlichen Akteuren, die sich intensiv mit dem Thema Ernährung und Essen in der Region befassen und die Entwicklung eines Wuppertaler Ernährungsrates diskutieren möchten. Eine Kerngruppe trifft sich einmal im Monat.
- **Zürich:** Das »Ernährungsforum Zürich« wurde am 20. März 2018 von 70 Firmen und Organisationen sowie von 30 Einzelpersonen als gemeinnütziger Verein gegründet. Der auf der Gründungsversammlung gewählte Vorstand besteht aus neun Personen, zwei von ihnen betreuen das Co-Präsidium. Mitglied werden können alle natürlichen und juristischen Personen, wie Firmen und Vereine, die sich im Raum Zürich für Esskulturen, Produktionssysteme und Wertschöpfungsketten einsetzen, die den Bedürfnissen von Menschen, Tieren und der Umwelt gleichermaßen gerecht werden.

Auch von Plänen zur Gründung von Ernährungsräten in Gießen, Graz, Kassel, Stralsund, Werder (Havel) und im Calenberger Land haben wir gehört – vielleicht ist es auch dort bald so weit? Für unsere Leserinnen und Leser lohnt es sich jedenfalls sicher, Augen und Ohren für jedes neu aufkeimende »ernährungspolitische Graswurzelwachstum« weiter offen zu halten.

Der Ernährungsrat Köln und Umgebung

Valentin Thurn über dessen Gründung, Herausforderungen und Erfolge

Der Kölner Ernährungsrat wurde als Erster in Deutschland gegründet. Initiiert vom Verein »Taste of Heimat«, fand im März 2015 ein erstes Netzwerktreffen statt. Es ging darum, eine große Bandbreite von Akteuren einzuladen, sodass das Ernährungssystem der Stadt möglichst breit vertreten wird.

Als Ort des Treffens wurde bewusst das Rathaus gewählt, obwohl von vornherein feststand, dass es kein »Ernährungsbeirat« werden sollte, also ein Expertengremium, von der Oberbürgermeisterin einberufen, mit einer Tagesordnung, die von einem städtischen Mitarbeiter verschickt wird, und mit Sitzungsgeldern. Wir waren uns sicher, dass ein solches Konstrukt das Engagement schnell ersticken würde und dass wir eine neue Form von Mitbestimmung schaffen wollen, eine freie Initiative aus der Bürgerschaft, die zwar eng mit den Ämtern der Stadt zusammenarbeiten will, aber unabhängig bleibt.

Es kamen rund 100 Interessierte, Landwirte sowohl von Bio-Verbänden als auch dem Bauernverband, Initiativen wie Slow Food und Foodsharing, Köche und Caterer, Lokalpolitiker und Mitarbeiter der Stadtverwaltung aus mehreren Ämtern. Bei einer Diskussion im Plenum wurden zunächst die wichtigsten Themen priorisiert und daraus Arbeitsgruppen geformt. Interessanterweise wurde damit schon der Grundstein gelegt für die späteren vier Ausschüsse, weil direkt bei diesem ersten Treffen die Themen als besonders dringlich angesehen wurden:

- Regionale Vermarktung
- Schulbildung und Gemeinschaftsverpflegung
- Urbane Gärten und Essbare Stadt
- Gastronomie und Lebensmittelhandwerk

Wahlkampf und Gründung im Rathaus

Die starke Resonanz bei diesem ersten Treffen ist sicher die Grundlage dafür, dass das Interesse der Stadt geweckt wurde. Hilfreich war auch, dass ich als Vorsitzender des Vereins beim Umweltamt kein Unbekannter mehr war, seit wir gemeinsam ein kölsches Musikvideo gegen Lebensmittelverschwendung produziert hatten (»Schad dröm«). Und außerdem stand der OB-Wahlkampf bevor, bei dem wir eine Diskussion mit den beiden aussichtsreichsten Kandidaten veranstalteten. Sowohl Jochen Ott (SPD) als auch Henriette Reker (parteilos) versicherten uns ihre Unterstützung.

Viele werden sich erinnern, es war der Wahlkampf, in dem Frau Reker das Opfer einer Messerattacke eines Rechtsradikalen wurde. Während sie im Koma im Krankenhaus lag, wurde sie zur Siegerin ausgerufen. Und schon wenige Wochen später trat sie ihr Amt an, aber natürlich war ihre Leistungsfähigkeit in der ersten Zeit noch etwas eingeschränkt. Das bedeutete für uns, dass die Gründungsversammlung etwas warten musste, weil wir die Stadtspitze unbedingt dabeihaben wollten.

Im März 2016 war es schließlich so weit, wir konnten die Gründungsversammlung im historischen Rathaus einberufen, 300 Leute kamen, darunter NRW-Ernährungsminister Johannes Remmel und Oberbürgermeisterin Henriette Reker. Im Foyer waren Stände mit den Lebensmitteln unserer Bauern, und am Ende hielt unser Mitglied Severin von Hoensbroech eine Rede über die Notwendigkeit einer Agrarwende, die so kämpferisch war, dass die Delegation des Rheinischen Landwirtschaftsverbandes fast geschlossen den Saal verlassen hätte.

»Über das Glyphosat werden wir uns nicht einig …«

Das verweist auf eine Grundproblematik breiter Bündnisse: Die Meinungen driften weit auseinander. Ich war der Meinung, dass wir damit offensiv umgehen müssen. Wir werden uns vielleicht beim Glyphosat nicht einig, aber warum denn nur auf das Trennende schauen, es gibt viele übereinstimmende Ziele wie den Kampf gegen den Flächenverbrauch und für die Erhaltung der kleinen Familienbetriebe in der Landwirtschaft. Wir sollten diese Gemeinsamkeiten nutzen, um ein schlagkräftiges Bündnis zu schmieden. Unterschiedliche Meinungen müssen wir deshalb nicht zukleistern, wir können sie so stehen lassen.

Am Ende ist es auch ein Kampf um Geld, denn auch andere gemeinsame Ziele wie mehr Vielfalt auf dem Acker werden mehr kosten. Darin waren sich alle einig: Wenn wir wirklich mehr Nachhaltigkeit in der Landwirtschaft wollen, dann müssen die Lebensmittel teurer werden. Beim Überbrücken der Gegensätze half sicher auch, dass der Ernährungsrat von Anfang an als Personenbündnis konzipiert wurde – wer benannt wird, ist als Person benannt und nicht als Vertreter einer Organisation, die diesen Vertreter auch wieder auswechseln kann.

Damit wollten wir vermeiden, dass wir so unbeweglich werden wie viele Dachverbände, die stets nur den kleinsten gemeinsamen Nenner ihrer Mitgliedsverbände vertreten können. Ausgenommen von dieser Regel sind nur die Vertreter der öffentlichen Verwaltung: Sie werden qua Amt ernannt von der Oberbürgermeisterin, wechseln sie den Posten, kommt ihr Nachfolger auf den Sitz. So geschehen beim Geschäftsführer des Naturparks Bergisches Land.

30 Mitglieder und ein Koordinationsteam

Und so sieht das Gremium aus: Der Ernährungsrat hat 30 Mitglieder, von denen ein Drittel aus der Zivilgesellschaft stammt (Verbraucher, Initiativen), ein Drittel aus der Wirtschaft (Bauern, Gastwirte, Händler) und ein Drittel aus Verwaltung und Lokalpolitik. Nur die vier größten Stadtrats-Fraktionen CDU, SPD, Grüne und FDP sind vertreten, sie entsenden jeweils einen Abgeordneten aus dem Rat der Stadt. Alle Mitglieder können einen Vertreter benennen.

Der Ernährungsrat trifft sich viermal im Jahr im Rathaus. Die Sitzungen werden vom Koordinationsteam vorbereitet, das aus neun Personen besteht: je zwei Vorsitzende pro Ausschuss und der Vorsitzende des Ernährungsrates. Das ist sozusagen der »Vorstand«. Sie werden von den Mitgliedern der Ausschüsse gewählt, in denen jedermann und jedefrau mitarbeiten kann.

Das Koordinationsteam arbeitet ehrenamtlich, ohne Bezahlung. Es bestimmt die anderen 12 Mitglieder des Ernährungsrates aus Zivilgesellschaft und Wirtschaft. Die 10 aus der Verwaltung werden von der Oberbürgermeisterin bestimmt, die aber weitgehend unseren Vorschlägen folgte: die Landräte der drei benachbarten Landkreise, Landwirtschaftskammer und Naturpark. Wir haben das System der Kooptation von 12 weiteren Mitgliedern gewählt, um sicherzustellen, dass wir auch alle Bereiche des Ernährungssystems abdecken, dass also auch Bäcker, Metzger und Gastwirte im Ernährungsrat vertreten sind, die in aller Regel nicht genug Zeit finden, um regelmäßig an den Sitzungen der Ausschüsse teilzunehmen.

Der Trägerverein kann bald Hauptamtliche einstellen

»Taste of Heimat« wurde vom Ernährungsrat als Träger bestimmt, alle Geldgeschäfte müssen über diesen Verein laufen. Bald schon zeigte sich, dass wir die Aufgaben allein mit Ehrenamtlichen nicht mehr schaffen. Allein über Mitgliedsgebühren konnten wir uns aber keine Geschäftsführung leisten. Der Leiter des Umweltamtes, Dr. Konrad Peschen, griff dem Verein unter die Arme und finanzierte zunächst eine Teilzeitstelle für die Koordination der vielen Treffen. Diese Aufgabe übernahm Marie Zimmermann.

Bald schon war klar, dass bei der Fülle an Aktivitäten eine Teilzeitkraft überfordert war. Diesmal war es der neue Sozialdezernent Prof. Harald Rau, der einen Beschluss im Umweltausschuss des Stadtrats herbeiführte, in dem die jährliche Unterstützung so erhöht wurde, dass die Koordination des Ernährungsrates in eine Vollzeitstelle umgewandelt werden konnte. Wir stellten dafür Anna Wissmann ein, auf die im Herbst 2017 Florian Sander folgte. Wohlgemerkt, die Koordinatoren sind nicht bei der Stadt Köln angestellt, sondern beim Verein »Taste of Heimat« – bei dem die Stadt allerdings dann Mitglied wurde.

Das mag ungewöhnlich erscheinen, aber uns kam der Umstand zu Hilfe, dass der letzte OB Jürgen Roters als eine seiner letzten

Amtshandlungen nach Mailand reiste, um dort den *Milan Food Policy Pact* zu unterschreiben. Köln verpflichtete sich damit, eine eigenständige Ernährungspolitik zu entwickeln und dazu auch die Gründung eines Ernährungsrates zu unterstützen. Dass eine weltweite kommunale Bewegung diese neue Form der Bürger-Partizipation als Mittel der Wahl ansah, um lokale Ernährungssysteme zu verändern, sorgte dafür, dass wir eine Struktur aufbauen konnten, die zwar eng mit der Stadt zusammenarbeitet, aber unabhängig von ihr ist.

Die Ernährungswende wird von unten kommen, aus den Kommunen

Es war in Köln nicht anders als in anderen Städten: Ernährungspolitik gab es nur in vereinzelten Projekten, aber eine kohärente Ernährungsstrategie fehlte, es gab auch kein Ernährungsamt, und analog dazu gibt es auch keinen Ernährungsausschuss im Stadtrat. Bisher wurde Ernährungspolitik im Wesentlichen auf Bundes-, Landes- oder EU-Ebene gemacht. Wir wollen mit dem Ernährungsrat die Ernährungspolitik zurück in die Region holen, auf die kommunale Ebene. In Düsseldorf, Berlin oder Brüssel verhindern die Lobbys der Industriekonzerne, dass sich ernsthaft etwas bewegt in Richtung mehr Nachhaltigkeit und regionaler Lebensmittelversorgung. Wir denken, dass wir auf kommunaler Ebene eher vorankommen in Richtung Ernährungswende mit einem aktiven Dialog zwischen Politik, Verwaltung, Bauern, Händlern und Verbrauchern.

Wie wird Köln 2030 essen?

Wir wollen die immer weiter fortschreitende Zentralisierung am Lebensmittelmarkt stoppen und stattdessen faire Partnerschaften zwischen Verbrauchern und Bauern aufbauen. Deshalb arbeiten wir auch an einer »Vision 2030« für Köln, die neben den Leitzielen auch eine Ernährungsstrategie mit Maßnahmen und möglichst messbaren Zielen beinhalten soll. Dazu fand bereits ein großes Visionstreffen im September 2017 statt, seitdem arbeitet eine Projektgruppe an einer Bestandsaufnahme und versucht in Zusammenarbeit mit den Ausschüssen ein erstes Positionspapier zu erarbeiten, mit dem dann 2019 die nächste Runde gestartet werden soll: eine möglichst breite Beteiligung der Stadtgesellschaft in Form von Anhörungen und Fachgruppen.

Derzeit arbeiten rund 100 Bürgerinnen und Bürger in den Ausschüssen mit, und die Koordination war zunächst die einzige bezahlte Stelle. Das sollte sich aber bald ändern, denn wir beantragten 2018 ein Projekt »Essbare Stadt Köln« beim Programm »Kurze Wege für den Klimaschutz« des Bundesumweltministeriums, mit dem wir zwei weitere Stellen für zwei Jahre einrichten konnten. Das Projekt war eng mit dem Grünflächenamt abgestimmt, mit dem vereinbart wurde, dass zwei hauptamtliche Mitarbeiter des Ernährungsrates mögliche Bürgeranfragen kanalisieren sollten.

Zukunftskonferenzen auf Ebene der Stadtviertel

Das Konzept zeigt unsere Arbeitsweise exemplarisch: Wir machen nicht einfach ein Expertenpapier, das dann doch nur wie so viele andere am Ende in einer Schublade verstaubt und nie realisiert wird. Sondern wir beziehen möglichst viele Menschen ein, die dann die Umsetzung auch einfordern werden. Zunächst in Form eines »Barcamps«, bei dem 250 Kölnerinnen und Kölner in 30 Workshops sich mit den vielen Möglichkeiten und Fragen beschäftigten: öffentliche Parks, Firmengärten, Schrebergärten und so weiter. Die Ergebnisse wurden von einem Team zusammengetragen, das daraus einen »Aktionsplan« formulierte (der später auch in das Erarbeiten einer gesamtstädtischen Ernährungsstrategie einfließen soll).

Jetzt aber beginnt das Projekt erst richtig, und zwar in Form kleiner Zukunfts-Werkstätten auf Viertelsebene. Die Bürgerinnen und Bürger sollen über die Gestaltung ihres Wohnumfelds mitentscheiden, aber sie sind auch aufgefordert mitzuarbeiten, wenn das Grün in ihrem Viertel »essbar« wird – indem sie ernten, bei kleineren Flächen vielleicht auch pflanzen und angießen und bei größeren Flächen, wo dies von der Stadt übernommen wird, regelmäßig nach dem Rechten schauen.

Mehr regionales Essen für unsere Kinder

Andere Ausschüsse planen ebenfalls Projekte, besonders weit gediehen ist die Zusammenarbeit des Ausschusses »Schulbildung und Gemeinschaftsverpflegung« mit den Trägern der Kölner Kindertagesstätten. Sie beschlossen, eine gemeinsame Plattform zu erstellen, die den Kontakt zwischen den Kantinenköchen und den Bauern aus der Region erleichtert. Ein erster Pilot könnte der Neubau der Kinder- und Jugendpädagogischen Einrichtungen in Köln-Brück sein.

Regional plus Ökologie

Der Ausschuss »Regionale Direktvermarktung« hingegen kümmert sich um eine Bestandsaufnahme: Welche Bauern können was liefern? Und fragt sich: Wie können wir den Begriff »regional« mit ökologischer Nachhaltigkeit hinterfüttern? Dafür wurde ein Fragebogen entwickelt, den die Landwirte ausfüllen sollen. Es sind bewusst keine Ausschluss-Kriterien, denn das Ziel ist es ja, die Landwirte mit auf den Weg zu nehmen, die derzeit noch konventionell wirtschaften, und Gedankenanstöße auszulösen. Eine wirkliche Änderung der Bewirtschaftungsmethoden müsste sich natürlich auch beim Preis niederschlagen, deshalb setzt sich der Ernährungsrat dafür ein, dass Stadt und andere Träger es den Kantinen ermöglicht, dass sie einen Aufschlag zahlen können.

Transmissionsriemen in die Verwaltung und wieder zurück

Die Ämter der Stadt betreiben bereits jetzt Projekte, die mit Ernährung zu tun haben: etwa das Bildungspaket, das städtische Programm »Gesundheitsförderung und Prävention für Kinder und Jugendliche« oder der Umweltschutzpreis. Der Ernährungsrat sieht sich nicht als Lobbygruppe, die das kritisch begleitet, denn solche Lobbygruppen gibt es bereits, den BUND, Greenpeace oder Slow Food, und sie leisten gute Arbeit. Wir sehen unsere Rolle eher als Vermittler und als Transmissionsriemen, der die Wünsche der Bürgerinnen und Bürger in die Stadtverwaltung bringt. Aber andersherum sind wir auch ein Rückflusskanal, der der Verwaltung helfen kann, ihre Vorhaben in der Stadtgesellschaft besser zu verankern.

Es geht also um Partizipation, um Beteiligung zwischen den Wahltagen, mit dem übergeordneten Ziel, den Menschen eine Beziehung zu ihren Lebensmitteln zu ermöglichen. Mehr Wertschätzung für Essen entsteht auf vielfältige Art und Weise: zum Beispiel durch den Anbau von Gemüse mit den eigenen Händen oder durch den direkten Kontakt von Bauern und Verbrauchern.

Wenn wir für mehr Regionalität eintreten, geht es keineswegs darum, den Menschen etwas vorzuschreiben, schon der Versuch wäre kontraproduktiv. Was wir aber können, ist, Möglichkeiten aufzuzeigen. Unser Ziel: Es sollen in Köln wieder mehr frische Produkte und regionale Speisen auf den Tisch kommen, in der Kita, in der Gemeinschaftsverpflegung, der Gastronomie und im Handel. Das hilft uns, eine vielfältige, klein strukturierte Landwirtschaft mit mehr Artenvielfalt und einem schönen Landschaftsbild zu erhalten.

Die kommunale Ernährungswende lohnt sich auch ökonomisch

Sie hat auch wirtschaftliche Vorteile für die Stadt:

- Die regionale Landwirtschaft wird gefördert.
- Die Individualgastronomie kann gegenüber den großen systemgastronomischen Betrieben durch das Anbieten frischer regionaler Speisen bestehen.
- Auch der Handel bekommt neue (regionale) Perspektiven.
- Der Verkehr, der durch die Beschaffung von Lebensmitteln aus allen Teilen der Welt die Verkehrswege strapaziert, wird verringert.
- Köln wird durch die kulinarischen Pilotprojekte auch touristisch interessanter.

Wir wollen alle Bevölkerungsschichten erreichen. Die Beschäftigung mit dem Thema Essen macht es möglich, dass sich unterschiedlichste Milieus begegnen, das kann für einen größeren sozialen Zusammenhalt in der Stadt sorgen.

Charta/Leitsätze für einen Kölner Ernährungsrat
(verabschiedet bei seiner Gründung im März 2016)

Gut für die Kölner (oder »Jood esse en Köln«): Alle Kölner haben die Möglichkeit und das Wissen, gesunde Lebensmittel anzubauen, zu kaufen, zuzubereiten und zu genießen. Die Kölner leben und feiern ihre vielfältigen Esskulturen und -traditionen.

Gut für Köln (oder »Jood esse för Köln«): Die Kölner Bürger und die Kölner Politik unterstützen Landwirte, Lebensmittelverarbeiter und -einzelhändler, die Arbeitsplätze, wirtschaftliches Wachstum und wirtschaftliche Vielfalt in der Region schaffen. Die Belange guter, nachhaltiger Ernährung werden in allen Politikbereichen berücksichtigt.

Gut für die Welt (oder »Jood esse för de Welt«): Die in Köln verbrauchten Lebensmittel werden so produziert, verarbeitet, gehandelt und entsorgt, dass die natürlichen Ressourcen geschützt werden. Die Produktion und der Handel sichert den Menschen entlang der Versorgungskette faire Arbeitsbedingungen und Entlohnung.

Abb. 16: Kölner Ernährungsratsaktive sind kreativ. Auch darin, öffentliche Flächen als Räume zu nutzen, in denen man neue Ideen pflanzen kann. © Olga Modaver

Abb. 17: Auch in Berlin tagte die Gründungsinitiative für den Ernährungsrat gern mal im Freien – hier im Gemeinschaftsgarten »Himmelbeet«. © Beatrice Walthall

Der Ernährungsrat Berlin für eine zukunftsfähige Ernährungs- und Landwirtschaftspolitik in der Region

Christine Pohl und Gundula Oertel über dessen Gründung, Herausforderungen und Erfolge

Der 22. April 2016 markiert einen Meilenstein für die ernährungspolitische Szene Berlins. An diesem Tag versammelten sich über 170 engagierte Bürgerinnen und Bürger der Stadt und dazu auch einige vom nahen Land, um den »Ernährungsrat Berlin für eine zukunftsfähige Ernährungs- und Landwirtschaftspolitik in der Region« öffentlich und offiziell aus der Taufe zu heben.

Die Beschlusslage dieser Gründungsversammlung hatten wir im Vorfeld gründlich vorbereitet, was sich in der Folge bezahlt machen sollte für das noch junge Bündnis. Nicht nur, weil sich die bis dahin noch eher lose Bürgerinitiative fortan auf eine basisdemokratisch legitimierte und an gemeinsam festgeschriebenen Statuten ausgerichtete Form stützen konnte. Sondern auch, weil eine verlässlich arbeitsfähige Struktur für den zivilgesellschaftlichen Zusammenschluss etabliert wurde, indem ein – zunächst zwölfköpfiger – Sprecher*innenkreis von der Vollversammlung der Aktiven sein formelles Mandat erhielt. Letzterer koordiniert seither alle inhaltlichen und formalen Aktivitäten des Rates und vertritt seine ernährungspolitischen Positionen und Forderungen gegenüber Politik, Medien und Gesellschaft.

Die Anfänge

Wie man Ernährungspolitik auf die stadtpolitische Agenda bringen und dies möglichst progressiv und zukunftsfähig gestalten könnte, hatte die gut vernetzte Berliner Ernährungsszene allerdings schon viel früher zu diskutieren begonnen. Bereits 2012 gab es auf Initiative des Slow Food Conviviums Berlin-Brandenburg erste Gespräche zum Thema urbane Ernährungswende in der Stadt. Die 2014 gegründete AG Stadt & Ernährung sorgte schließlich gemeinsam mit Slow Food und dem entwicklungspolitischen INKOTA-Netzwerk für eine Sammlung der Aktiven. Ab Mai 2015 gewann das dabei entstandene Ziel, ein starkes Bündnis für den Wandel des Berliner Ernährungssystems zu schmieden, mit jedem Aktiventreffen mehr an Gestalt, und das Netzwerk erweiterte sich.

Diese systematisch vorbereiteten Zusammenkünfte wurden von einer Kerngruppe an Aktiven – zu denen auch wir Autorinnen gehörten – jeweils als mehrstündige Mischung aus Plenumsdiskussionen und Gruppenarbeit organisiert. Sie mündeten schließlich im Herbst 2015 in die konkrete Arbeit an einer Satzung, einem kurz gefassten ernährungspolitischen Visionspapier, der Namensfindung sowie der Vorbereitung für den formalen Gründungsprozess. Vor allem aber suchten (und fanden) wir in diesen Monaten den Konsens einer deutlichen Mehrheit in wichtigen Grundsatzfragen.

Verfassungsfragen für eine offene Bewegung

So bestand von Beginn an Einigkeit darüber, dass der Ernährungsrat Berlin ein rein zivilgesellschaftliches, politisch unabhängiges Bündnis werden sollte, das weitgehend ehrenamtlich arbeitet und in dem weder politische Amtsträgerinnen noch Vertreter von Wirtschaftsunternehmen als solche Sitz und Stimme haben. Vielmehr sollen alle Sprecher*innen in ihrer persönlichen Kompetenz Teil desselben sein und nicht als Vertreter einer Organisation oder eines Unternehmens. Auch über das Selbstverständnis als Zusammenschluss einer möglichst großen Vielfalt von Akteurinnen und Akteuren des lokalen Ernährungssystems waren wir uns von Anfang an einig.

Das spiegelt sich nicht nur im gesellschaftlichen und professionellen Hintergrund der Initiatorinnen und Initiatoren wider. Es hat seinen Niederschlag auch in der »Satzung« gefunden, die zwar keine Vereinssatzung im rechtlichen Sinne ist, aber dennoch die Strukturen und Funktionsweisen des Ernährungsrats regelt. Sie hält das Bündnis ausdrücklich und ohne weitere Voraussetzungen all jenen offen, die sich gemeinsam für eine ökologisch nachhaltige, sozial gerechte Nahrungserzeugung und -verteilung in Berlin und der Region einsetzen wollen. Damit sind zum Beispiel bäuerliche Erzeuger, Stadtgärtnerinnen, Vertreter der lokalen Ernährungswirtschaft, des Lebensmittelhandwerks und der Gastronomie, Lebensmittelretterinnen, Food-Aktivisten und -entrepreneure, Engagierte aus Nichtregierungsorganisationen und von politischen Bildungsträgern, Journalisten und Wissenschaftlerinnen eingeladen, sich als aktive Mitglieder zu beteiligen, ebenso wie alle übrigen ernährungspolitisch engagierten Bürgerinnen und Bürger.

Die Satzung gibt uns zudem Leitlinien für die Arbeitsweise im Rat vor. Danach ist die mehrmals im Jahr einberufene Vollversammlung das souveräne Gremium des Berliner Ernährungsrates, welches die Ziele, die fachlichen Positionen und die politischen Forderungen für ein zukunftsfähiges Ernährungssystem für die Stadt festlegt. Hinzu kommen thematisch fokussierte Arbeitsgruppen aus aktiven Mitgliedern, die inhaltlich arbeiten und zum Beispiel die Positionen und Forderungen des Ernährungsrats entwickeln. Um Letztere dann abstimmungsfähig vorzubereiten, sie öffentlich bekannt zu machen und gegenüber der Politik zu vertreten, wählt die Vollversammlung alle zwei Jahre einen Sprecher*innenkreis aus ihrer Mitte. Dieser ist auch dafür zuständig, Arbeitsgruppen einzurichten und zu begleiten sowie die Kommunikation über Diskussionsverlauf und Ergebnisse mittels geeigneter Medien auch innerhalb des gesamten Ernährungsrats in Gang zu halten.

Mit oder ohne Rechtsform?

Um den Charakter einer offenen Bewegung zu erhalten, haben wir für den Ernährungsrat Berlin zunächst weder eine verbindliche Rechtsform noch das Arbeiten unter dem Dach einer thematisch passenden Nichtregierungsorganisation angestrebt. In der Vorbereitungsphase und der Anfangszeit stellte INKOTA in begrenztem Umfang Personalkapazität für die Gründung zur Verfügung. Damals noch hauptamtliche Mitarbeiterin der Organisation, war Christine diejenige von uns, die schon mit der Initiative zu den ersten Treffen die Rolle der kontinuierlich präsenten Koordinatorin übernehmen und so auch ohne straffe Verwaltungsstruktur im Hintergrund für einen gut organisierten Gründungsprozess und die gemeinsame Entwicklung produktiver Arbeitsabläufe im Sprecher*innenkreis und den Arbeitsgruppen sorgen konnte. Inzwischen ist der Koordinationsaufwand jedoch weiter gewachsen, und die Notwendigkeit, öffentliche Mittel sowie Spendengelder zu seiner Finanzierung einzusetzen, zwang uns schließlich doch zur Gründung eines gemeinnützigen Vereins.

Diversität ist uns wichtig!

Formal haben wir für die Wahl des Sprecher*innenkreises im Ernährungsrat Berlin explizit festgelegt, dass derselbe mindestens zur Hälfte mit Frauen besetzt sein muss. Zwar sind freie Wahlen und der ungehinderte Zugang zur Kandidatur für alle Bevölkerungsgruppen eine notwendige Voraussetzung für die Demokratie – auch in Ernährungsräten –, wie sich zeigt, jedoch auch hier keine hinreichende. Kandidatenlisten und Wahlausgänge bilden ja nicht zwangsläufig die für den gewählten Kreis der Mandatsträger wünschenswerte Diversität hinsichtlich Herkunft, Profession oder Gruppenzugehörigkeit ab. Deshalb sieht die Satzung des Berliner Ernährungsrates als weiteres Regulativ das Instrument der Nachberufung vor. Damit kann der gewählte Sprecher*innenkreis von sich aus bis zu fünf weitere Sprecher*innen nachberufen. Diese dürfen ihre Mitarbeit sofort beginnen, sind aber erst stimmberechtigt, wenn sie bei der nächsten Vollversammlung bestätigt werden. Die interne Diskussion hält indessen an, wie wir tatsächlich noch mehr Vielfalt als bisher in unsere Struktur und unsere ernährungspolitische Arbeit bringen und ob dazu eher zusätzliche Satzungsparagrafen verhelfen können oder andere Maßnahmen nötig sind.

Erste Ansätze von Ernährungspolitik im Senat

Die ernährungspolitische Diskussion, wie sie in Teilen der Berliner Zivilgesellschaft seit 2012 geführt wurde, hatte auf Regierungsseite lange keine nennenswerte Entsprechung. Das änderte sich erst ab Ende Oktober 2015, nachdem die amtierende Berliner Staatssekretärin für Verbraucherschutz zusammen mit anderen Städten in Mailand eine gemeinsame Zielvereinbarung für urbane Ernährungspolitik unterzeichnet hatte. Diese Unterschrift verpflichtet Berlin den Zielen des sogenannten *Milan Urban Food Policy Pact*, der einen detaillierten Katalog von Handlungsempfehlungen für den nachhaltigen Wandel urbaner Ernährungssysteme beinhaltet.

Infolge des Mailänder Pakts und parallel zum Gründungsprozess, den der Berliner Ernährungsrat zu dieser Zeit durchlief, richtete die Senatsverwaltung einen Arbeitskreis mit von ihr eingeladenen Teilnehmern ein, der zunächst ebenfalls Ernährungsrat heißen sollte, schließlich aber unter dem Namen »Forum für gutes Essen« zusammenkam. Für kurze Zeit konnte der Eindruck entstehen, hier würden parallele Strukturen mit gleichen Zielen eingerichtet.

Diejenigen von uns, die an beiden Initiativen gleichzeitig beteiligt waren, kamen allerdings rasch zu dem Schluss, dass das Forum für gutes Essen die systematische Gründung eines zivilgesellschaftlichen, politisch unabhängigen Bündnisses keineswegs entbehrlich, eher sogar noch dringlicher machte. Denn trotz durchaus vorhandener Schnittmengen bei den diskutierten Themen und inhaltlich formulierten Zielen fehlte es dem Forum an nachvollziehbar zielgerichteten Kriterien für die Auswahl seiner Teilnehmer, an der nötigen Offenheit für eine breite Bürgerbeteiligung, vor allem aber an erkennbaren Plänen und Chancen, die urbane Ernährungswende für Berlin tatsächlich zum konkreten Politikziel des gesamten Berliner Senats werden zu lassen.

Eine Ernährungsstrategie für Berlin

Genau das steht für uns im Ernährungsrat Berlin jedoch im Zentrum: den Forderungen einer basisdemokratisch verfassten Bewegung politischen Einfluss zu verschaffen. Einer Bewegung, die prinzipiell offen ist für alle Bürgerinnen und Bürger, die lokale Ernährungspolitik zu ihrer Sache machen, sich mit ihren Instrumenten auseinandersetzen und gemeinsam eine konkrete Vorstellung davon entwickeln wollen, wie eine zukunftsfähig und regional gedachte Ernährungsstrategie für Berlin auszusehen hätte. Diesen Ansprüchen kam der Regierungswechsel nach den Wahlen zum Berliner Abgeordnetenhaus im September 2016 sehr entgegen. Der Koalitionsvertrag, mit dem Rot-Rot-Grün angetreten ist, sieht ausdrücklich vor, dass die Stadt eine strategisch geplante Ernährungswende einleiten und zu diesem Zweck unter anderem auch mit dem Berliner Ernährungsrat kooperieren soll.

Seit Anfang 2017 steht der Ernährungsrat daher nun mit der Berliner Senatsverwaltung im regelmäßigen Austausch über ernährungspolitische Fragen. Im Mittelpunkt dieser Gespräche steht die Entwicklung einer Ernährungsstrategie, die den zukunftsfähigen Wandel des Berliner Ernährungssystems tatsächlich in Gang zu setzen vermag. Dafür hat der Ernährungsrat einen umfangreichen, explizit an die Politik gerichteten Forderungskatalog erarbeitet, der die wichtigsten Handlungsfelder beschreibt und konkrete Maßnahmen für die Transformation vorschlägt.

Ernährungsdemokratie für Berlin!

Der Katalog entstand in einem von Januar bis Oktober 2017 laufenden gemeinschaftlichen Arbeitsprozess, an dem die eigens gebildete Schreibwerkstatt, zahlreiche Aktive aus den Arbeitsgemeinschaften sowie der Sprecher*innenkreis des Ernährungsrats Berlin beteiligt waren. Um die Handlungsfelder möglichst genau auf Berliner Verhältnisse zuzuschneiden, lag uns viel daran, auch das fachliche Feedback einer Reihe von Experten in die Entwurfsfassung des Papiers einzubeziehen. Erfahrungen aus vielfältigen Projekten im Lebensmittel- und Gartenbereich, die ihrerseits schon Entwicklungen in ganz Deutschland ausgelöst und Trends gesetzt haben, kamen der gemeinsamen Arbeit dabei sehr zugute. Der inzwischen auch für die Allgemeinheit zugänglich veröffentlichten Fassung des Katalogs stimmte die Vollversammlung dann im Oktober 2017 mit einer Enthaltung und ohne Gegenstimmen zu.

Die Wahl des Titels für den Katalog soll deutlich machen, worum es uns im Kern dabei geht: »Ernährungsdemokratie für Berlin!« soll heißen, dass die weitgehende Mitbestimmung der Berlinerinnen und Berliner über Herkunft und Produktionsweisen dessen, was auf ihre Teller kommt, seine zentrale Forderung ist. Der Untertitel »Wie das Ernährungssystem der Stadt demokratisch und zukunftsfähig relokalisiert werden kann« verweist dagegen auf die zentrale Maßnahme für den angestrebten Wandel, die aus unserer Sicht vor allem darin bestünde, Berlin zukünftig so weit wie nur möglich aus der Region zu versorgen. Ersteres, also die angestrebte Demokratisierung, markiert das erreichbare Ziel, das auf dem Weg zur konkreten Utopie der Ernährungssouveränität liegt. Das zweite, die geforderte Relokalisierung, ist die in Zeiten von Globalisierung und Klimawandel unabdingbare Voraussetzung für Berlins langfristige Ernährungssicherheit.

Unsere Forderungen an die Politik

Hier die neun Politikbereiche unseres Forderungskatalogs, in denen der Senat der Stadt Maßnahmen ergreifen soll, die ein regional gedachtes, zukunftsfähiges Ernährungssystem zum Ziel haben, im kurz gefassten Überblick:

1. **Der Stadt schmeckt's vom nahen Land: Regionale Bio-Erzeugung fördern!** In Berlin ist die Nachfrage nach regionalen, nachhaltig erzeugten Lebensmitteln größer als das aktuelle Angebot aus Brandenburg. Dass Berlin tatsächlich weitgehend aus Brandenburg versorgt werden könnte, zeigen die in Kapitel 1 diskutierten Studien. Um das Wirklichkeit werden zu lassen, müssen Junglandwirte, Existenzgründer und Umstellungsbetriebe in Brandenburg durch gemeinsame Förderprogramme von Berlin und Brandenburg gezielt unterstützt werden. Dazu gehören konsequent angewandte ökologische und soziale Kriterien für die Vergabe von Flächen und EU-Agrarsubventionen.

2. **Entfaltungsräume schaffen: Regionale Weiterverarbeitung, Logistik und Lagerung aufbauen!** Lebensmittel in der Region anzubauen ist nicht genug – auch die Strukturen für Weiterverarbeitung, Logistik und Lagerung müssen gestärkt und funktionierende Wertschöpfungskreisläufe in der Region aufgebaut werden. Gegenwärtig werden viele Rohstoffe aus Brandenburg außerhalb der Region verarbeitet und gelangen als fertige Produkte zurück.
3. **Kein Einheitsbrei: Vielfältige Versorgungsstrukturen fördern und entwickeln.** Berlin hat im Vergleich mit vielen anderen Städten bereits eher vielfältige Versorgungsstrukturen – Kiezläden, kleine inhabergeführte Geschäfte, Markthallen und Ähnliches. Diese Vielfalt ist ein Schatz, den es zu bewahren und zu mehren gilt! Daher sollten eigene Wirtschafts-Förderprogramme für Start-ups und bestehende kleine Betriebe, die innovative Versorgungsmodelle voranbringen, aufgelegt werden. Außerdem will der Ernährungsrat »LebensMittelPunkte« einrichten: für alle offen zugänglichen Orte ähnlich den US-amerikanischen *Food Hub*s (vgl. Kapitel 2), an denen Lebensmittel von privaten Akteuren und kleinen Unternehmen gelagert, weiterverarbeitet und gehandelt werden können, die aber auch Raum für Begegnung, Austausch, gemeinsames Kochen und Experimentieren bieten. Außerdem soll ein »Aktionsplan lebendige Esskultur für alle« entwickelt werden, um insbesondere für unterversorgte Kieze den wohnortnahen Zugang zu nachhaltig produzierten Lebensmitteln unabhängig von Einkommen, Bildung oder Herkunft zu machen.
4. **Verschwenden beenden! Lebensmittel restlos verwerten, Verpackung sparen.** Berlin soll zu den ersten Städten zählen, die die UN-Ziele hinsichtlich Lebensmittelverschwendung umsetzen. Über Abfallgebühren, steuerliche Anreize oder Gesetze muss das Wegwerfen von Lebensmitteln wirtschaftlich unattraktiv gemacht werden. Die

öffentliche Gemeinschaftsverpflegung soll hier zum Vorbild werden: Bewerber in öffentlichen Ausschreibungen müssen immer ihr Konzept zur Vermeidung von Lebensmittelverschwendung mitliefern.

5. **Die Essbare Stadt Berlin schaffen.** Berlin hat nur wenig Zugriff auf landwirtschaftliche Flächen, im Stadtraum gibt es jedoch viele Grün- und Brachflächen, die für den Anbau von Nahrungsmitteln geeignet wären. Einzelne Konzepte für »essbare Bezirke« existieren schon, im Großen und Ganzen gerät die Lebensmittelproduktion aber oft ins Hintertreffen gegenüber konkurrierenden Nutzungsansprüchen. Der Ernährungsrat will, dass Berlin eine »Essbare Stadt« wird und die Lebensmittelproduktion auf relevanten Anbauflächen fördert. Dazu sollen ein Flächenpool potenzieller Anbauflächen (Grün-, Dach- und Brachflächen) zusammengestellt, die Vermarktung von Lebensmitteln aus der Stadt erleichtert sowie Grünanlagen mit Obst und Beeren bepflanzt werden.
6. **Eat, Drink, Think! Innovationscampus Ernährungswende für ein zukunftsfähiges Berliner Ernährungssystem.** Die Wirtschafts- und Innovationsförderung des Berliner Senats hat einen starken Fokus auf Technologien und Digitalisierung – die innovative Ernährungswirtschaft der Stadt wird dagegen kaum unterstützt. Gezielte Förderprogramme und ein Innovationscampus mit Beratungsangeboten und Raum für Experimente sollen das ändern.
7. **Leuchtturm Berlin: Städtische Gemeinschaftsverpflegung als Vorbild für ein zukunftsfähiges Ernährungssystem!** Die langfristige Zielmarke für die öffentliche Gemeinschaftsverpflegung sollte 100 % ökologisch angebaute Produkte sein. Zudem müssen Lösungen gefunden werden, Regionalität als Vorzugs-Kriterium zu handhaben. Gemeinschaftsverpflegung soll außerdem Vorbild beim bewusst sparsamen Konsum von Fleisch und Fisch werden und konventionelle Importprodukte (z. B. Kaffee,

Tee, Schokolade, Südfrüchte) konsequent durch fair gehandelte Bioprodukte ersetzen.

8. **Bildung für Kopf und Bauch: Ernährungspraktisches Lernen für alle vom Acker bis zum Teller!** War früher in Schulen Gärtnern, gemeinsames Kochen und Essen allgemeiner Bildungsstandard, so werden heute in Kitas und Schulen meist nur noch Fertigprodukte von Caterern aufgewärmt. Der Ernährungsrat fordert, durch geeignete Rahmenlehrpläne und durch Schulküchen und -gärten oder durch externe Angebote (urbane Gemeinschaftsgärten, Gartenarbeitsschulen) umfassende praktische und theoretische Ernährungsbildung für alle zu garantieren. Dazu muss Ernährung als komplexes Querschnittsthema in den Rahmenlehrplänen verankert werden, und jede Kita und Schule braucht wieder ihre eigene Küche und Zugang zu Gärten. Geeignetes Personal muss dafür ausgebildet und eingestellt werden.
9. **Besser abschmecken: Koordinierte Zusammenarbeit zwischen Bezirken, Senat und Umland gemeinsam mit den Bürgerinnen und Bürgern!** Wir fordern, dass Ernährungspolitik in alle Ressorts integriert und als Gemeinschaftswerk zentral koordiniert wird. Für die Entwicklung einer zukunftsweisenden Berliner Ernährungsstrategie müssen geeignete Foren geschaffen werden, die zivilgesellschaftliche und fachlich relevante Akteure aktiv einbinden.

Herausforderungen und Erfolge

Nicht ganz drei Jahre nach seiner Gründung steckt der Ernährungsrat Berlin in mancher Hinsicht noch immer in den Kinderschuhen. Organisatorisch und strukturell bleiben weiter große Herausforderungen zu bewältigen: Zum Beispiel steht der Ernährungsrat finanziell noch längst nicht auf sicheren Füßen. Teilweise erschweren auch die zumeist ehrenamtlichen Strukturen das kontinuierliche Arbeiten. Die Vielfalt unter den Aktiven reflektiert zudem noch nicht in zufriedenstellendem Maß die viel heterogenere Berliner Stadtgesellschaft, zum Beispiel bezüglich ihrer verschiedenen kulturellen Hintergründe, Nationalitäten oder der familiären Einkommenssituation.

Wir können uns jedoch in einigen zentralen Punkten auch schon über erste Erfolge freuen: Politisch konnte der Ernährungsrat maßgeblich dazu beitragen, dass das Thema Stadternährung in der Senatsverwaltung endlich, auch ressortübergreifend, die ihm gebührende Beachtung findet und die Entwicklung einer Ernährungsstrategie für die Stadt in Zusammenarbeit mit Brandenburg begonnen wurde. Der Rat ist zudem als fachlich kompetenter Gesprächspartner für Politik, Medien und andere Einrichtungen eingeführt und weithin anerkannt. Gemeinsam mit dem Ernährungsrat Köln hat der Berliner Ernährungsrat darüber hinaus auch die Bewegung für Ernährungsdemokratie im deutschsprachigen Raum auf den Weg gebracht – davon zeugt nicht zuletzt die Vielzahl neu entstehender Ernährungsräte. Gemeinsam sorgen wir auch für den Kontakt und Austausch untereinander, etwa mit dem im November 2017 in Essen beim ersten Vernetzungskongress der Ernährungsräte entstandenen Netzwerk (siehe Kapitel 7)!

Wenn die Gemeinde einen Ernährungsrat gründet

Sind Ernährungsräte auch in kleinen Städten oder gar Dörfern sinnvoll? Natürlich, aber eine Gründung aus der Zivilgesellschaft, wie in größeren Städten üblich, wird hier eher schwierig sein, zu klein ist die Zahl der Initiativen, die ein Netzwerk tragen könnten. Deshalb zeichnet sich ab, dass in kleineren Orten eher Gründungen »von oben« stattfinden, initiiert von der Gemeinde. Zum Beispiel in Pennewang in Oberösterreich, 863 Einwohner. Das kommt nicht von ungefähr, der Bürgermeister Franz Waldenberger ist auch Obmann des Ökosozialen Forums Oberösterreich. Er hat sich die Unterstützung von Landesrat Max Hiegelsberger gesichert, dem ÖVP-Landwirtschaftsminister von Oberösterreich, der jetzt versucht, auch andere Gemeinden zu einer Gründung zu bewegen.

Beim Gründungs-Workshop im Juni 2017 wurde Josefine Klingelmayr zur Leiterin gewählt. Wichtigstes Projekt ist ein Dorfladen, in dem lokale Bauern ihre Lebensmittel verkaufen. Das letzte Lebensmittelgeschäft hatte schon vor Jahren geschlossen. Außerdem soll am Ortsrand ein »Naschgarten« angepflanzt werden, in dem Schulkinder und Wanderer nach Lust und Laune pflücken und ernten können.

Etwas größer ist der Ernährungsrat in Leutkirch im Allgäu, 22.000 Einwohner (davon rund 12.000 in der Kernstadt). Hier wurde der Gemeinde von außen unter die Arme gegriffen, und zwar vom Verein NAHhaft, in dem Wissenschaftler aus ganz Deutschland zusammenarbeiten, die zum Thema lokale Ernährungssysteme forschen. Ihr Projekt KERNiG (»Kommunale Ernährungssysteme als Schlüssel zu einer umfassend-integrativen Nachhaltigkeits-Governance«) wird unter anderem vom Bundesforschungsministerium gefördert. Ihr Ziel: die Ernährung in Leutkirch bewusster, gesünder und klimaschonender zu gestalten.

Es geht dabei nicht nur ums Forschen, sondern direkt auch ums aktive Verändern – ganz im Sinne des Konzepts der »urbanen Reallabore« von Uwe Schneidwind vom Wuppertal-Institut, das sich in der Transformationsforschung immer größerer Beliebtheit erfreut. Folgende Ziele wurden dabei entwickelt:

- Bis 2025 sollen in Leutkirch 100 % des Grünlands und 50 % der Ackerflächen ökologisch bewirtschaftet werden.
- 100 % artgerechte Tierhaltung
- Leutkircher konsumieren mehr Lebensmittel aus der eigenen Gemeinde
- Krankheitstage der Bürgerinnen und Bürger reduzieren
- Kinder wissen, woher Lebensmittel kommen und wie sie produziert werden
- Städtische Kantinen verwenden mind. 50 % regionale Lebensmittel
- Leutkirch wird »Essbare Stadt«
- Lebensmittelverschwendung wird bis 2025 halbiert

Zu den einzelnen Zielen wurden Maßnahmen entwickelt wie Informationsveranstaltungen für Landwirte, Ökobilanzierung auf Modellhöfen, Verpachtung städtischer Flächen bevorzugt an Biobauern, Umbruchverbot von Grünland, eine Gesundheitswoche, Kochkurse im Jugendhaus und an Schulen, Kräutergarten mit Heilkräutern, Ausgabe von Gemüsekisten in den Kitas, Entwicklung eines Regional-Logos, Wochenmarkt mit mindestens 50 % lokalen Produkten, Auszeichnung für nachhaltige Betriebe, SaisonRegio-Tag in städtischen Mensen, Auszeichnung von Gastwirten für nachhaltig/saisonale/regionale Gerichte, Fair-Teiler auf städtischem Boden für Foodsharing, Nachernte-Aktionen und Schnippelpartys. Die großen Lücken, die die Konzentration in der Landwirtschaft inzwischen geschlagen hat, wurden mit kreativen Ideen gefüllt: Es gibt zum Beispiel keine Eierherstellung im Ort. Um einen Bauern zur ökologischen Hühnerhaltung zu bewegen, soll der Absatz durch die Gründung einer Erzeuger-Verbraucher-Gemeinschaft gesichert werden, die die Eier finanziert und verteilt. Und weil es weder einen lokalen Schlachthof noch eine Molkerei mehr gibt, sollen diese neu gegründet werden.

Große Ziele, manche davon sicherlich zu groß, um sie noch im Projektzeitraum zu bewältigen: Das Forschungsprojekt startete im Oktober 2016 und soll im September 2019 abgeschlossen werden. Der Verein NAHhaft wird danach nicht mehr oder nur in Einzelfällen das Projekt unterstützen können. Für die Zeit danach haben die Leutkircher vorgebaut und mit Nadine Zettlmeißl eine Mitarbeiterin eingestellt, die von der Stadtverwaltung aus das Projekt KERNiG koordiniert und zukünftig auch weiter betreuen wird.

Nationale und internationale Netzwerke und Allianzen

Die Zusammenarbeit ernährungspolitisch engagierter Akteure bewährt sich nicht allein im lokalen, sondern auch im nationalen und sogar im internationalen Kontext. Im Folgenden haben wir Beispiele für die Vernetzung und Kooperation zivilgesellschaftlicher Gruppen untereinander, für die Chancen, die privat-öffentliche Partnerschaften bergen, und ebenso für das vernetzte Wirken nationalstaatlicher Ernährungspolitik und für ein weltweites Städtebündnis beschrieben. Sie alle sind dazu angetan, Ernährungssysteme im weltweiten Zusammenhang zu sehen und damit das Globale als unsere gemeinsame Verantwortung zu verstehen und es in konzertierter Aktion zukunftsfähiger zu machen.

Sustainable Food Cities – *Großbritanniens Allianzen für zukunftsfähige Ernährungspolitik*

Als führender Experte für die Ernährungsräte-Landschaft der USA zeigte sich Mark Winne ziemlich beeindruckt, nachdem er 2013 auf Einladung der Universität von Cardiff die Gelegenheit zum persönlichen Austausch mit der ernährungspolitisch aktiven Szene Großbritanniens hatte. In den Begegnungen mit Aktivisten aus mehr als 30 Städten wie London, Edinburgh, Brighton oder Plymouth sei ihm klar geworden, wie ungeheuer viel auch den Briten an erfolgreich arbeitenden *Food Policy Councils* in möglichst vielen ihrer Städte und Gemeinden liege.

Vor allem die vergleichsweise komfortable Finanzausstattung, mit der die *British Soil Association* das zivilgesellschaftliche Engagement für die lokale Ernährungsdemokratie fördert, brachte Mark ins Träumen. Seinen Kolleginnen und Kollegen am *Center for a Livable Future* in Baltimore schrieb er dazu: »Stellt euch vor, ihr hättet fast zwei Millionen Dollar zur Verfügung, um sie, verteilt auf drei Jahre, für die Entwicklung und Förderung von Ernährungsräten in den USA auszugeben! Denkt euch etwas Hilfe zur Selbsthilfe dazu, eine gut strukturierte Vorlage, die den Akteuren des lokalen Ernährungssystems für die zukunftsfähige Transformation desselben in die Hand gegeben wird, und die Veranstaltung regelmäßiger Netzwerktreffen – und voilà! Nicht nur, dass ihr euren internen Teilzeitkräften dann wenigstens etwas zahlen könntet für ihre Arbeit, es würde euch womöglich sogar zur wirksamen Triebkraft für einen echten Politikwechsel machen!«

Was in den USA offenbar eine bisher unerfüllte Hoffnung blieb, nämlich dass große Stiftungen die ernährungspolitische Bewegung finanziell nennenswert fördern, ist in den vergangenen fünf Jahren in Großbritannien Wirklichkeit geworden. Tatsächlich konnte Tom Andrews, der sich selbst als »*Food Anarchist*« betitelt, Zuwendungen einer nationalen Stiftung in Höhe von fast 1,5 Millionen Pfund ausgeben, um im Auftrag der *Soil Association* das *Sustainable Food Cities Programme* zu entwickeln und in inzwischen 55 Städten im Vereinigten Königreich zu verankern. *Sustainable Food Cities* ist inzwischen eine landesweit etablierte Initiative, die als Partnerschafts-Programm von drei Organisationen gemeinsam betrieben wird: der *Soil Association, Food Matters* und *Sustain*. Als leitender Netzwerkmanager und zentrale Kontaktperson für das Netzwerk ist Leon Ballin von der *Soil Association* verantwortlich.

Kräfte in einer gemeinsamen Bewegung bündeln

Das erklärte Ziel des Programms, viele örtliche Kräfte zu mobilisieren, um sie zu einer machtvollen landesweiten Bewegung zu bündeln, folgt einerseits der Erkenntnis, dass rund um den Globus immer mehr kleine wie große Gemeinschaften zu verstehen beginnen, dass ihrer Nahrungsversorgung eine Schlüsselrolle bei der Lösung der weltweit drängendsten sozialen, ökonomischen und ökologischen Probleme zukommt. Und andererseits der daraus erwachsenen Absicht, eine gemeinsame Anstrengung zum Wandel ihrer Esskultur und ihrer lokalen Ernährungssysteme zu unternehmen.

Dem kommt *Sustainable Food Cities* entgegen, indem die Initiative zur Gründung von sektorübergreifenden Partnerschaften anstiftet. Öffentlichen Trägern, Unternehmen, Wissenschaftlern und Nichtregierungsorganisationen, die gemeinsam dafür sorgen wollen, dass gutes Essen für alle zum prägenden Charakteristikum ihrer lokalen Lebensgemeinschaft wird, bietet das Programm systematische Unterstützung für ihr Vorhaben. Das Netzwerk hilft den Beteiligten dabei, institutionelle Hürden zu nehmen, produktive Lösungen zu suchen und die besten Ideen für die Praxis umzusetzen.

Das Programm der *Sustainable Food Cities* sieht Zukunftsfähigkeit als Begriff für ein sehr umfassendes Konzept, welches eher die Richtung weist, in die der Prozess laufen sollte, als genaue Ziele anzugeben. Weshalb von konkreten Zielformulierungen für die Ernährungswende auch nicht erwartet werden kann, perfekt zu sein.

Sechs-Punkte-Programm für die Ernährungswende

Wenn das Beratungs- und Hilfsprogramm dennoch sechs Bereiche umreißt, in denen der Wandel zu einem zukunftsfähigen Ernährungssystem vollzogen werden sollte, dann deshalb, weil sich der so gesteckte Rahmen schon vielfach bewährt und als anpassungsfähig für unterschiedliche lokale Bedingungen erwiesen hat. Dazu gehören:

1. Förderung gesunder und zukunftsfähiger Ernährung für alle
2. Bekämpfung von Fehl- und Mangelernährung und ernährungsbedingten Erkrankungen, Zugang zu bezahlbarem und zugleich gutem Essen für alle schaffen
3. Vermittlung von zukunftsfähiger Ernährungsbildung und -ausbildung und Bereitstellung entsprechender Ressourcen und Projekte
4. Förderung einer lebendigen, vielfältigen und zukunftsfähigen Ernährungswirtschaft
5. Umstellung von Catering und Gemeinschaftsverpflegung
6. Verringerung der Lebensmittelverschwendung und Reduzierung des ökologischen Fußabdrucks des Ernährungssystems

Seit 2014 vergibt die Initiative auch den *Sustainable Food Cities Award*, der seine Auswahlkriterien für die Preisträger aus den aufgeführten sechs Bereichen gewinnt.

Auch die Internetseite der *Sustainable Food Cities* ist nach diesen Gebieten eingeteilt, sodass alle Interessenten dort Vorbilder, Aktionsbeispiele, Lösungsstrategien und konkrete Unterstützungsangebote finden. Das Netzwerk sieht sich als Plattform, die innovative Lösungsansätze und Best-Practice-Beispiele sammelt und allen verfügbar macht und ausdrücklich dazu einlädt, dort alles aus der eigenen Praxis kundzutun, was anderen für ihre Pläne nützen könnte.

Nationaler »Post Brexit«-Maßnahmenplan: A People's Food Policy

Im Jahr 2017 unterzeichneten die *Sustainable Food Cities*, die *Soil Association* und *Sustain* gemeinsam mit rund 150 anderen Organisationen in Großbritannien einen über hundert Seiten umfassenden Forderungskatalog zur Entwicklung einer nationalen Landwirtschafts- und Ernährungspolitik nach dem Brexit.

Er trägt den griffigen Titel »*A People's Food Policy*« und ist nach eigener Aussage das Ergebnis einer »Graswurzelinitiative«, die mit dem Ziel angetreten ist, der Politik systematisch erarbeitete Empfehlungen zu geben. Detaillierte Empfehlungen für diejenige Ernährungspolitik, welche die beteiligten zivilgesellschaftlichen Akteurinnen und Akteure in Zukunft verwirklicht sehen wollen. Aktivisten des Netzwerks für Ernährungssouveränität sind daran ebenso aktiv beteiligt wie weitere Gruppen und Personen, die sich für ein gerechtes und zukunftsfähiges Ernährungssystem einsetzen. Allen voran wird die Arbeit an diesem Katalog und seiner Verwirklichung augenblicklich von Vertretern der folgenden Bündnisse koordiniert:

Land Workers Alliance
Global Justice Now
Ecological Land Co-operative
Centre for Agroecology, Water and Resilience
Permaculture Association

Sie engagieren sich in ihrer Zusammenarbeit auf Grundlage der Erfahrungen und Kompetenzen vieler zivilgesellschaftlicher Organisationen und Vereinigungen, Nichtregierungsorganisationen, kommunaler Zusammenschlüsse sowie der von Bürgerinnen und Bürgern.

Warum *A People's Food Policy* notwendig ist und wieso die Zeit gerade jetzt reif dafür scheint, begründen die Autorinnen und Autoren des Katalogs so:

»Wir haben augenblicklich keinen nationalen Nahrungsversorgungs- und Landwirtschaftsplan, kein politisches oder gesetzgeberisches Rahmenwerk, das einzelne Politikbereiche wie Nahrungsproduktion, Gesundheit, Arbeitsrecht, Landnutzung und Flächenplanung, Handel, Umwelt, demokratische Teilhabe und Gemeinwohlinteressen in einer integrierten Weise betrachtet und behandelt. Dieser Zustand währt schon viel zu lange und hat zunehmend unumkehrbare Folgen für unser Ernährungs- und Anbausystem, unsere Lebensgrundlagen und die Struktur und den Zusammenhalt von ländlichen und urbanen Gemeinschaften.

Um echte und sichtbare Veränderungen zu erreichen in der Art, wie unser Ernährungssystem funktioniert, müssen wir die Regierungspolitik in Sachen lokale Nahrungsversorgung drastisch ändern. Unser Forderungskatalog hat das Ziel, eine integrierte Ernährungspolitik zu skizzieren, die Bürgerinnen und Bürger als Entscheider in den Mittelpunkt stellt!

Der bevorstehende Brexit eröffnet die Möglichkeit, eine visionäre, progressive Ernährungspolitik zu entwerfen, die der Bevölkerung im ganzen Land das Recht auf qualitätvolle, bezahlbare Nahrung garantiert! Denn der Brexit wird uns dazu zwingen, alle Gesetze und Verordnungen, die unsere Wirtschafts- und Agrarpolitik bisher als EU-Mitglied bestimmten, neu zu denken und zu schreiben. Eine gewaltige Herausforderung, die jetzt schon dazu führt, dass es in allen Ecken unseres aktuellen Ernährungssystems den Ruf nach der Entwicklung einer ganzheitlichen nationalen Strategie gibt, die eine zukunftsfähige Esskultur und entsprechende Anbau- und Nahrungssysteme garantiert. Das wird nur gelingen, wenn unser zukünftiges Ernährungssystem weniger Bezug auf Märkte nimmt und mehr auf das Menschenrecht auf Nahrung!«

Ernährungssouveränität in Frankreich

Frankreichs Präsident Emmanuel Macron hat erklärt, »Ernährungssouveränität« zu einem zentralen Ziel der EU machen zu wollen. Den Begriff hört man hier in Deutschland von keinem Regierungspolitiker, während in Frankreich das Interesse an regionalen Spezialitäten und einer qualitativ guten Lebensmittel-Nahversorgung gesellschaftlich und politisch traditionell stark verankert ist. Womit allerdings nur ein Teilaspekt von Ernährungssouveränität berührt ist und Verteilungsgerechtigkeit auch bei den Franzosen bisher keineswegs im Fokus präsidialer ernährungspolitischer Aufmerksamkeit steht.

Doch immerhin: Schon die Vorgänger-Regierung hatte 2014 das landesweite »Landwirtschaftliche Zukunftsgesetz« *(loi d'avenir agricole)* verabschiedet, in dem als eines der Ziele die »territoriale Verankerung der Lebensmittelversorgung« definiert wurde *(gouvernance alimentaire territorialisée)*. Seither haben viele Regionen ein PAT *(Projet Alimentaire Territorial)* gegründet, 2017 gab es bereits über 500 davon im ganzen Land, in Klein- und Großstädten ebenso wie in Landkreisen. Diese Gremien sollen staatliche Strukturen, Bauern und Vereine ebenso umfassen wie Forschungsinstitutionen und Unternehmen der Ernährungsbranche und werden teilweise vom Landwirtschaftsministerium unterstützt.

Anna Faucher vom *International Urban Food Network* hat für Bordeaux zunächst eine detaillierte Analyse des regionalen Ernährungssystems durchgeführt und dabei auch ökonomische Faktoren wie die Grundstückspreise analysiert. Die Ziele der Kommune:

- gute Ernährung und hohe Lebensmittelqualität für alle zugänglich machen
- weniger Lebensmittelverschwendung
- mehr Autonomie für das Ernährungssystem
- mehr Resilienz, also Widerstandskraft gegen Krisen
- die regionale Ernährungswirtschaft stärken und nachhaltiger machen, zum Beispiel durch kürzere lokale Lieferketten
- Ackerland erhalten, indem es von der öffentlichen Hand gekauft wird
- ungenutzte Flächen nutzen, um neue Bauern in der Region anzusiedeln.

In Paris ist die Stadtverwaltung selbst die führende Kraft und hat sich ehrgeizige Ziele gegeben. In den städtischen Kantinen soll kein Palmöl mehr verwendet werden, keine genetisch veränderten Pflanzen, keine Tiefseefische mehr und nur noch Freilandeier. Ein vegetarisches Essen pro Woche anzubieten ist zudem in allen Schulen vorgeschrieben und in den übrigen Kantinen täglich eines zur Auswahl. Die Quote ökologischer Lebensmittel (mit verschiedenen Bio-Labels), 2016 noch bei 38 Prozent, soll bis 2020 auf 50 Prozent gesteigert werden. Für die neue Ernährungsstrategie »*Paris bien dans son assiette*« ist als Ziel festgeschrieben, dass sie nachweislich nachhaltig, inklusiv und resilient sein muss. Um das zu erreichen, will die Stadt lokale Lieferketten aufbauen oder unterstützen.

Erfolg im Kampf gegen den Hunger: Ernährungspolitik in Brasilien

Ernährungsräte sind keine Idee, auf die man nur im globalen Norden gekommen ist: Auch in Brasilien gibt es sie, und dies sogar systematisch organisiert auf lokaler, regionaler und nationaler Ebene. Ihre Einrichtung geht zurück auf die 2003 verabschiedete »Null Hunger«-(*fome zero*-)Politik des langjährigen Präsidenten Luiz Inácio Lula da Silva, das Programm zur Bekämpfung von Hunger und Mangelernährung in Brasilien.

Im Unterschied zu den Ernährungsräten in Nordamerika und Europa geht es dabei sehr stark um den ländlichen Raum und nicht vorwiegend um urbane Ernährungspolitik. Das Programm erkennt es als Tatsache an, dass in Brasilien effektive Hungerbekämpfung nur stattfinden kann, wenn die Kleinbäuerinnen und Kleinbauern mit einbezogen werden, die immerhin rund 70 Prozent aller im Land konsumierten Lebensmittel produzieren. Die Idee, dass sie eine wichtige Rolle in den Räten spielen sollten, war daher eine wichtige Bedingung für den Erfolg der neuen »Anti-Hunger-Ernährungspolitik« Brasiliens.

Durch die Gründung von Ernährungssicherheitsräten (*Conselhos de Seguranca Alimentar e Nutricional* – CONSEA) sollte die Beteiligung der Zivilgesellschaft institutionalisiert werden. Ihr wichtiges Ziel waren politische Maßnahmen zur Hungerbekämpfung, die mit den direkt Betroffenen, also den Hungernden selbst, gemeinsam entwickelt werden. Daher wurden auf kommunaler, bundesstaatlicher und nationaler Ebene die schon erwähnten Ernährungssicherheits-räte eingesetzt, um die geforderte zivilgesellschaftliche Mitbestimmung an politischen Entscheidungsprozessen auch tatsächlich sicherzustellen. Die Repräsentation von Minderheiten wird dabei über ein komplexes Quotensystem besonders berücksichtigt: Teil jedes Rates sind Bauern und Bäuerinnen, Vertreter von Gewerkschaften, solche von Bildungseinrichtungen, Repräsentanten indigener Gemeinschaften und religiöser Gruppen, Menschen mit Behinderung, Quilombolas (Bewohner und Bewohnerinnen eines Quilombos einschließlich deren Nachkommen; ein Quilombo ist eine Niederlassung geflohener Sklaven zur Zeit der portugiesischen Herrschaft) sowie Sinti, Roma und andere Bevölkerungsgruppen mehr.

Über ein Delegiertensystem, das in den Ernährungsräten der Landkreise beginnt und sich über die Bundesstaaten fortsetzt, werden Mitglieder in den »Nationalen Rat für Ernährungssicherheit« entsandt. Er wurde 2003 eingerichtet und direkt an die Präsidialverwaltung angegliedert, weil der Kampf gegen den Hunger als ressortübergreifende Verpflichtung für verschiedene Ministerien begriffen wurde. Der Rat hat in erster Linie beratende Funktion für die Präsidenten Brasiliens. Er soll Gesetzesvorschläge und Programme entwickeln, die dazu dienen, das Menschenrecht auf gehalt- und qualitätvolle und kulturell angemessene Ernährung für alle zu wahren sowie deren Umsetzung zu überwachen und zu evaluieren. Wichtige Ernährungs- und Sozialprogramme der brasilianischen Regierung wie das Schulverpflegungsprogramm PNAE *(Programa Nacional de Alimentação Escolar)*, *Bolsa Família* und PAA *(Programa de Aquisição de Alimentos)* sind unter anderem vom »Nationalen Rat für Ernährungssicherheit« mitinitiiert und mitgestaltet worden. Er hat (für europäische Verhältnisse beneidenswert) großen Einfluss auf nationale Debatten zu Landwirtschafts- und Ernährungsfragen und kann für die Perspektiven der verschiedenen Akteure und Bewegungen Geltung beanspruchen. Dadurch ist es unter anderem auch gelungen, die Rohstoff-Beschaffungspolitik der öffentlichen Hand maßgeblich zu beeinflussen: So müssen beispielweise 30 Prozent der Zulieferung für das Schulessen exklusiv für Kleinbauern und Kleinbäuerinnen aus der Region ausgeschrieben werden.

Lokale und regionale Ernährungsräte ebenso wie der nationale Rat für Ernährungssicherheit sind in Brasilien jeweils zu zwei Dritteln mit Vertretern der Zivilgesellschaft besetzt und zu einem Drittel mit Vertretern der entsprechenden Verwaltung, entweder der Stadt, des Bundesstaates oder der nationalen Regierung. Unternehmen haben dagegen in keinem Fall Sitz und Stimme in einem der Räte.

Deren Vorsitz liegt zudem immer bei einem der zivilgesellschaftlichen Vertreter. Und Entscheidungen im Rahmen des Programms gegen den Hunger werden immer unter unmittelbarer Beteiligung der jeweiligen Räte gefällt, auf kommunaler ebenso wie auf regionaler oder nationaler Ebene.

Die Ernährungsräte Brasiliens haben außerdem auch recht weitreichende Strategien zur lückenlosen Nahrungsversorgung erarbeitet, Schulgärten initiiert und die Inklusion von indigenen Völkern vorangetrieben. Dadurch ist der Hunger aus Brasilien tatsächlich so gut wie verschwunden.

Die Zukunft des Programms ist allerdings ungewiss: Seit der konservative Michel Temer 2016 als Präsident die Regierungsgeschäfte übernommen hat, wurden die Sozialausgaben im Rahmen des Programms gekürzt, und laut Medienberichten sind Armut und Hunger seitdem in viele Regionen wieder zurückgekehrt. Temer hat das Ministerium für ländliche Entwicklung aufgelöst und Programme zur Förderung der Agrarökologie gestrichen, die vor allem für Kleinbauern und ehemals landlose Bauern existenziell wichtig waren. CONSEA existiert zwar noch, doch die Vorsitzende des Programms und andere Beteiligte sind aus Protest gegen die Sparpolitik bereits 2016 zurückgetreten. Wie es mit CONSEA und dem Null-Hunger-Programm weitergehen wird, ist also derzeit völlig unklar.

Der ernährungspolitische Pakt von Mailand (Milan Urban Food Policy Pact)

Im Oktober 2015 unterschrieben Bürgermeisterinnen und Bürgermeister aus aller Welt einen Vertrag, in dem sie sich verpflichten, in ihrer Region ein gerechtes, widerstandsfähiges und nachhaltiges Ernährungssystem zu etablieren. Aus Deutschland waren Köln, Berlin und Frankfurt dabei, zwei Jahre später, im September 2017, hatten insgesamt 148 Städte unterzeichnet, darunter Megacities wie Mexiko-Stadt. Das Dokument beweist nicht zuletzt das erstarkende Selbstbewusstsein der Städte, die ihre gewachsene Rolle als einst politisch und gesellschaftlich autonome Marktplätze mit Stadtrecht jetzt auch gegenüber den nationalen Regierungen wieder stärker behaupten.

Die unterzeichnenden Städte betonen ihre Zuständigkeit für die Ernährungspolitik in einem umfassenden Ansatz. Unter Einbeziehung unterschiedlicher Ämter sollen Ernährungs-Programme und Strategien erarbeitet werden, gemeinsam mit allen lokalen Akteurinnen und Akteuren. Bestehende städtische Planungen und Strategien sollen auf ihre Wirkungen auf die Lebensmittelversorgung untersucht werden. In dem Abkommen wird auch erwähnt, wie wichtig dabei Bürger-Partizipation ist, soziale und wirtschaftliche Gerechtigkeit, das Recht auf gute qualitätvolle Ernährung, nachhaltige Produktion und Verteilung und die Bekämpfung von Lebensmittelverschwendung.

Vor allem aber ermutigt das Abkommen ausdrücklich dazu, Zivilgesellschaft und kleinen Erzeugerinnen und Erzeugern (Bauern und Lebensmittelhandwerkern) umfassende Beteiligungsrechte bei allen Entscheidungsprozessen einzuräumen und sich dabei auch auf die fachkundige Mitarbeit von Ernährungsräten zu stützen.

Ein Ernährungsräte-Netzwerk für den deutschsprachigen Raum

Der erste Vernetzungskongress der Ernährungsräte aus den deutschsprachigen Ländern im November 2017 in Essen hat gezeigt, wie breit die Bewegung bereits ist: Menschen aus über 44 Städten waren anwesend, aus der Schweiz, Österreich, Südtirol und Deutschland. Damals gab es nur eine Handvoll Gruppen, die tatsächlich schon einen Ernährungsrat gegründet hatten – ein Jahr später sind es bereits viele mehr (siehe Seite 189 ff. für die aktuelle Liste der Initiativen)!

Diese wachsende Bewegung braucht Unterstützung – ein neues Netzwerk soll für Austausch sorgen und Know-how vermitteln. Es wurde auf dem Vernetzungskongress von den 120 teilnehmenden Vertreterinnen und Vertretern von Ernährungsräten und Gründungsinitiativen ins Leben gerufen. Damit war der Grundstein gelegt für einen Zusammenschluss, in dem gemeinsam Kampagnen entwickelt, zentrale Projekte vorangetrieben und politische Forderungen an die Landes-, Bundes- und europäische Ebene formuliert werden können.

Die Zusammenarbeit wird mit dem 2. Kongress, der von Mitgliedern des Netzwerks gemeinsam gestaltet wird, im November 2018 in Frankfurt am Main vertieft werden. Auch eine gemeinsame Grundsatzerklärung (Manifest) der Ernährungsräte ist bereits in Arbeit. Zudem soll die Zusammenarbeit mit wissenschaftlichen Institutionen vertieft werden. Der Kölner und der Berliner Ernährungsrat arbeiten bereits heute bei Forschungsprojekten mit, was vom Netzwerk ausgedehnt und formalisiert werden könnte.

Abb. 18: Sich Bälle zuspielen, Know How austauschen und in Verbindung bleiben macht Spaß und bringt alle weiter, national, aber – wie hier im November 2017 in Essen – auch im freundschaftlichen Kontakt mit der übrigen Welt der Ernährungsräte. © Oké Anyanwu

Der Aufbau des Netzwerks wird von allen Ernährungsräten im deutschsprachigen Raum diskutiert und getragen. Anna Wissmann, die von 2016 bis 2017 hauptamtliche Koordinatorin des Kölner Ernährungsrats war und auch heute noch beim Kölner Verein »Taste of Heimat« angestellt ist, koordiniert gegenwärtig diesen Prozess.

Ein Netzwerk der Ernährungsräte

Anna Wissmann über dessen Notwendigkeit und Nutzen

Was haben Städte wie Knoxville (Tennessee), Zürich, Rio de Janeiro und Landkreise wie Ostprignitz-Ruppin (Brandenburg) und Fürstenfeldbruck (Oberbayern) gemeinsam? In all diesen Orten (und, allein im deutschsprachigen Raum noch mindestens 40 weiteren) wurden oder werden Ernährungsräte gegründet. Auf den ersten Blick hören die Gemeinsamkeiten damit auf – Tennessee gehört zu den ärmsten Bundesstaaten der USA, Zürich ist eine der Städte mit der wohlhabendsten Bevölkerung der Welt. Rio ist eine Megametropole mit extrem hoher Bevölkerungsdichte, im ländlichen Brandenburg liegt diese nur bei 39 Personen pro Quadratkilometer. Dort ist die Landwirtschaft überwiegend von Großbetrieben geprägt, in Oberbayern wiederum gibt es eine Vielzahl kleiner und mittlerer Betriebe unterschiedlicher Ausrichtung.

Warum also tun sich unter scheinbar so unterschiedlichen Bedingungen Menschen zusammen, um ihr lokales Ernährungssystem zu erkunden, zu stärken und – oft – neu auszurichten, und wählen dazu die Form des Ernährungsrats? Die Gemeinsamkeiten gehen wohl doch tiefer als die Unterschiede. Egal ob Stadt oder Land, reich oder arm, Nord oder Süd – wir alle sind inzwischen Teil eines globalisierten, industrialisierten Ernährungssystems, spüren seine Auswirkungen mal mehr, mal weniger und tragen mal mehr, mal weniger Verantwortung dafür.

Auswirkungen, die Schlagzeilen machen, wie der Klimawandel, Entwaldung, Landraub, Verlust der Artenvielfalt, Ausbeutung von Mensch und Tier, aber auch von Böden und anderen natürlichen Lebensgrundlagen sind dramatisch; andere vollziehen sich eher unbeachtet: das Verschwinden kleiner und mittlerer landwirtschaftlicher Betriebe, von handwerklich arbeitenden Bäckereien und Schlachtereien, von regionaler Infrastruktur wie Schlachthöfen und Molkereien, die extreme und weiter wachsende Markt-

und damit Machtkonzentration in allen Teilen der Lebensmittelkette.

Genug Anlass also, in Aktion zu treten. Reichlich zu tun, an jedem Ort ein wenig anders, aber immer mit dem Blick auf die Veränderung des großen Ganzen, als Bürgerinnen und Bürger statt als »Verbraucher« aufzutreten und handlungsfähig zu werden; lokale nachhaltige Ernährungssysteme aufzubauen, immer ausgehend von den lokalen Gegebenheiten, aber nicht aus einer neuen »Kleinstaaterei« heraus, sondern aus dem Bewusstsein, »Weltbürger« zu sein – und, konkreter: Bürgerin oder Bürger von Nordrhein-Westfalen, der Bundesrepublik Deutschland, der Europäischen Union; mit den jeweiligen politischen Gestaltungsmöglichkeiten.

Die Notwendigkeit, gemeinsam, also als Netzwerk, auf allen diesen Ebenen mit *einer* Vision und *einer* Stimme aufzutreten, ist offensichtlich. Aber wir brauchen einander für noch viel mehr: Ernährungsräte versuchen nichts weniger als einen Systemwandel – das Herstellen einer »neuen Normalität«. Dabei werden wir konfrontiert mit der aktuellen Normalität, die über Jahrzehnte hinweg mit großem politischen, finanziellen und wissenschaftlichen Einsatz hergestellt wurde und in die auch weiterhin praktisch alle entsprechenden Ressourcen fließen.

Dieses System zunächst zu kartieren und zu verstehen, Ansatzpunkte für kleine und große, schnelle und langfristige Veränderungen auszumachen braucht unsere geballte Neugier, Erfahrung und Expertise. Wir haben es mit einem komplexen System zu tun und daher für dessen Veränderung eine ebenfalls komplexe Form gewählt: Ernährungsräte sind Multi-Akteurs-Plattformen, die alle Akteure, die Wissen über, ein Interesse an und/oder Einfluss auf das lokale Ernährungssystem haben, an einen Tisch bringt.

Darin liegt ihr großes Wirkpotenzial – aber auch eine große Herausforderung: Wir sind daran gewöhnt (worden?), eher in Gegensätzen zu denken und zu handeln als gemeinsam, über die Grenzen unserer Rollen hinweg. Wir leben in einer Gesellschaft, in der wir uns stark spezialisieren müssen und dabei ganz eigene

Sichtweisen auf die Dinge und eigene Sprachen entwickeln: Dasselbe Stück Boden wird zum Beispiel bei verschiedenen Mitarbeitern einer Stadtverwaltung, einer Landwirtin und einem urbanen Food-Aktivisten ganz unterschiedliche Überlegungen auslösen, die sie wiederum in ihrer eigenen Sprache formulieren.

Dass daraus ein gemeinsames Bild und Verständnis wird, auf deren Basis eine von allen getragene Strategie entsteht, ist alles andere als selbstverständlich. Die meisten von uns bewegen sich beruflich wie privat in recht homogenen Kreisen. Wir müssen erst lernen, wie wir mit »wirklich anderen« Menschen gut kommunizieren und zusammenarbeiten, und im Kontext eines Ernährungsrats: wie wir aus dieser Vielfalt eine Stärke machen, indem wir diese unterschiedlichen Menschen einladen, ihnen gute Kommunikation und Zusammenarbeit ermöglichen und sie wirksam werden lassen. Welche innere Haltung, welche Formen und Arbeitsweisen dafür dienlich sind, müssen wir großenteils erst noch herausfinden.

Wir brauchen also nicht nur einen Ort, wo wir unsere Erkenntnisse über das »Was« sammeln, bündeln und austauschen können, sondern, vielleicht noch mehr, ein gemeinsames Lernen über das »Wie«! Wenn es uns gelingt, ein echtes Lern- und Aktionsnetzwerk zu werden, in dem wir die Vielfalt der lokalen Herangehensweisen, Projekte und Taktiken sichtbar machen und wertschätzen und uns dabei das Bewusstsein für unsere gemeinsamen Werte, Ziele und Strategien den Rücken stärken, können wir eine Bewegung werden, die wirklich alle Hebel in Gang setzt, zu einer gerechten und gedeihlichen Ernährungsweise zu finden.

Die Zeit dafür ist mehr als reif: Wenn wir über unseren (deutschsprachigen) Tellerrand hinausblicken, stoßen wir auf Vorbilder, von denen wir lernen, und Verbündete, mit denen wir Allianzen bilden können – das *Sustainable Food Cities Network* in Großbritannien (siehe Seite 221 ff.), die weltweit über 150 Städte, die das Mailänder Abkommen über städtische Ernährungspolitik (siehe Seite 229 f.) unterzeichnet haben, das europäische Städtenetzwerk für Agroökologie, das CITYFOOD-Netzwerk des internationalen

Städtenetzwerks ICLEI und der RUAF-Stiftung, aber auch Bewegungen für Ernährungssouveränität wie Via Campesina/Nyéléni, das weltweite Netzwerk für Solidarische Landwirtschaft, die Netzwerke, die alte Kulturpflanzensorten und Tierrassen erhalten, sich für den Erhalt landwirtschaftlicher Nutzfläche einsetzen, und viele mehr.

Auch politische Projekte, in denen unsere Mitarbeit freudig erwartet wird, gibt es bereits: Europaweit wird über Alternativen zur europäischen Agrarpolitik nachgedacht, und diese Überlegungen nehmen zum Beispiel unter der Moderation des Internationalen Expertenpanels für Nachhaltige Ernährungssysteme (IPES-Food) bereits konkrete Form an – die einer *Common Food Policy* statt einer *Common Agricultural Policy*. Das dort anvisierte Ernährungssystem hat die Ernährungsräte als Organisationsform bereits in seine DNA eingeschrieben; als dauerhafte, demokratisch legitimierte Strukturen, die eine Ernährungspolitik auf lokaler, Landes-, nationaler und EU-Ebene gestalten und umsetzen, die Vielfalt und regionale Verschiedenheit, bäuerliche Landwirtschaft und kurze regionale Wertschöpfungsketten, Kreislaufwirtschaft und das Wirtschaften innerhalb der planetaren Grenzen fördert. Die schlechte wie die gute Nachricht ist also: Wir sind spät dran! Wir haben leider viel Wissen, viel Können, viele Strukturen verloren gehen lassen, die wir uns jetzt neu aneignen und wiederaufbauen müssen. Gleichzeitig müssen wir im deutschsprachigen Raum, auch wenn wir im internationalen Vergleich in mancher Hinsicht »Spätzünder« sind, aber nicht alle Räder neu erfinden, sondern können aus verschiedenen Teilen der Welt Inspiration, Erfahrungen und Wissen einholen und uns einer Bewegung anschließen, die uns teils weit voraus ist.

Kapitel 8

Tipps und Empfehlungen für Gründungsinitiativen

Wenn wir in Zukunft selbst über unser Ernährungssystem bestimmen wollen, müssen wir dessen Wandel und den dafür nötigen Politikwechsel zu unserer ureigenen Angelegenheit erklären! Ernährungsräte sind das am besten geeignete (und als *Food Policy Councils* lang erprobte) Werkzeug, das wir dafür nutzen können. Im folgenden Kapitel haben wir wissenschaftliche Studienergebnisse und vielfältiges Erfahrungswissen verarbeitet. Diese praxisorientierte Handreichung kann sowohl in der systematischen Vorbereitung, im Gründungsprozess und gleichermaßen auch für die konkrete politische Arbeit eines Ernährungsrats von Nutzen sein.

Zunächst gehen wir der viel diskutierten Frage nach, welche Struktur am effektivsten ist, um Veränderungen im Ernährungssystem voranzutreiben. Im Anschluss haben wir die aus unserer Sicht wichtigsten ersten Schritte im Gründungsprozess übersichtlich zusammengestellt – was als kurzer Leitfaden gelesen werden kann, aber keine in Stein gemeißelte Vorschrift sein soll! Jede Lokalität und jede Akteursgruppe ist anders – und so wird jeder Gründungsprozess und auch jeder Ernährungsrat seine jeweils orts- und situationsgemäß eigenen Züge tragen. Zu guter Letzt haben wir ein komplettes »Gründungs-ABC« für Ernährungsräte durchbuchstabiert, welches Antwort auf viele besonders oft gestellte Fragen gibt.

Eine für alle – gibt es die ideale Struktur für Ernährungsräte?

Die kurze Antwort vorweg: Nein, die gibt es nicht! Belege für diese Einschätzung liefert eine bisher noch kleine Zahl wissenschaftlicher Studien aus den USA und Kanada. Demnach ist die Struktur des gewählten Organisationstyps weniger wichtig. Die institutionelle und organisatorische Form eines Ernährungsrates hat überraschenderweise nur eine beschränkte Auswirkung auf den Aufbau und die Effizienz. Wirklich entscheidende Erfolgsfaktoren liegen eher in der inhaltlichen Kompetenz und Diversität der lokal aktiven Kerngruppe sowie in den gewählten Aktionsschwerpunkten und der strategischen Herangehensweise.

Anders als in den USA und Kanada, wo bereits Erfahrungen aus mehr als zwei Jahrzehnten verfügbar sind, steht die Bewegung der Ernährungsräte im deutschsprachigen Raum noch am Anfang. Gleichwohl waren Strukturfragen auch beim ersten Netzwerktreffen im November 2017 in Essen schon ein viel diskutiertes Thema. Wäre es vorteilhafter, ein rein zivilgesellschaftliches Bündnis zu schmieden, oder besser, Politik und Stadtverwaltungen von Anfang an ganz unmittelbar zu beteiligen? Und welchen Stellenwert sollten Bürgerbeteiligung, Demokratie und das unmittelbare Vertreten-Sein möglichst aller Bevölkerungsgruppen in der Organisationsstruktur haben?

Im *Center for Metropolitan Studies* der Technischen Universität Berlin arbeitet gegenwärtig Beatrice Walthall an einem geeigneten Analysemodell, um den Einfluss, den zivilgesellschaftliche Initiative auf lokale Ernährungspolitik und die Transformation urbaner Ernährungssysteme gewinnen kann, genauer zu erforschen. Ihr besonderes Interesse gilt dabei Berliner Verhältnissen und der Frage, ob es den ausschließlich zivilgesellschaftlichen Akteuren des örtlichen Ernährungsrats gelingen wird, als ernährungspolitische Vordenker anerkannt zu werden und damit ihren Forderungen für den zukunftsfähigen Wandel des lokalen Ernährungssystems tatsächlich nennenswert realpolitische Geltung zu verschaffen. Oder ob sie an der klandestinen (im Verborgenen wirkenden) Gegenmacht von Unternehmensinteressen scheitern werden, die sich auf die politische Einflussnahme einschlägiger Lobbyisten stützt.

Strukturvergleiche aus den USA

Einstweilen liefern jedoch die eingangs erwähnten Studien aus Übersee gut nutzbare Empfehlungen auch für hiesige Initiativen, etwa die vergleichenden Betrachtungen, die Clare Fox 2010 an der *University of California*, Los Angeles, zu Strukturfragen angestellt hat.

Das Interesse der kalifornischen Stadtplanerin galt dabei exemplarisch Toronto, Detroit, San Francisco und New York. Eine Auswahl aus seinerzeit über 90 möglichen Beispielen, die Fox mit der Begründung traf, dass gerade diese vier die Vielfalt von Organisationsstrukturen bei Ernährungsräten in den USA und Kanada gut abbildeten, was ihren Vergleich aufschlussreich genug mache, um Empfehlungen für die Entwicklung eines Ernährungsrates in Los Angeles daraus abzuleiten.

Inhaltlich ging es Fox darum herauszufinden, welche Organisationsstrukturen am besten geeignet sind, frischen Wind in demokratisches Regierungshandeln für nachhaltige und gerechte Ernährungssysteme zu bringen. Alle vier untersuchten Ernährungsräte denken systemisch in Bezug auf urbane Nahrungsversorgung. Das heißt, sie suchen keine Einzellösungen, sondern Wege, die über einen Systemwandel dazu führen, viele verschiedene Ziele zur gleichen Zeit zu erreichen. In allen vier Fällen bestehen mehr oder weniger enge Beziehungen zur Regierung: Sie sind entweder ein Teil derselben oder von ihr eingesetzt, oder sie haben Vertreter des öffentlichen Dienstes in ihren Reihen. Guten Kontakt zur Politik halten aber nicht nur diese, sondern auch viele andere der meist zivilgesellschaftlich gegründeten Ernährungsräte in den USA und Kanada für richtig und wichtig. Auch in Detroit, wo man den im Vergleich der vier untersuchten Städte größten Wert auf Unabhängigkeit von der Regierung legt, wird das so gesehen. Und in Toronto wird betont, wer die offizielle Ernährungspolitik wirksam beeinflussen wolle, komme ohne enge Beziehungen zu politischen Verwaltungsstrukturen nicht sehr weit.

Koordinierte Zusammenarbeit innerhalb und außerhalb der Regierung prägt das Konzept, mit dem die Ernährungsräte in Toronto und Detroit arbeiten. Ratsmitglieder in Toronto beschreiben ihre Organisationsstruktur als Hybrid, bei dem eine Bürgerinitiative als Teil der Regierung aktiv ist. Im Detroiter Ernährungsrat sieht man sich eher als Werkzeug, das einer Graswurzelbewegung die federführende Koordination der politischen Ernährungswende ermöglicht. San

Francisco und New York setzen weit weniger auf Bürgerbeteiligung und zivile Interessenvertreter. Sie verlassen sich lieber fallweise auf handverlesene Experten aus öffentlichem Dienst und Stadtverwaltung, um schnell und effizient zu lokal umsetzbaren Ergebnissen zu gelangen.

Unabhängig von ihrer strukturellen Anbindung funktionieren Ernährungsräte erfolgreich, wenn sie gut recherchierte Informationen bereitstellen und die daraus entwickelten Forderungen und Empfehlungen zum Teil der lokalen Ernährungspolitik machen können. In New York und San Francisco führt das in manchen Bereichen zu schnellen Reformen. Doch wird daraus weder eine ressortübergreifend koordinierte Gesamtstrategie, noch findet dabei nennenswerte Bürgerbeteiligung an Entscheidungen über das Ernährungssystem statt. Toronto und Detroit, die weniger auf schnelle Erfolge setzen, nehmen sich dafür die Zeit, die es braucht, lokale ernährungspolitische Kompetenz aufzubauen und systematische Beziehungen zwischen diversen Akteuren zu entwickeln, die willens und in der Lage zum gemeinsamen Change-Management sind. Fox gibt aber auch zu bedenken, der Ernährungsrat der Stadt Toronto habe zwar breiteren und nachhaltigeren Einfluss auf das Gebiet der urbanen Ernährungspolitik erreicht als der von New York. Dafür habe er aber auch 20 Jahre gebraucht, um die Grundlagen für eine Ernährungsstrategie zu schaffen, die überdies ohne die entsprechende politische Willensbildung leitender Stellen der öffentlichen Gesundheitsverwaltung keine Chance zu ihrer Verwirklichung gehabt hätte.

Universelle Ratschläge für Gründerinnen und Gründer

Die Schlüsse, die Fox aus ihrem Vergleich für Los Angeles zog, sind aber als grundsätzliche Erwägungen zur geeigneten Struktur und Arbeitsweise lokaler Ernährungsräte auch universell anwendbar. Denn, so sagt Fox in ihrem Fazit, ihre Erkenntnisse aus den Fallstudien beträfen überall wiederkehrende Kernfragen an das Modell Ernährungsrat.

Optimale Vorgehensweisen, die für alle und überall passen könnten, ein Rezept für die ideale Bauweise eines Ernährungsrats, hat sie nicht gefunden und schließt daraus, das jeweils lokal geeignete

Modell gedeihe nun mal am besten als »heimisches Gewächs«. Was im Klartext bedeutet, dass die Organisationsstruktur sich möglichst gut an die örtlichen Bedingungen anpassen, mit den drängendsten Problemen vor Ort beginnen und sich dafür gezielt Verbündete in Stadtpolitik, kommunaler Verwaltung und bei der lokalen Bevölkerung suchen sollte.

Clare Fox legt Gründerinnen und Gründern zudem sehr ans Herz, die Unterschiede zwischen Strategieplanung und Bewegungsaufbau nicht aus den Augen zu verlieren und beizeiten zu überlegen, wie ein Ernährungsrat beides in seiner Arbeit produktiv verbinden kann. Zentrales Ziel für die meisten *Food Policy Councils* ist es, einen Politikwechsel im lokalen Ernährungssystem herbeizuführen. Die Frage ist aber nicht nur, welche wichtigen und dringenden Veränderungen im lokalen Ernährungssystem als Erstes in Angriff genommen werden sollten. Sondern auch, wie durch die Stärkung der lokalen Bewegung der Prozess der ernährungspolitischen Entscheidungsfindung demokratisiert werden kann, damit Politik nicht mehr nur von sogenannten Experten hinter verschlossenen Türen gemacht wird, sondern von allen Bürgerinnen und Bürgern. Für Fox heißt dies, dass Ernährungsräte zunächst entscheiden müssen, wie stark sie sich auf den gewünschten Politikwechsel einerseits und die Stärkung der lokalen ernährungspolitischen Bewegung andererseits konzentrieren wollen. Alle Fragen von innerer Struktur und Verhältnis zur Politik sollten erst im zweiten Schritt entwickelt und an den gewählten Fokus angepasst werden. Zudem empfiehlt Fox, sich auf einen längerfristigen Prozess einzustellen, aber zugleich in geeigneten Akteurs-Allianzen auf kurzfristig erreichbare Etappenziele hinzuarbeiten, die dem Wirken eines Ernährungsrates frische Impulse und gesteigerte Überzeugungskraft verleihen könnten.

Food Policy Networks – *Netzwerkarbeit rund um den Globus*

Einen reichhaltigen Fundus an Erfahrungen stellen die *Food Policy Networks* (FPN) bereit auf der Internetplattform des *Center for a Livable Future* (CLF) an der Johns-Hopkins-Universität in Baltimore (siehe Serviceteil).

Die Initiative veröffentlicht seit 2013 regelmäßig aktualisierte Bestandsaufnahmen der gesamten Ernährungsrats-Szene in den USA und Kanada. Der zuletzt Ende 2016 erschienene Jahresbericht gibt einen systematischen Überblick, der auch die Organisationsstrukturen einzelner Ernährungsräte ebenso wie der gesamten Szene und ihre rechtlichen, finanziellen und personellen Beziehungen zur staatlichen Ernährungspolitik beleuchtet.

Ernährungsräte sind in den USA (ähnlich auch in Kanada) mit unterschiedlicher Reichweite organisiert. Sie sind entweder als überregionale Initiative auf Ebene der Bundesstaaten oder Bezirke (County) aktiv oder nur auf Stadt/Kommunen-Ebene. Es gibt zudem eine kleine Anzahl von *Native American Tribal Councils* in Reservaten. In jedem dieser unterschiedlich großen Einzugsgebiete gibt es Ernährungsräte in verschiedenen Organisations-und Rechtsformen: als unabhängiges, basisdemokratisches Graswurzel-Bündnis *(Grassroots Coalition)*, als Nichtregierungsorganisation *(Nonprofit)*, oder von einer Partnerorganisation getragen *(housed in another Nonprofit)*, als staatliche Stelle *(housed in Government)*, an externe Beratungsstellen angegliedert *(housed in Extention Office)*, in die Struktur eines Colleges oder einer Universität eingebettet *(embedded in College/University)* und weitere *(Other)*.

Über zwei Drittel aller Ernährungsräte in den USA sind von Politik und Regierung unabhängige Initiativen. Der mit rund einem Drittel am weitesten verbreitete Typ ist das zivilgesellschaftlich organisierte Graswurzel-Bündnis, das auf Bezirksebene arbeitet. Weitere 37 Prozent sind entweder selbst eine Nichtregierungsorganisation oder unter dem Dach einer solchen organisiert.

38 Prozent der Ernährungsräte in den USA sind auf Bezirksebene (County) aktiv, 11 Prozent konzentrieren sich auf eine einzelne Stadt oder Kommune. In Kanada sind die geographischen und strukturellen Verhältnisse ähnlich, doch ist hier die Zahl der auf Stadt bzw. Kommunenebene arbeitenden Ernährungsräte am größten.

Bei zwei Dritteln der von FPN befragten Ernährungsräte in den USA steht die Mitgliedschaft prinzipiell allen Menschen offen, die beteiligt sein wollen. In Kanada ist das bei weniger als der Hälfte so. In

30 Prozent der US-Ernährungsräte müssen sich Interessenten formell um eine Mitgliedschaft bewerben, in Kanada war das nur bei knapp einem Viertel der Fall. Bei 18 Prozent der US-Ernährungsräte werden die Mitglieder von Regierungsbeamten ernannt. In Kanada sind dagegen bei knapp einem Viertel der Räte Sitze für Regierungsbeamte reserviert. Immerhin 13 Prozent der Räte reservieren Sitze exklusiv für Vertreter zivilgesellschaftlicher Gruppen. Da Versammlungen bei vielen Ernährungsräten öffentlich stattfinden, war die Frage nach dem Zugang zu ihren Strukturen nicht für alle gleich relevant.

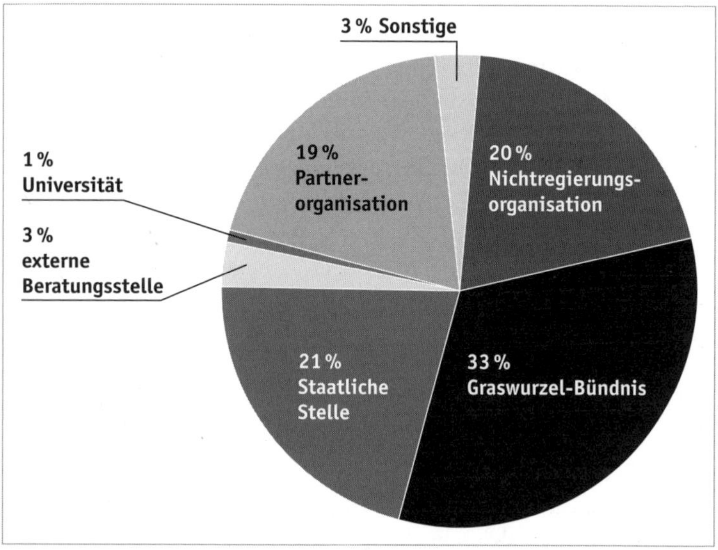

Abb. 19: Organisationsstrukturen von Food Policy Councils in den USA und Kanada; zu den Bezeichnungen vgl. Text S. 241. Quelle: Sussman & Bassarab (2016)

Die Frage nach der besten Struktur

Laura DiGilio hat sich in ihrer Masterarbeit ebenfalls mit der Frage beschäftigt, was die beste Struktur für Ernährungsräte wäre und ob sich organisatorische Unterschiede auf deren Strategie, Aktivitäten und Erfolge auswirken. Ende 2017 fasste sie in einem Blogbeitrag für *Food Policy Networks* ihre wichtigsten Schlüsse so zusammen:

- Viele der untersuchten Ernährungsräte in den USA und in Kanada gleichen sich recht weitgehend in ihrem inhaltlichen Vorgehen und stehen unabhängig von ihrer konkreten Organisationsstruktur überall vor vergleichbaren Herausforderungen und Chancen. Es gibt also weitaus mehr Ähnlichkeiten als Unterschiede zwischen den verschiedenen Organisationstypen. Letztere sind vor allem spezifischen örtlichen Bedingungen und Möglichkeiten geschuldet, für die erfolgreiche Bearbeitung sachlicher Fragen jedoch von untergeordneter Bedeutung. DiGilio ermutigt deshalb (ebenso wie Clare Fox) dazu, sich im konkreten Einzelfall nicht zu lange mit strukturellen Vorklärungen aufzuhalten, sondern mit den vorhandenen Ressourcen im lokalen Kontext zu starten und erst später die Form der bereits etablierten Funktion folgen zu lassen.
- Netzwerke zu unterhalten hält sie für extrem nützlich und empfiehlt virtuelle Konferenzen und Webinare zu ausgewählten Themen. Immerhin sammeln sich Ernährungsräte um eine überschaubare Reihe gemeinsamer Themenfelder und haben daher ziemlich ähnliche Hürden zu überwinden. Deshalb ist das Potenzial von überregionaler Zusammenarbeit und gegenseitiger Unterstützung beim Erreichen gemeinsamer Ziele gar nicht hoch genug einzuschätzen.
- Schließlich zitiert Laura DiGilio auch Kritiker, welche die geringe Präsenz von Landwirten sowie Arbeitern aus dem Lebensmittelhandwerk in vielen Ernährungsräten monieren. Vielen Kritikern geht es auch zu wenig um soziale Gerechtigkeit, Antidiskriminierung und ökonomische Chancengleichheit in einem gerechten Ernährungssystem. Ihre Ergebnisse können diese Kritik leider in keinem Punkt entkräften. Deshalb legt die Wissenschaftlerin den Ernährungsräten sehr ans Herz, stärker für die Beteiligung unterschiedlicher Bevölkerungs- und Berufsgruppen zu sorgen und die zukünftige Arbeit in größerem Umfang auch auf wichtige soziale Kernthemen auszuweiten.

DiGilios Erhebung verweist auf große inhaltliche Schnittmengen und eher kleine sachliche Divergenzen zwischen den verschiedenen Organisationstypen der untersuchten Ernährungsräte. Fast überall kommen Begriffe wie »Zugang« (zu gutem Essen), »lokal« und »nachhaltig« vor. In der Formulierung der gemeinsamen Ziele und Konzepte für die Ernährungswende sind die Abweichungen sehr viel geringer als die Übereinstimmungen. Bei den Ernährungsräten, die an eine Nichtregierungsorganisation angegliedert sind, hebt die Autorin die besondere Fülle und Vielfalt solcher und ähnlicher Begriffe hervor. Sie weist andererseits darauf hin, dass Worte wie »sicher« in Bezug auf Lebensmittel ausschließlich bei den Gruppen anzutreffen waren, die in Regierungszusammenhängen arbeiten.

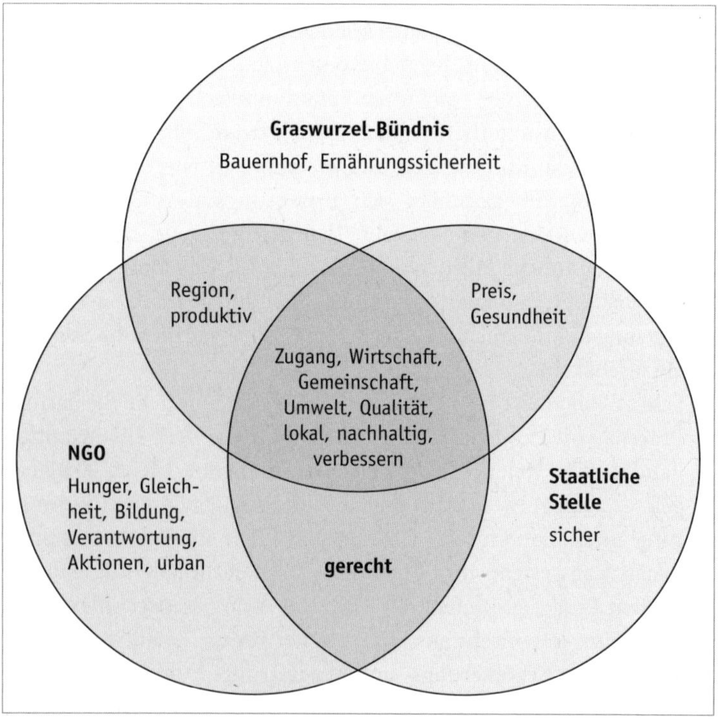

Abb. 20: Welche Begriffe und Schlagwörter tauchen bei welchen Gruppierungen am häufigsten auf? Quelle: DiGilio (2017)

Do it yourself: Wie gründen wir einen Ernährungsrat?

Wie wir sehen, kommt es also nicht so sehr auf die gewählte Struktur an, sondern vielmehr darauf, einfach loszulegen! Und das ist gar nicht so schwer. Der folgende kurze Leitfaden kann dabei helfen, die ersten Schritte zu gehen. Diese müssen nicht zwingend nacheinander angegangen werden, sie können durchaus auch in anderer Reihenfolge oder parallel stattfinden. Möglich ist auch, dass für einige Kommunen nicht alle hier genannten Schritte nötig oder passend sind. Oder dass für euren Fall sinnvolle Planungsschritte in unserer Übersicht fehlen. Letztlich liegt es zuerst an euch selbst, genau den Ernährungsrat zu gründen, der am besten zu euch und eurem Umfeld passt!

Leitfaden zur Gründung von Ernährungsräten

1. *Vernetzung: Mitstreiter suchen*

Die Gründung eines Ernährungsrats braucht Mitstreiterinnen und Mitstreiter. In vielen Regionen gibt es bereits aktive Einzelpersonen, Initiativen oder Einrichtungen, die sich für ein zukunftsfähiges Ernährungssystem in der Region oder Stadt starkmachen. Holt sie mit ins Boot, und gründet eine Kerngruppe! Gemeinsam könnt ihr dann weitere, zentrale Akteure der Region ansprechen: Ein Ernährungsrat braucht engagierte Ernährungsakteure mit einer Vielzahl von Standpunkten oder Prioritäten. Wichtig ist allerdings, dass sie sich alle gemeinsam für ein nachhaltiges und gerechtes Ernährungssystem einsetzen wollen!

2. *Ziele setzen: Eine Vision formulieren*

Bevor ein Ernährungsrat die Probleme und Herausforderungen in Bezug auf das Ernährungssystem anpackt, sollte er eine öffentliche Erklärung seiner Visionen und Haltungen formulieren. Ein Leitbild sollte zunächst nur die groben Züge der angestrebten Ernährungswende umfassen, die Ausarbeitung von detaillierteren Zielen folgt im nächsten Schritt. Es kann aber nötig sein, eine erste Bestandsaufnahme des lokalen Ernährungssystems durchzuführen, um sich die wichtigsten Herausforderungen vor Ort vor Augen zu führen. Überlegt ebenfalls, wie viel Gewicht ihr jeweils auf die Veränderung von Politik und auf die Stärkung der lokalen ernährungspolitischen Bewegung legen wollt (vgl. Empfehlung von Clare Fox, Seite 239 ff.).

3. Organisation: Strukturen schaffen

Sind die Ziele einmal klar, ist ein gemeinsames Verständnis von Strukturen und kollektiven Entscheidungsprozessen wichtig, um sich als handlungsfähige Gruppe zu organisieren. Welche Struktur soll der Rat haben, und wer soll überhaupt mitmachen dürfen? Welche Steuerungs- und Entscheidungsgremien gibt es? Der Rat kann zum Beispiel eine Bewegung mit offener Mitgliedschaft sein, sich als eigener Verein organisieren oder sich unter einem Trägerverein ansiedeln. Überlegt außerdem, wie ihr Entscheidungen treffen wollt – im Konsens, nach dem Mehrheitsprinzip oder durch die Delegation der Entscheidung an dafür bestimmte/gewählte Personen? Klärt, wie die Arbeitsteilung passieren soll – wird alles gemeinsam organisiert, oder gibt es Arbeitsgruppen, Projekte, Ausschüsse? Dürfen sich dort nur Ratsmitglieder einbringen, oder werden sie von diesen nur gesteuert? Oder sind sie komplett selbst organisiert? Macht euch auch Gedanken darüber, ob ihr gleich zu Beginn mit Politik und Verwaltung kooperieren wollt oder ob es Sinn macht, euch zunächst zivilgesellschaftlich zu organisieren, um unabhängig von bürokratischen Hürden und politischen Machtkämpfen zu sein. Des Weiteren müssen Kontaktlisten angelegt, Kommunikationswege bestimmt und über Turnus, Häufigkeit und Orte für Treffen entschieden werden. Welche Ressourcen (Zeit, Geld, Infrastruktur, Wissen) sind vorhanden, welche braucht es noch, und woher könnten sie kommen?

4. Bestandsaufnahme: Probleme und Potenziale identifizieren

Wie ist das regionale Ernährungssystem strukturiert, welche Probleme und welche Potenziale gibt es für Verbesserungen? Eine Schlüsselrolle für Ernährungsräte ist das Sammeln von Daten über das regionale Ernährungssystem. Bestandsaufnahmen untersuchen alle Aspekte des Ernährungssystems, einschließlich sozialer, wirtschaftlicher und kultureller Faktoren, die die Nahrungsmittelproduktion, -verteilung und -konsum beeinflussen. Dazu gehört auch eine weitergehende Akteursanalyse: Wer könnte mit wem zusammenarbeiten, um Herausforderungen anzugehen? Welche sozialen Gruppen sind vielleicht noch gar nicht in Netzwerken vertreten und sollten noch angesprochen werden? Wer profitiert nicht vom bisherigen Ernährungssystem, oder wird von ihm benachteiligt?

5. Fokussierung: Strategieplan entwickeln

Nachdem die ersten Ergebnisse einer Bestandsaufnahme vorliegen, muss der Rat die Informationen sortieren und einen Strategieplan entwickeln. Je mehr ernährungsrelevantes Wissen ihr euch über eure Region oder Stadt aneignet, desto mehr Bedarf an Veränderungen werdet ihr erkennen. Da jeder Ort seine besonderen Strukturen und Probleme hat, muss individuell und lokal festgestellt werden, wo es hakt. Konzentriert euch für den Anfang auf die lokal brennendsten Themenschwerpunkte. Arbeitet mit den großen Zielen im Hinterkopf daran, erste Erfolge zu erzielen. Überfordert euch jedoch nicht, und bedenkt, dass nicht alles gleichzeitig verändert werden kann! Und vergesst nicht, gemeinsam zu essen und Etappensiege gebührend zu feiern!

Tipps von A bis Z

A wie Arbeitsteilung

Viele Aufgaben stellen sich gleichzeitig bei der Gründung von Ernährungsräten wie bei der Organisation der Ernährungswende. Überlegt euch, wie ihr die verschiedenen organisatorischen und inhaltlichen Aufgaben aufteilen wollt. Wird alles in großen Netzwerktreffen gemeinsam organisiert, oder gibt es Arbeitsgruppen, Projekte, Ausschüsse? Arbeitsgruppen oder Ausschüsse können zum Beispiel Expertise zu bestimmten Themenfeldern bündeln und diesbezüglich Aktivitäten planen. Klärt aber auch, wer die Fäden in der Hand behält: Erfahrungsgemäß brauchen Arbeitsgruppen und Ausschüsse mindestens eine Person, die Treffen organisiert und moderiert, die Tagesordnung vorbereitet, Ergebnisse und Entscheidungen festhält und ggf. alle an deren Umsetzung erinnert. Bedenkt auch, wie ihr den Überblick über die Aktivitäten aller Arbeitsgruppen behaltet: Wer arbeitet zu welchen Themen, wo gibt es Synergien zwischen den Arbeitsgruppen?

B wie Bäuerinnen und Bauern

Es kann eine echte Herausforderung sein, Bäuerinnen und Bauern aus dem Umland regelmäßig einzubinden. Im Alltagsgeschäft zwischen Bodenbearbeitung, Aussaat und Ernte, Vermarktung der Produkte und Verwaltung des Betriebs bleibt oft wenig Zeit, sich noch mit politischen Fragen zu befassen. Dies ist zwar auch für viele andere Akteure ein Problem, die im regionalen Ernährungssystem praktisch tätig sind – bei Landwirten kommt aber mehr als in anderen Berufszweigen noch die saisonale Komponente hinzu. Zu dumm, wenn sich auf politischer Ebene gerade gute Einflussmöglichkeiten auftun, während gleichzeitig die Ernte im vollen Gang ist. Wichtige Veranstaltungen und entscheidende Termine finden nun mal nicht nur im Winter statt. Ein weiteres Problem, gerade für Landwirte, stellen räumliche Distanzen dar. Wer im ländlichen Raum angesiedelt ist, hat verständlicherweise nur selten noch Zeit und Energie, nach getaner Arbeit auf dem Feld einen weiten Weg (im Umland von Großstädten vielleicht sogar mehrstündig) durch den Feierabendverkehr auf sich zu nehmen, um an einem Treffen teilzunehmen.

Kreative Lösungssuche ist hier gefragt. Vielleicht bekommen Bäuerinnen und Bauern jeweils Paten in der Stadt, die dem Betrieb regelmäßige Besuche abstatten und die Standpunkte der Landwirte einbringen? Oder die Treffen gehen auf Tour und finden regelmäßig auf einem anderen Hof statt – was wiederum Städterinnen von der Teilnahme abhalten könnte. Vielleicht sind Telefontermine oder Online-Arbeitsformen eine Möglichkeit – sofern Telefonnetz und Internet-Anschlüsse leistungsfähig genug sind. Am Ende ausschlaggebend für das regelmäßige Engagement von Landwirten wird aber sicher vor allem sein, ob die Beteiligung am Ernährungsrat ihnen geeignet scheint, die lokale Ernährungswende im Sinne der eigenen Bedürfnisse und Zukunftsperspektiven zu steuern.

C wie Chaos

Eine Ansammlung von Menschen, die zum Zwecke zusammenkommt, bringt normalerweise nicht allein schon mit ihrer Sammlung signifikante Änderungen in Bewegung. Dazu braucht es Strukturen, die das Ideen- und Meinungs-Chaos in produktive, konsensfähige Bahnen lenkt.

Ihr braucht deshalb einerseits die aktive Unterstützung von Menschen, die bereit und in der Lage sind, die Steuerung oder Lenkung des Ernährungsrats zu übernehmen, zum Beispiel ein Sprecher*innenkreis wie in Berlin oder ein Koordinationsteam wie in Köln. Andererseits müsst ihr euch überlegen, wie die Arbeitsteilung aussehen soll (siehe A wie Arbeitsteilung), welche Rechtsform ihr braucht (R wie Rechtsform) und wie sich »der Rat« überhaupt zusammensetzt. Von zentraler Bedeutung ist es auch, eine gute Moderation für alle Treffen vorzusehen und, falls es die finanziellen Möglichkeiten dafür gibt (siehe F wie Fördermittel), mindestens eine Person mit ausreichend zeitlichen Kapazitäten, die als Koordinatorin oder Koordinator den Überblick über alle Aktivitäten und Prozesse behält und dafür sorgt, dass kontinuierlich weiterführende Schritte geplant und umgesetzt werden.

Eine wichtige Grundsatzentscheidung ist auch, ob der Ernährungsrat als rein zivilgesellschaftliches Gremium eingerichtet werden soll oder ob ihr Politik und Verwaltung mit einbinden wollt.

D wie Daten sammeln

Wie ist das regionale Ernährungssystem strukturiert, welche Probleme und welche Potenziale gibt es für Verbesserungen? Eine Schlüsselrolle für Ernährungsräte ist das Sammeln von Daten über das regionale Ernährungssystem. Für eine solche Bestandsaufnahme ist die Zusammenarbeit mit offiziellen Stellen, Ämtern für Statistik sowie wissenschaftlichen Einrichtungen sinnvoll – Universitäten sind zum Beispiel eine wichtige Ressource für Wissen, Analyse und Bewertungs-Tools und Empfehlungen für die Praxis. Eine Bestandsaufnahme kann aber zunächst auch durch das Zusammentragen von Informationen unter denjenigen am Ernährungsrat beteiligten Akteuren stattfinden, die verschiedene Bereiche des Ernährungssystems aus erster Hand kennen.

Dabei sollte auch das Umland mitbedacht werden. Außerdem müssen nicht nur die unterschiedlichen Bereiche des Lebensmittelzyklus wie Erzeugung, Weiterverarbeitung, Vermarktung, Verbrauch und Verwertung bedacht werden, sondern auch Wechselwirkungen mit anderen Themenfeldern: Gesundheit hat mit Ernährung zu tun, soziale Gerechtigkeit beinhaltet Zugang zu ausreichend qualitätsvollen Lebensmitteln, Bildung für nachhaltige Entwicklung muss sich auch mit einem global gerechten Ernährungssystem und den Auswirkungen unseres Konsums befassen.

Bestandsaufnahmen untersuchen alle Aspekte des Ernährungssystems einschließlich sozialer, wirtschaftlicher und kultureller Faktoren, die die Nahrungsmittelproduktion, -verteilung und -konsum beeinflussen. Dazu gehört auch eine weitergehende Akteursanalyse: Wer könnte mit wem zusammenarbeiten, um Herausforderungen zu bewältigen? Welche sozialen Gruppen sind vielleicht noch gar nicht in Netzwerken vertreten und sollten noch angesprochen werden? Wer profitiert nicht vom bisherigen Ernährungssystem oder wird von ihm benachteiligt?

Idealerweise zeigen die während einer Bewertung gesammelten Informationen, wie die verschiedenen Felder miteinander verbunden sind – oder wo integratives Denken noch fehlt. Aus den gesammelten Daten kann der Ernährungsrat einen Strategie- oder Aktionsplan entwickeln. Hier ist jedoch zu bedenken, dass Bestandsaufnahmen des lokalen Ernährungssystems sinnvoll, aber auch zeitaufwendig sind. Werden alle Facetten des Ernährungssystems bis ins kleinste Detail untersucht, frisst die Datensammelwut wertvolle Zeit, die dem Ernährungsrat für wichtige Politik- und Programmaktivitäten fehlt. Bestandsaufnahmen müssen zudem nicht unbedingt schon abgeschlossen sein, bevor weitere Pläne für die Umsetzung der Ernährungswende geschmiedet werden.

E wie Ehrenamt

Für Bündnisse, die als Plattform für Bürger und Bürgerinnen Veränderungen von unten in Bewegung bringen wollen, stellen ehrenamtliche Strukturen immer eine gewisse Herausforderung dar. Wer sich in seiner Freizeit engagiert und tagsüber einer Lohnarbeit nachgeht, hat meistens nur sehr begrenzt Zeit für Treffen, Arbeitsgruppen und Textarbeit. So sind Prozesse oft langwierig, und fehlende Verbindlichkeit kann zum Problem werden. Kommen immer wieder neue Interessierte zu Treffen oder Arbeitsgruppen dazu, müssen Diskussionen immer wieder neu begonnen werden, was schon länger Mitarbeitende ermüden und frustrieren kann, vor allem wenn das fachliche Niveau dadurch stark zu schwanken droht.

Eine mögliche Lösung wäre hier, nicht alle Arbeitsstrukturen für alle zu öffnen. Andererseits sollten geschlossene Strukturen mit Vorsicht gehandhabt werden, denn die Ernährungswende von unten kann nur mit breiter Unterstützung gelingen und muss möglichst viele für ihre Ziele gewinnen. Statt hinter verschlossenen Türen zu agieren, könnten daher spezielle Termine für neu Hinzukommende das Problem lösen. In Arbeitsprozessen sollten der Stand der Dinge und getroffene Entscheidungen immer schriftlich festgehalten und für neu Einsteigende transparent gemacht werden. Das mag mühsam erscheinen, macht sich aber bezahlt. Vielleicht plant ihr auch zu

Beginn der Arbeitstreffen Zeit ein, um alle auf den gleichen Stand zu bringen. Neulinge vorab zu bitten, ihre Motivationen zu erläutern, trennt elegant und wenig offensiv die Spreu vom Weizen: Wer wirklich an einer verbindlichen Teilnahme interessiert ist, wird diese kleine Hürde vermutlich ohne Probleme überspringen.

Um ehrenamtliches Engagement effektiv zu bündeln und strukturieren, ist es sinnvoll, mindestens eine Person mit der Koordination der Aktivitäten zu betrauen. Vielleicht findet sich jemand, der das ehrenamtlich zu tun bereit ist. Die Praxis zeigt allerdings, dass eine hauptamtlich arbeitende Ansprechperson für die Koordination die verlässlichere Variante ist.

F wie Fördermittel

Sicher, auch ohne Geld lässt sich viel bewegen – noch mehr aber mit. Die Mittel, hauptamtlich arbeitende Koordinatoren oder anderes Personal anzustellen sind für viele Ernährungsräte erst einmal nur ein Wunschtraum. Es lohnt sich aber, Zeit und Mühe in die Mittelbeschaffung für diesen Zweck zu stecken. Jemand muss alle Fäden in der Hand behalten, um die verschiedenen Aktivitäten der Aktiven sinnvoll zu koordinieren, Meetings zu organisieren und generell als Kontaktperson für Öffentlichkeit, Presse oder Politik zur Verfügung zu stehen, wenn ein Ernährungsrat wirklich effizient arbeiten soll. Ohne systematische Koordination ist die Gefahr groß, dass viel Potenzial ungenutzt bleibt. Geld braucht ein Ernährungsrat auch für die Umsetzung von eigenen Aktivitäten und Projekten oder auch nur für den Druck von Flyern und das Mieten von Veranstaltungs- oder Konferenzräumen.

Fördermittel können von der Stadtverwaltung kommen, aus anderen staatlichen Fördertöpfen, von privaten Stiftungen, Spendern oder Sponsoren. Macht euch bei der Suche nach geeigneten Förderprogrammen oder Stiftungen die Breite des Themenfelds Ernährung zunutze: Förderfähige Aktivitäten können unter viele Stichwörter fallen, z. B.:

- Umweltschutz
- ländliche Entwicklung

- Hungerbekämpfung
- Verbraucherbildung
- globales Lernen
- kommunale Entwicklung
- urbane Gärten
- Bürgerschaftliches Engagement
- Demokratieförderung
- soziale Gerechtigkeit

Seid kreativ, und denkt auch an lokale Einrichtungen, die ähnliche Interessen wie der Ernährungsrat haben könnten – zum Beispiel regionale Banken und Sparkassen, Krankenkassen oder ausgewählte Unternehmen. Überlegt euch aber gut, von wem ihr Fördergelder, Spenden oder Sponsoring akzeptieren wollt. Insbesondere Geldzuwendungen von größeren Unternehmen oder Konzernen können zum Konfliktstoff werden, wenn sich der Rat von Unternehmensinteressen vereinnahmen lässt oder zur Imageaufbesserung genutzt wird, der dasjenige wirtschaftliche Handeln und diejenigen Interessen eines Unternehmens kaschieren soll, die im Widerspruch zu den Zielen einer zukunftsfähigen Ernährungs- und Agrarwende stehen. Zuwendungen durch kleine, regionale Betriebe, die zukunftsfähige Projektideen verfolgen, zum Beispiel kleinbäuerliche Biobetriebe, Stadtgärten, Kiez-Markthallen, inhabergeführte Bioläden, Regional-Restaurants oder andere kulinarische Kleinunternehmen, verdienen zwar auch eine Einzelfallprüfung, begründen aber im Allgemeinen keine problematischen Abhängigkeitsverhältnisse.

Recherchiert, welche Themen und Aktivitäten bei den potenziellen Geldgebern förderfähig sind, welche Kriterien angelegt werden und was für Projekte in der Vergangenheit gefördert wurden. Im Idealfall sprecht ihr direkt mit einer Kontaktperson über eure Pläne. Am besten entwickelt ihr eine langfristige und nachhaltige Fundraisingstrategie: Das heißt zum Beispiel, sich nicht nur auf eine Finanzquelle zu verlassen und damit die weitere Existenz aufs Spiel zu setzen, falls die einmal erfolgreich angezapfte Quelle plötzlich versiegt.

G wie Gender

Oder auch Gleichberechtigung: Das globale Ernährungssystem reproduziert häufig genug traditionelle Geschlechterrollen: Männer besitzen Land und Ressourcen, Frauen leisten unbezahlte Arbeit (siehe Kapitel 3). Passt auf, dass eure Ernährungsinitiative nicht dasselbe tut. Immer noch sind es in Vereinen und Initiativen – genauso wie in Unternehmen – die Männer, die zahlreich in Führungsrollen oder in repräsentativer Funktion anzutreffen sind, während Frauen sich zum Beispiel überdurchschnittlich häufig in unbezahlten Arbeitsgruppen engagieren. Klassisch auch: Lädt das Landwirtschaftsministerium 100 Küchenchefs oder 100 Landwirte zum Gespräch, stehen jeweils 99 Männer auf der Gästeliste, während die Häppchen und Getränke zum Event vor allem von Frauen serviert werden. Auch Ernährungsräte sind nicht davor gefeit, diese eingefahrenen Muster zu wiederholen.

Baut eure Strukturen so auf, dass die möglichst gleichberechtigte Repräsentanz der Geschlechter darin festgeschrieben ist. Der Ernährungsrat Berlin hat zum Beispiel für den gewählten Sprecher*innenkreis eine Quote von mindestens 50 Prozent Frauen festgelegt. Sorgt auch bei Veranstaltungen dafür, dass nicht nur Männer das Podium besetzen und dort den größten Redeanteil beanspruchen können. Und nicht zuletzt: Bringt eure reflektierte Haltung in dieser Sache auch in eurer Wortwahl bei Vorträgen und in schriftlichen Materialien entsprechend zum Ausdruck, damit sich Frauen nicht – wie so oft – mit dem lapidaren Hinweis abspeisen lassen müssen, sie sollten sich doch einfach mitgemeint fühlen.

H wie Heterogenität

Die heterogene Zusammensetzung von Ernährungsräten ist prinzipiell wünschenswert, birgt aber auch Konfliktpotenzial. Einige Akteure sind vielleicht ganz praktisch im Ernährungssystem tätig – als Bäuerinnen, Köche, Marktleiterinnen, Gärtner oder Imkerinnen. Sie bringen viel Expertise aus ihrem Arbeitsfeld mit, wissen, mit welchen Hürden sie täglich zu kämpfen haben und was sich ändern muss. Andere wiederum sind vielleicht bewusste Konsumenten und Konsumentinnen, die ahnen, dass einiges in unserem Ernährungssystem gewaltig schiefgeht, und sich dagegen engagieren wollen, oft aber, ohne ganz konkrete Ideen oder fachliche Expertise mitzubringen. Wieder andere sind in der Wissenschaft oder in Verbänden und Vereinen tätig, verfügen über viel Fachwissen, haben aber wenig praktischen Einblick in die alltäglichen Probleme von Produktion, Verarbeitung und Vermarktung von Lebensmitteln.

Der Austausch zwischen so unterschiedlichen Akteursgruppen kann gleichwohl sehr fruchtbar sein. Ist das Wissensgefälle in selbstorganisierten Arbeitsgruppen jedoch zu groß, bleiben Frustrationen nicht aus. Die Kunst ist, geeignete Strukturen zu finden, mit denen vorhandene Expertise genutzt und gleichzeitig das Bedürfnis, sich zu engagieren und zu lernen, zufriedenstellend gewürdigt werden kann. Das gelingt vor allem dann, wenn die Aufgabenbereiche in einzelnen Arbeitsgruppen so klar formuliert sind, dass alle von einem gemeinsamen Sachverständnis aus starten können. Oder es werden mehrere Gruppen mit unterschiedlichen Aufgabenbereichen eingerichtet, z. B. separate Aktionsgruppen, Lernforen und Expertenrunden.

Die Zeitfrage ist eine weitere Herausforderung in Arbeitsgruppen mit sehr unterschiedlichen Akteuren. Wer sich in seiner Freizeit engagiert und tagsüber einer Erwerbsarbeit nachgeht, hat im Normalfall eher abends Zeit für Treffen. Wer sich in seiner beruflichen Tätigkeit mit dem Ernährungssystem befasst, bringt Arbeitstreffen des Ernährungsrats vielleicht eher tagsüber in der Arbeitszeit unter und möchte abends Freizeit haben. Die für alle ideale Terminplanung bleibt daher meist ein unerfüllbarer Wunschtraum. Ebenso wie die ideale Arbeitsform: Manche Mitstreiter sind in Treffen am effektivsten, manche ziehen E-Mail-Kommunikation vor, während wieder andere nicht mal online sind. Lasst euch dadurch nicht frustrieren, und konzentriert euch gelassen auf die jeweils aktive »Schnittmenge« in der Termin- und Arbeitsplanung.

I wie Integration

Viele Menschen und Meinungen müssen in Ernährungsräte integriert werden, damit sie tatsächlich demokratische Gremien werden.

Zur gleichberechtigten Teilhabe aller Bevölkerungsgruppen siehe T wie Teilhabe. Manchmal ist es die Integration von »Themen-Platzhirschen«, die sich als schwierig erweist, von Menschen also, die eine stark ausgeprägte Meinung zu ihrem Lieblingsthema wortmächtig immer und überall einbringen. Im schlimmsten Fall kann das die beginnende Bewegung regelrecht sprengen. Zwar gibt es kein Patentrezept, wie damit am besten umzugehen ist. Kenntnisse in Sachen gewaltfreie Kommunikation oder Konfliktmediation schaden dabei jedoch sicher nicht.

J wie Jugend

Ernährungsthemen, die Kinder und Jugendliche relevant finden, können ganz andere sein als die von Erwachsenen als wichtig empfundenen. Überlegt, wie ihr die Sichtweisen von Kindern und Jugendlichen einbinden könnt. In Toronto gibt es zum Beispiel einen eigenen Jugendrat, der wiederum einen Sitz im *Toronto Food Policy Council* hat.

K wie Konsens

Besprecht beizeiten, wie ihr Entscheidungen treffen wollt – im Konsens, nach dem Mehrheitsprinzip oder durch das Mandat für bestimmte/gewählte Personen? Ein Ernährungsrat bringt im Idealfall viele verschiedene Akteure mit vielen verschiedenen Interessen zusammen. Das macht ihn schlagkräftig. So kann aber auch die gemeinsame Entscheidungsfindung zur Geduldsprobe werden, bei der schlimmstenfalls nur der kleinste gemeinsame Nenner herauskommt. Als Werkzeug für Ernährungsdemokratie müssen Ernährungsräte durch diesen schwierigen Entscheidungsprozess dennoch hindurch! Nur wenn die Mitgliedschaft hinter den Entscheidungen steht, kann der Rat tatsächlich glaubwürdig und demokratisch legitimiert handlungsfähig sein. Es ist daher unumgänglich, immer einen guten Konsens zu finden, sei es auch noch so schwierig!

Neben Konsensentscheidungen können auch Mehrheitsabstimmungen eingesetzt werden. Aber welcher Entscheidungsmechanismus auch gewählt wird: Zuvor muss eine offene, transparente Debatte stattfinden, bei der alle Beteiligten Gehör finden. Gute Moderation ist hierbei essenziell. Es hilft auch, wenn sich alle Beteiligten im Vorfeld darüber im Klaren sind, was eigentlich ein »Konsens« ist: eine Entscheidung, mit der alle leben können, obwohl sie vielleicht nicht einhellig ist.

L wie Lernen

Die regelmäßige Evaluation eurer Aktivitäten sollte nicht unter den Tisch fallen. Mit Evaluationen könnt ihr euch selbst ein Bild davon machen, wo ihr steht, was ihr schon erreicht habt, was funktioniert und was nicht, und mit diesem Wissen eure weiteren Pläne anpassen und verbessern. Wer nicht regelmäßig zurückblickt und die eigene Arbeit auswertet, läuft Gefahr, Fehler zu wiederholen und ineffektiv zu bleiben. Eine Evaluation kann euch zum Beispiel auch zeigen, welche Partner euch noch fehlen, welches Fachwissen noch Lücken hat und welche Kontakte ihr noch knüpfen müsst. Sie dient auch dazu, Arbeitsprozesse zu optimieren und Kommunikationswege auf ihre Effektivität hin zu überprüfen. Große Bedeutung hat dabei die Überprüfung eurer Außenwirkung: Habt ihr Eure Ziele erreicht, oder müsst ihr Euren Strategieplan anpassen?

Beginnt damit, eine kleinere Arbeitsgruppe von Ratsmitgliedern oder -engagierten einzuberufen; im Idealfall hat darunter mindestens eine Person Erfahrungen mit Evaluationsprozessen. Diese Arbeitsgruppe kann dann den Evaluationsprozess planen, durch die Umsetzung führen und bei der Bewertung und Verwendung der Ergebnisse helfen. Involviert möglichst viele Engagierte und Partner in die Evaluation, aber auch schon in die Planung des Prozesses, damit ihr sicher sein könnt, die richtigen Fragen zu stellen.

M wie Mitstreiter

Ein entscheidender Erfolgsfaktor für Ernährungsräte ist es, alle Bereiche des lokalen Ernährungssystems im Rat repräsentiert zu haben: Produktion, Verbrauch, Verarbeitung, Verteilung und Verwertung. Die verschiedenen Personen und Organisationen, die in eurer Kommune oder Region mit Ernährung befasst sind, müssen an Bord geholt werden, zivilgesellschaftliche Akteure ebenso wie Produzenten,

Vertreterinnen des lokalen Lebensmittelhandwerks, Wissenschaftler und Bildungsakteure. Die Breite der Mitstreiterschaft schafft einen vielfältigen Wissenspool, auf den der Rat zurückgreifen kann.

Kontakt zu potenziellen Interessengruppen herzustellen und sie zur Teilnahme zu bewegen kann einigen Aufwand erfordern. Gerade die Praktiker des Ernährungssystems haben oft wenig Zeit, sich auf politisch-struktureller Ebene zu engagieren. Es gilt, immer wieder Wege zu suchen, um alle einzubinden, und regelmäßig zu reflektieren, wer noch fehlt, und sich nicht dadurch entmutigen zu lassen, dass einige Akteure sich vielleicht zunächst engagieren, um ihren eigenen Lieblingsthemen Raum zu verschaffen – um sich dann wieder zurückzuziehen, wenn ihre Agenda nicht unterstützt wird.

Mögliche Mitstreiter für einen Ernährungsrat

- Bäuerinnen und Bauern
- Gemeinschaftsgärtner und -gärtnerinnen
- Betreiber von Bauernmärkten und/oder -ständen
- Lebensmittelhandwerker und -händler, *Food*-Start-ups
- Engagierte und Verbände aus den Bereichen nachhaltige Landwirtschaft, Agrarökologie, Umweltschutz, Biodiversität etc.
- entwicklungspolitische Akteure
- Wissenschaftlerinnen und Wissenschaftler
- Akteure aus der Bildungsarbeit für Kinder, Jugendliche und Erwachsene
- Nachbarschaftsvereine und Quartiersmanagements
- Gewerkschaften
- Wohlfahrtsverbände und Hungerhilfeorganisationen
- Krankenkassen und Gesundheitsberater
- religiöse Organisationen
- politische Entscheidungsträger und -trägerinnen
- allgemeine Öffentlichkeit

N wie Neonazis

Haben – wie alle Extremisten – nicht nur in Ernährungsräten nichts zu suchen. Distanziert euch deutlich von rechtspopulistischen Tendenzen, und sichert euch zum Beispiel in eurer Satzung gegen extreme Positionen ab, indem ihr Akteure ausschließt, die rechten Parteien oder Organisationen angehören oder in der Vergangenheit durch rassistische, nationalistische, antisemitische oder sonstige menschenverachtende Äußerungen in Erscheinung getreten sind.

O wie Öffentlichkeitsarbeit

Die Kommunikation eurer Forderungen, Aktivitäten und Erfolge nach außen ist eine wichtige Daueraufgabe. Effektive Öffentlichkeitsarbeit hilft auch in der politischen Überzeugungsarbeit: Themen, die in den Medien diskutiert werden, lassen sich leichter auf die politische Agenda bringen. Und schließlich hilft Öffentlichkeitsarbeit, bekannter zu werden und interessierten Bürgerinnen und Bürgern Informationen zu geben. Versucht, guten Pressekontakt aufzubauen: Schreibt Pressemitteilungen zur Eröffnung eines Regionalrestaurants, der Veröffentlichung eures Forderungspapiers oder als Reaktion auf eine relevante politische Entscheidung. Ladet Pressevertreter zu euren öffentlichen Podiumsdiskussionen oder kreativen Straßenaktionen ein. Wichtig: Ruft sie an! Persönliche Kontakte sind auch in der Pressearbeit das A & O. Und stellt sicher, dass es bei euch fachlich kompetente und ansprechend formulierende Sprecherinnen und Sprecher gibt, die für Interviews zur Verfügung stehen.

Darüber hinaus solltet ihr auf jeden Fall eine Online-Präsenz haben – wer im Internet nicht gefunden wird, existiert in der öffentlichen Wahrnehmung überhaupt nicht. Einfache Webseiten, auf denen ihr über eure Ziele, Forderungen und Mitmachmöglichkeiten informiert, können mit Webanwendungen im Baukastenformat gestaltet werden, ohne dass man Erfahrungen in der Programmierung oder im Webdesign bräuchte. Einige soziale Medien erlauben das kostenlose Einrichten von Profilseiten (z. B. Facebook, Instagram oder alternative Systeme wie WeChange). Außerdem solltet ihr zumindest ein oder zwei Printprodukte haben, und wenn es zunächst nur ein kurzer »Wer wir sind«-Flyer ist, der auf Veranstaltungen verteilt werden kann.

P wie Politikkontakte

Ohne Kontakte zu lokalpolitischen Entscheidungsträgern kommt man nicht weit als Ernährungsrat, da sind sich Experten einig. So können zum Beispiel wichtige Schlüsselpersonen gefunden werden, die den Gründungsprozess mit Ressourcen unterstützen – und sei es nur die Bereitstellung eines Raumes, in dem eure ersten Treffen stattfinden können. Die Definition der Ziele kann beeinflussen, wer dabei angesprochen werden muss: Soll beispielsweise ein Regionalrat gegründet werden, muss man sich mit einem größeren Pool von Personen und ggf. Vertretern der Landesregierung in Verbindung setzen als für einen Ernährungsrat auf kommunaler Ebene.

Macht euch möglichst frühzeitig Gedanken darüber, ob ihr gleich zu Beginn mit Politik und Verwaltung kooperieren wollt oder ob es sinnvoller wäre, euch zunächst zivilgesellschaftlich zu organisieren, um unabhängig von bürokratischen Hürden und politischen Machtkämpfen zu sein.

Q wie Querdenker

Die Transformation unserer Ernährungssysteme braucht kreative, innovativ denkende und entschlossene Vorreiterinnen und Vorreiter, die nicht mit dem Strom schwimmen: Traut euch, Querdenkerinnen einzubinden und auch selbst welche zu sein!

R wie Rechtsform

Die Frage nach der besten Rechtsform kann Gründungsinitiativen lange beschäftigen. Ernährungsräte können Bewegungen mit offener Mitgliedschaft sein, die in Netzwerktreffen Entscheidungen herbeiführen und Aktivitäten planen. Oder es gibt eine regelmäßige Vollversammlung, die einen Steuerungskreis wählt, der als koordinierendes Gremium fungiert. Um selbst als Ernährungsrat Fördermittel zu beantragen, braucht der Rat im Normalfall eine eigene, förderfähige Rechtsform wie zum Beispiel einen gemeinnützigen Verein.

Bürokratische Untiefen einer Vereinsgründung lassen sich umschiffen, wenn Mittel über einen befreundeten Verein beantragt werden, der dann als Träger- oder Dachverein fungiert. Ein solches Konstrukt wird allerdings nicht von allen Fördermittelgebern akzeptiert.

Wie in Kapitel 7 dargestellt, können Ernährungsräte viele verschiedene Organisationsformen annehmen. Welche davon für euch am besten passt, hängt von euren lokalen Gegebenheiten ab – es gibt kein Richtig oder Falsch in Formsachen!

S wie Strategieplan

Der Begriff »strategische Planung« kann vieles bedeuten, abhängig vom Kontext und davon, wen ihr fragt. Im Allgemeinen geht es dabei um einen Prozess, in dessen Verlauf Mitglieder einer Gruppe den Gesamtzweck derselben klären, wozu zuerst gehört, Mittel und Wege zu seiner Erreichung zu definieren. Idealerweise bringt die strategische Planung von Ernährungsräten alle Interessengruppen zusammen, um ein gemeinsames Verständnis von Zielen und Prioritäten zu erlangen. Im Planungsprozess sollten möglichst alle Optionen diskutiert und über ihre Priorisierung entschieden werden: Was soll zuerst getan und mit welchen konkreten Schritten sollen Veränderungen erreicht werden? Zugleich lernen sich im Prozessverlauf und in der Ausarbeitung eines detaillierten Zielkatalogs und Arbeitsplans alle in der Gründungsgruppe untereinander gut kennen.

Ausgewählte Themen für Ernährungsräte

- Umweltaspekte, zum Beispiel Auswirkungen der Lebensmittelversorgung der Stadt auf das globale Klima
- soziale und globale Gerechtigkeit im Ernährungssystem
- Gesundheits- und Ernährungssituation der Bevölkerung
- Zugang (sozial, finanziell, infrastrukturell, intellektuell) zu gutem Essen für alle
- Infrastruktur des industriellen Ernährungssystems mit (landwirtschaftlicher) Produktion, Verarbeitung, Großhandel, Einzelhandel

- ländliche Flächennutzung, Biolandbau in der Region
- regionales Ernährungssystem, zum Beispiel Infrastruktur, Vernetzung der Akteure, Lieferlogistik
- alternatives Ernährungssystem, zum Beispiel urbane Landwirtschaft, Lebensmittelhandwerk, Einzelhandel jenseits von Supermärkten und Discountern
- wirtschaftliche Bedeutung des Ernährungssystems
- Gemeinschaftsverpflegung, zum Beispiel Art des Angebots für Kinder und Jugendliche, Rolle der öffentlichen Hand als Nachfrager
- Ernährungsbildung
- Lebensmittelverwertung und Vermeidung von -verschwendung
- Einbezug von Ernährungsthemen in Fachplanungen (Wohnungsbau, Freiraumplanung, Verkehrsplanung), Auswirkungen bestehender Planungen auf das Ernährungssystem

T wie Teilhabe

Alle Bürgerinnen und Bürger einer Region sollten am Ernährungssystem teilhaben können – unabhängig von Einkommen, Bildungsstand, Herkunft, Hautfarbe, Geschlecht, Religion, Gesundheitszustand oder sonstigen Kriterien beziehungsweise Gruppenzugehörigkeiten. Die gleichberechtigte Teilhabe am Ernährungssystem wird in Kapitel 3 thematisiert.

Ebenso wichtig wie das ungehinderte Beteiligtsein am Ernährungssystem ist aber die Teilhabe an Zusammenschlüssen, die sich mit dessen Entwicklung und Transformation beschäftigen – zum Beispiel an Ernährungsräten. Wenn diese nämlich eine zukunftsweisende Ernährungswende zum Vorteil aller vorantreiben wollen, dann dürfen sie die Bedürfnisse einzelner Bevölkerungsgruppen nicht nur stellvertretend reflektieren, sondern müssen ihnen ermöglichen, sich selbst unmittelbaren Einfluss zu verschaffen. Genau das ist aber bislang in den meisten Ernährungsräten, in Nordamerika wie in Europa, nicht oder nicht ausreichend der Fall. Die personelle Zusammensetzung der Ernährungsräte spiegelt nicht die diverse gesellschaftliche Zusammensetzung der Kommunen, für die sie sprechen wollen, wider. Der *US-Food-Policy-Council*-Experte Mark Winne nennt die Mitstreiterstruktur der meisten Ernährungsräte »*white-light-bright*«. Studien zeigen, dass sozial benachteiligte Gruppen im bürgerschaftlichen Engagement oft unterrepräsentiert sind. Schlimmstenfalls vertieft bürgerschaftliches Engagement dann eher die soziale Ungleichheit, statt sie einzudämmen. Ernährungsräte sind dabei natürlich keine Ausnahmen: Ähnlich wie in vielen gemeinnützigen Zusammenschlüssen im deutschsprachigen Raum sammelt sich in ihnen vor allem genau dasselbe weiße Mittelklasse-Bildungsbürgertum, das auch sonst vielfach die politisch entscheidenden Fäden in der Hand hält. In Berlin wie auch in Köln sind die Ernährungsräte jedenfalls weitgehend so strukturiert.

Das aber ist problematisch. Kapitel 4 und 5 erläutern, wie tief in Nordamerika und auch in Europa strukturelle und historisch gewachsene Ungerechtigkeiten gegenüber marginalisierten und sozialökonomisch benachteiligten Bevölkerungsgruppen im Ernährungssystem verankert sind, zum Beispiel gegenüber Migrantinnen und Migranten, People of Colour sowie einkommensschwachen und bildungsfernen Gruppen. Um auch hier ihrem transformativen Anspruch gerecht zu werden, muss die Ernährungswende-Bewegung sich davor hüten, diese soziale Ausgrenzung zu reproduzieren und damit auf kulturell vielfältige Erfahrungen und Perspektiven, auf authentische Expertise und auf deren transformatorisches Potenzial zu verzichten.

Um das zu vermeiden, sollte die Bewegung deshalb Vertreterinnen und Vertreter gerade dieser Bevölkerungsgruppen aktiv in ihre Mitte holen. Wenn die von Ausgrenzung betroffenen Menschen an der Lösungssuche beteiligt sind, bestehen auch Chancen, Gerechtigkeitslücken zu schließen oder wenigstens kleiner zu machen. Finden benachteiligte Gruppen jedoch keine Mitsprachemöglichkeit bei der Ernährungswende, werden sie sehr wahrscheinlich auch in einem transformierten Ernährungssystem weiter benachteiligt bleiben. Versuche privilegierter Gruppen, Lösungen für weniger privilegierte zu finden, können auch deshalb kaum von vollem Erfolg gekrönt sein.

Was aber können weiße, gebildete Mittelklasse-Ernährungsaktivisten in Ernährungsräten dann überhaupt tun, ohne die übrigen Bevölkerungsgruppen ungewollt und unbemerkt zu bevormunden? In der Literatur der sozialen Bewegung gibt es wenige Beispiele von substanziell positiven Veränderungen, die eine Bevölkerungsschicht *für* eine andere erreicht hat. Weiße haben zwar an Bürgerrechtsbewegungen teilgenommen, genauso wie Männer an der Suffragetten-Bewegung. Nachhaltige Erfolge wurden aber immer nur unter der Führung der jeweils unmittelbar Betroffenen erreicht. In seinem Buch *Closing the Food Gap* fordert Mark Winne deshalb sowohl öffentliche Einrichtungen als auch Ernährungsaktivisten auf, Programme zur Förderung von Führungskräften aus marginalisierten Gruppen einzurichten.

> *»Ich glaube nicht, dass diese Tatsache [dass ich als weißer, gebildeter Mann eine Person mit Privilegien und Macht bin] mein Engagement oder das anderer privilegierter Menschen für die Beendigung von Hunger und Armut entwertet. Ja, ich bin privilegiert. Jedoch habe ich mich entschieden, dieses Privileg als Geschenk zu betrachten, das ich bestmöglich teile, bis es seinen Wert verliert oder nicht mehr gebraucht wird. Und wenn ich meine Talente nutze – sorgfältig geschliffen durch Bildung, Chancen und eine Kindheit in der oberen Mittelschicht –, um das Leben anderer zumindest etwas besser zu machen, dann ebne ich auch Wege, mache Platz und stehe denjenigen nicht im Weg, deren Stimmen viel glaubwürdiger Veränderungen einfordern, als meine es jemals könnte.«*
>
> (Mark Winne, *Closing the Food Gap*, S. 191)

Es kann allerdings auch ganz praktische Ansätze geben, die Teilhabe an Ernährungsräten möglichst divers zu gestalten. Welche davon funktionieren, kann an jedem Ort und in jeder Gruppe anders sein. In jedem Fall ist es sinnvoll, Ansätze nicht nur unter den privilegierten Akteuren zu diskutieren, sondern die Lösungssuche systematisch und gezielt gemeinsam mit Akteuren verschiedener sozialer und kultureller Identitäten zu betreiben.

Die folgenden Ideen entstammen der Literatur und Erfahrungsberichten insbesondere nordamerikanischer Ernährungsräte und können – so hoffen wir – möglicherweise zu einer stärker reflektierten Haltung gegenüber der beschriebenen Problematik und zukünftig besseren Lösungen beitragen.

- Versucht, schon in der Kerngruppe für eine Gründungs-Initiative hohe Diversität an Mitstreitern und Mitstreiterinnen zu gewinnen. Hat sich nämlich eine auf bestimmte Art homogene Gruppe erst einmal etabliert, ist es später schwer, doch noch zu einer stärker heterogenen Zusammensetzung zu kommen. Fragt euch frühzeitig, wer die »soziale Basis« eurer Gründungsinitiative ist. Werden bisher unbeteiligte soziale Gruppen mobilisiert, oder beteiligen sich nur die »üblichen Verdächtigen«?
- Bemüht euch bereits bei der Entwicklung eurer Ziele um möglichst verschiedene individuelle Blickwinkel – nicht erst, wenn diese schon feststehen!
- Schreibt das strukturelle Ziel Diversität in eure Vision, Satzung und/oder Statuten, zum Beispiel so: »Die Zusammensetzung des Ernährungsrates soll die Diversität der lokalen Bevölkerung so weit wie möglich reflektieren, zum Beispiel in Bezug auf Herkunft, Hautfarbe, Gender und sozioökonomischen Status.«
- Überlegt euch ein Quotensystem, das Sitze für marginalisierte Gruppen reserviert.
- Stellt Fragen, zum Beispiel bei Bestandsaufnahmen. Verlasst euch nicht nur auf die Daten aus offiziellen Statistiken, sondern geht in alle Viertel, und sprecht mit Menschen über die Herausforderungen und Bedürfnisse.
- Knüpft Netzwerke mit Initiativen und Organisationen, die marginalisierte Gruppen repräsentieren, zum Beispiel migrantisch-diasporische Organisationen oder Arbeitslosen-Selbsthilfe-Gruppen.
- Plant Workshops oder Treffen gezielt mit unterrepräsentierten Akteuren, um zu verstehen, welche Hürden der gleichberechtigten Teilhabe am Ernährungsrat und -system entgegenstehen.

- Organisiert eure Treffen nicht immer zur selben Tageszeit und am selben Ort, sondern zum Beispiel auch einmal in Bürgertreffs oder Vereinsräumen migrantisch-diasporischer Organisationen.
- Passt die Struktur eurer Treffen an. Die Aufteilung in kleinere Gruppen kann zum Beispiel helfen, Hemmschwellen zu reduzieren, aber auch mehr Menschen die Möglichkeit geben, ihre eigenen Geschichten, Bedürfnisse und Erfahrungen einzubringen.
- Plant Panels und Podiumsdiskussionen zur Teilhabe, bei denen die Zusammensetzung nicht den Eindruck vermittelt, dass »Experten« versuchen, den »Ahnungslosen« etwas beizubringen.
- Organisiert öffentliche Veranstaltungen mit Referenten jenseits der »üblichen Verdächtigen«, zum Beispiel mit den Marktleitern von türkischen Supermärkten und den Inhabern von arabischen Backstuben oder Asia-Imbissen.
- Arbeitet mit Diversity-Trainern, zum Beispiel um gemeinsam über Sprache, Begriffe und Vorurteile nachzudenken, Privilegien und Rassismen zu erkennen und ihnen zu begegnen sowie strukturelle und institutionelle Diskriminierung zu thematisieren.
- Signalisiert Offenheit in euren Materialien und Einladungen zu Veranstaltungen, Netzwerktreffen, Vollversammlungen: Übersetzt Materialien auch in Sprachen, die von den migrantischen Gemeinschaften vor Ort gesprochen werden, und bietet an, Übersetzung für Veranstaltungen zu organisieren. Vermeidet auch in deutschen Materialien diskriminierenden Jargon.
- Respektiert verschiedene Motivationen, sich zu beteiligen. Dazu können zum Beispiel auch Spaß, Zusammensein mit Freunden oder Interesse an beruflicher Qualifizierung gehören.
- Versucht nicht nur, andere an euren Tisch zu holen, sondern nehmt selbst an den Treffen anderer Organisationen teil. Verlasst eure Blase!

Und dies noch: Nicht nur unser Ernährungssystem braucht Transformation, auch unser Denken und unsere Sichtweisen müssen sich ändern! Den Perspektiven marginalisierter Gruppen soll nicht nur respektvoll Raum gegeben werden. Sie sollten auch als bereichernde und notwendige Beiträge zu einer friedlichen und gerecht organisierten Gemeinschaft aufgefasst werden. Das kann auch heißen zu akzeptieren, dass eine Ernährungswende nicht unbedingt allen gleichermaßen wichtig ist, weil für manche andere Themen eben viel weiter oben auf der Agenda stehen. Vielleicht sind Ernährungsräte auch nicht für jede und jeden die richtige Form des Engagements, sondern es sind andere Plattformen nötig, die aber genauso unterstützenswert sein können. Es geht ja nicht nur darum, immer alle an einen Tisch zu holen, sondern auch um die Frage, wer eigentlich bestimmt, was wem aufgetischt wird.

U wie Unternehmen

Die Frage, ob Unternehmen Teil des Ernährungsrats sein sollen oder nicht, ist nicht immer leicht zu beantworten. Während die einen ein rein zivilgesellschaftliches Gremium befürworten, das von keinerlei wirtschaftlichen Interessen beeinflusst wird, sehen andere keine realistische Möglichkeit, die Ernährungswende ohne Beteiligung der Wirtschaft zu stemmen.

In Nordamerika und Großbritannien sind Unternehmen an vielen Ernährungsräten beteiligt – es sind jedoch im Normalfall nicht die großen, transnational organisierten Konzerne. Diese haben andere Wege, politisch Einfluss zu nehmen – leider, denn das politisch geduldete, mitunter sogar begrüßte Übermaß am Einfluss großer Konzerne auf unser Ernährungssystem hat ja erst dazu geführt, dass Profitinteressen beim Essen so inakzeptabel starken Vorrang erhalten haben vor Mensch und Umwelt. Lokale Unternehmen jedoch, auf die sich das Funktionieren eines neuen, zukunftsfähigen lokalen Ernährungssystems stützen kann, könnten durchaus am Ernährungsrat beteiligt werden. Im Grunde müssen sie es sogar: Denn auch kleinbäuerliche Biobetriebe, Stadtgärten, regionale Bäckereien, alternative Markthallen und Kiezkantinen sind ja zwangsläufig meistens unternehmerisch organisiert. Begründet deshalb streng sachbezogen, welche Unternehmen ihr unter diesem Blickwinkel ausschließen solltet und welche kleinen, lokalen Betriebe euch stattdessen sehr willkommen sein können.

V wie Veränderungen erreichen

Soll die Ernährungswende tatsächlich gelingen, hängt viel davon ab, ob ein lokaler Ernährungsrat den ernährungspolitischen Vorstellungen von Bürgerinnen und Bürgern der Region tatsächlich erst Gehör und dann Geltung verschaffen kann. Eine Ernährungswende von unten beginnt in der Zivilgesellschaft. Am Anfang können positive Veränderungen noch angestoßen werden, ohne dass Politik und Verwaltung daran beteiligt sind. Solidarische Landwirtschaft, mobile Hühnerställe, Stadtgärten, Saftmostereien, Bauernmärkte, Lebensmittelretterinitiativen: Sie alle haben es zwar leichter, wenn sie von Verwaltungsseite Rückenwind bekommen, statt vor administrativen Hürden haltmachen zu müssen. Doch einzelne Ideen und Projekte sind auch mit Gegenwind umsetzbar, und manche profitieren sogar davon, weil er ihre Innovationskraft und Kreativität anstachelt.

Letztlich sind es jedoch meist eher die politisch entschiedenen, strukturellen Veränderungen, die für eine umfassende Transformation unseres Ernährungssystems notwendig sind. Um tatsächlich tief greifende, systematische Veränderungen voranzubringen, ist die Revision politischer Strukturen, Gesetze und Verwaltungsvorschriften unausweichlich. Eine wirklich umfassende Ernährungswende bedarf einer ziemlich detailliert geplanten, ebenso umfassenden Ernährungsstrategie, die alle relevanten Themengebiete, die vielfältigen Akteure und die komplexen Verflechtungen des Ernährungssystems in einem funktionierenden Gesamtgefüge zusammenbringt.

Um das zu erreichen, müssen möglichst viele verschiedene Entscheidungsträgerinnen und -träger eingebunden werden – in welcher Form, hängt ganz von den Gegebenheiten vor Ort ab. Wie gut die Kontakte zu Entscheidungsträgern in Politik und Verwaltung sind, ist sicher nicht in jeder Stadt und Region vergleichbar und kann sich obendrein nach jeder Wahl ändern. Aber welche politischen Konstellationen auch gerade an der Macht sind, Politik und Verwaltung sind in jedem Fall relevante Akteure, die als solche wahrgenommen werden müssen. Hier sind einige Ideen, wie Entscheidungsträger kontaktiert werden können:

- Identifiziert, wer die wichtigsten und relevantesten Akteure in Lokalpolitik und Verwaltung bei euch sind. Welches Amt ist wofür zuständig, welche Verwaltungseinheit müsste sich – theoretisch – mit dem Thema Ernährung und Landwirtschaft beschäftigen? Schaut euch genau an, wie eure Stadt oder Kommune funktioniert. Und bittet dann um erste und später regelmäßige Gesprächstermine mit verantwortlichen Entscheidungsträgern und -trägerinnen.
- Wenn die wichtigsten Entscheidungsträger nicht mit euch reden wollen oder sich einfach niemand für das Thema Ernährung zuständig fühlt: Tretet an andere Verwaltungseinheiten, Parteien etc. heran, und vereinbart Gesprächstermine mit diesen. Wer für Bildung zuständig ist, muss sich eigentlich auch mit Ernährungsbildung und Nachhaltigkeit beschäftigen, das Stadtentwicklungsamt müsste sich auch mit Flächen für Landwirtschaft befassen, die Wirtschaftsverwaltung ist auch für Ernährungsbetriebe zuständig, und für Verbraucherschutzbeauftragte geht es auch um Nahrungsmittel. Das Ernährungssystem ist so komplex, dass es Berührungspunkte mit jeder Verwaltungseinheit darin gibt – Gespräche können also überall sinnvoll sein. Vielleicht könnt ihr einen runden Tisch mit Vertretern und Vertreterinnen aus jeder Verwaltungseinheit einrichten – am Anfang kommen vielleicht nicht alle, aber je mehr Akteure aus unterschiedlichen Bereichen teilnehmen, desto stärker wird der Druck auf weitere Akteure, ebenfalls dabei zu sein.
- Plant eine öffentliche Podiumsdiskussion zu Fragen des Ernährungssystems, und ladet politische Entscheidungsträgerinnen aufs Podium ein. Ein guter Zeitpunkt sind anstehende Neuwahlen, da Politiker dann besonders genötigt sind, sich öffentlich zu positionieren. Dabei ist es sinnvoll, alle (größeren) im Stadt- oder Gemeinderat vertretenen oder für diesen zur Wahl stehenden Parteien hier zu Wort kommen zu lassen – mit Ausnahme natürlich von verfassungsfeindlichen, populistischen Parteien, denen ihr keine öffentliche Plattform bieten solltet.
- Haltet gute Kontakte zur Verwaltung. Die jeweiligen Sachbearbeiter können großen Einfluss auf politische Entscheidungen haben. Obendrein bleiben sie zumeist über Neuwahlen hinaus im Amt

und sind somit langfristige, in Grenzen auch fraktionsunabhängige Gesprächspartner.

- Selbst organisierte Podiumsdiskussionen sind nicht die einzige Möglichkeit, an Entscheidungsträger heranzutreten. Sucht euch thematisch möglichst relevante Veranstaltungen, bei denen eure Wunschkontaktpersonen ohnehin schon auf der Rednerliste stehen. Dort könnt ihr gezielt aus dem Publikum Fragen stellen und/ oder euch am Rand der Veranstaltung um einen persönlichen Gesprächskontakt bemühen.
- Erregt Aufmerksamkeit! Am besten, indem ihr euch um Presseöffentlichkeit bemüht – wer in der Lokalpresse (oder den überregionalen Medien) erwähnt wird, findet mit der Zeit auch mehr politisches Gehör (siehe unter O wie Öffentlichkeitsarbeit).

W wie Wahl

Wer oder was soll über die Zusammensetzung eures Ernährungsrats bestimmen? Gibt es Wahlen, werden die Mitglieder nominiert, und wenn ja, von wem? Muss man sich zum Mitmachen bewerben, und wenn ja, bei wem? Oder ist der Ernährungsrat einfach eine für alle offene Bewegung?

Wie ihr das handhabt, hängt auch von der gewählten Rechtsform und Anbindung an die Verwaltung ab. Möglichkeiten gibt es viele: Im Berliner Rat wählt die für alle offene Vollversammlung einen Sprecher*innenkreis. In Köln gibt es einige von den Ausschussmitgliedern gewählte Mitglieder, die restlichen werden von diesen oder von der Stadtverwaltung nominiert. In Hamburg steht der Ernährungsrat als Plattform allen Interessenten offen.

X wie Xarel lo und Y wie Ysop

Bei der anstrengenden Arbeit für die zukunftsfähige Transformation unserer Ernährungssysteme sollten wir nie die wunderbare, Gruppen und Völker verbindende Wirkung vergessen, die gemeinsames Kochen und Essen haben kann! Wenn am fröhlichen Feiern unserer Erfolge dann auch Wein der spanischen Rebsorte Xarel lo und das herrlich mediterrane Würzkraut Ysop beteiligt sind, umso besser.

Und noch mehr Spaß macht's mit Musik, warum zum Beispiel nicht mal vom Xylophon, das jedenfalls alphabetisch hier am Platze ist.

Abb. 21: Nicht nur reden. Ab und zu gemeinsam schnippeln, kochen und essen gehört auch zum Erfolgskonzept von ernährungspolitischen Bündnissen aller Art. © Semjon Mooraj

Z wie Ziviler Ungehorsam

Ob ihr zivilen Ungehorsam – also den bewussten Verstoß gegen rechtliche Normen aus Gewissensgründen – als legitimes Mittel ansieht und zu Akten des zivilen Ungehorsams gegen spezifische Unrechtssituationen im Ernährungssystem aufrufen wollt, bleibt natürlich allein euch überlassen. Rechtliche Normen und Gesetze, die einem zukunftsfähigen Ernährungssystem im Wege stehen, gibt es ja so manche. Das haben zum Beispiel diejenigen erfahren müssen, die ihre Teller als Lebensmittelretter durchs »Containern« im Hinterhof von Supermärkten füllten. Auch Saatgut-Tauschbörsen können wegen der starren und wahrlich nicht gerade demokratisch wirkenden Saatgut-Verkehrsgesetze durchaus rebellische Züge tragen. Das sind nur zwei kleine Beispiele, doch euch fällt bestimmt noch mehr dazu ein … oder?!

Zum Nachforschen, Kontakteknüpfen und Weiterlesen – Quellen, Links und Adressen

Prolog

Bruno Prado: Policies against Hunger Conference (2016): BRAZIL SCHOOL FEEDING PROGRAMME – impacts on nutritional and food security and agroecology, *www.policies-against-hunger.de*
Center for a Livable Future, Johns Hopkins University, Baltimore: *www.jhsph.edu*
Deutschsprachiges Netzwerk der Ernährungsräte: *www.ernaehrungsraete.org*
Food-Policy-Networks-Projekt: *www.foodpolicynetworks.org*
Leon Ballin: lballin@soilassociation.org, Soil Association, *www.soilassociation.org*
Mark Winne: *www.mark.winne.com*
Sustainable-Food-Cities-Projekt: *www.sustainablefoodcities.org*
Tim Lang, Professor für Food Policy, London City University, School of Arts and Social Sciences, Department Sociology: *www.city.ac.uk*
Toronto Food Policy Council: *www.tfpc.to*
Wayne Roberts: *www.wayneroberts.ca*

Einleitung

A People's Food Policy (2017): Empfehlungskatalog: *www.peoplesfoodpolicy.org*
Die Tafeln: *www.tafel.de*
International Planning Committee on Food Sovereignty: *www.foodsovereignty.org*

SOPPEXCCA Union de Cooperatives Agropecuarias (UCA) Jinotega-Nicaragua: *www.soppexcca.org*
Stierand, P. (2014): Speiseräume. München 2014

Kapitel 1

Hönle, S., T. Meier, O. Christen (2017): Flächenbedarf und regionale Versorgungskapazitäten städtischer Ernährungsmuster am Beispiel Berlins. ErnährungsUmschau International 64 (1): 11-19
Joseph, S. (2016): Can regional, organic agriculture feed the regional community? Msc. Thesis, HafenCity Universität, Hamburg
Moschitz, H. (2016): Studie zum Konsum regional produzierter Lebensmittel in Freiburg. Forschungsinstitut für biologischen Landbau (FiBL), CH-Frick – fibl.org
Moschitz, H., J. Landert (2016): Ernährungssystem Basel. Die Rolle urbaner Landwirtschaft für ein nachhaltiges städtisches Ernährungssystem. Forschungsinstitut für biologischen Landbau (FiBL), CH-Frick, *kurzlink.de/basel_kurz*
Schwarzl, B., M. Weiß (2017): SUM-FOOD. Regionale Lebensmittelpfade am Beispiel der Stadt Wien für die Produktgruppe Gemüse. Österr. Umweltbundesamt, Reports REP-O621
Zasada, I., U. Schmutz, D. Wascher, M. Kneafsey, S. Corsi, C. Mazzocchi, F. Monaco, P. Boyce, A. Doernberg, G. Sali, A. Piorr (2017): Food beyond the city – Analysing foodsheds and self-sufficiency for different food system scenarios in European metropolitan regions. City, Culture and Society, 10.1016/j.ccs.2017.06.002, in press, *www.sciencedirect.com*

Regionalwert AG

Freiburg: *www.regionalwert-ag.de*
Hamburg: *www.regionalwert-hamburg.de*
München: *www.regionalwert-ag-isar-inn.de*
Köln: *www.regionalwert-rheinland.de*
Berlin: *www.regionalwert-berlin.de*
Regionalwert Treuhand: *www.regionalwert-treuhand.de*

Weitere Quellen

Vorschlag für eine Richtlinie des europäischen Parlaments und des Rates über unlautere Handelspraktiken in den Geschäftsbeziehungen zwischen Unternehmen in der Lebensmittelversorgungskette, April 2018: *www.ec.europa.eu*

Davidis, H. (1877): Der Küchen- und Blumen-Garten für Hausfrauen. Manuscriptum 2009.

Dreschflegel Bio Saatgut: *www.dreschflegel-saatgut.de*

Kultursaat e. V., Verein für Züchtungsforschung & Kulturpflanzenerhaltung auf biologisch-dynamischer Grundlage: *www.kultursaat.org*

Vereine zur Erhaltung und Rekultivierung alter Nutzpflanzen in Deutschland, VEN e. V. und VERN e. V.: *www.nutzpflanzenvielfalt.de, www.vern.de*

Pro Specie Rara in der Schweiz: *www.prospecierara.ch*

Arche Noah in Österreich: *www.arche-noah.at*

Open Source Seeds: *www.opensourceseeds.org*

Kapitel 2

Bio-Region Niederrhein: *www.bio-region-niederrhein.com/*

Biologische Vielfalt im Oberpfälzer Jura: *www.juradistl.de/*

Food Hubs: *en.wikipedia.org/wiki/Food_hubs*

Hiß, C. (2014): Regionalwert AG. Herder, Freiburg/München

Hiß, C. (2015): Richtig rechnen! oekom, München

Kriterien der Dachmarke Rhön: *dmr.marktplatzrhoen.de/kriterien*

Kriterien von HEIMAT – Nichts schmeckt näher: *www.heimat-nichts-schmeckt-näher.de/unsere-kriterien.html*

Marktschwärmer: *marktschwaermer.de*

Nabu Obstwiesenschutz in Münster: *www.nabu-muenster.de/projekt-obstwiesenschutz/*

Netzwerk Solidarische Landwirtschaft: *www.solidarische-landwirtschaft.org/Plenum*

Baden-Württemberg:
www.lubw.baden-wuerttemberg.de/natur-und-landschaft/plenum
Regionalbewegung: *www.regionalbewegung.de/*,
www.regionalbewegung.de/projekte/regional-plus-in-nrw/auszeichnung-regional-plus-fair-fuer-mensch-und-natur/
Regionalwert AG Rheinland: *www.regionalwert-rheinland.de/*
REWE Richrath: *www.rewe-richrath.de/wir-aus-der-region.html*
USDA (2012): Regional Food Hub Resource Guide, *www.ngfn.org/resources/ngfn-database/knowledge/FoodHubResourceGuide.pdf*
Vivasphera: *www.vivasphera.de/*
Wasserschutzbrot: *www.wasserschutzbrot.de/*

Kapitel 3

Allen, P. (2010): Realizing justice in local food systems. Cambridge Journal of Regions, Economy and Society, 3: 295–308
FIAN (2012): Ernährungsarmut und das Menschenrecht auf Nahrung in Deutschland, *www.fian.de/publikationen/*
Gray, M. (2016): The Dark Side of Local. Jacobin Magazine, *www.jacobinmag.com/2016/08/farmworkers-local-locavore-agriculture-exploitation*
Guthman, J. (2008a): »If They Only Knew«: Color Blindness and Universalism in California Alternative Food Institutions. The Professional Geographer, 60(3): 387–397
Guthman, J. (2008b): Bringing good food to others: investigating the subjects of alternative food practice. Cultural Geographies, 15: 431–447
Internationaler Pakt über wirtschaftliche, soziale und kulturelle Rechte vom 19. Dezember 1966. Bundesgesetzblatt (BGBl) 1976 II, 428
Journal of Agriculture, Food Systems, and Community Development (2015): Commentaries on Race and Ethnicity in Food Systems Work. Volume 5, Issue 4
Kaiser, S. (2015): Europas neue Sklaven. Zeit Online vom 26. Oktober 2015, *www.zeit.de/wirtschaft/2015-10/fluechtlinge-ausbeutung*

Karg, G., Wagner, K. & Gedrich, K. (2008): Lebensmittelkosten im Rahmen einer vollwertigen Ernährung. Wissenschaftliche Ausarbeitung der Deutschen Gesellschaft für Ernährung (DGE), *www.dge.de/fileadmin/public/doc/ws/fachinfo/Lebensmittelkosten-vollwertige-Ernaehrung.pdf*

Kersting, M. & Clausen, K. (2007): Wie teuer ist eine gesunde Ernährung für Kinder und Jugendliche? Forschungsinstitut für Kinderernährung in: Ernährungs Umschau 9/07, *www.ernaehrungs-umschau.de/fileadmin/Ernaehrungs-Umschau/pdfs/pdf_2007/09_07/EU09_508_513.qxd.pdf*

Kramer, B. (2018): Erntehelfer. Wenn man die Leute anständig behandelt, kommen sie auch. Zeit Online vom 25. Mai 2018, *www.zeit.de/arbeit/2018-05/erntehelfer-spargelfelder-saisonkraefte-thomas-hentschel-peco-institut*

McLaughlin, J. (2017): Strengthening the Backbone: Local Food, Foreign Labour and Social Justice. In: Nourishing Communities From Fractured Food Systems to Transformative Pathways: 23-40

Netzfrauen (2017): Gemüse aus dem Plastikgarten Europas – Ausbeutung, Lohndumping, Sklaverei, Pestizide, Genmanipulation, *netzfrauen.org/2017/04/20/plastikgarten-europas/*

Rao, M., A. Afshin, G. Singh, D. Mozaffarian (2013): Do healthier foods and diet patterns cost more than less healthy options? A systematic review and meta-analysis. British Medical Journal, *bmjopen.bmj.com/content/3/12/e004277*

Siegel, B. E. (2017): Shaming Children So Parents Will Pay the School Lunch Bill. New York Times vom 30.04.2017, *www.nytimes.com/2017/04/30/well/family/lunch-shaming-children-parents-school-bills.html*

Tait, C. (2015): Hungry for Change. Final report of the Fabian Commission on Food and Poverty. Esmee Fairbairn Foundation, London

Trauger, A. (2004): »Because they can do the work«: women farmers in sustainable agriculture in Pennsylvania, USA. Gender, Place & Culture, 11 (2): 289-307

Trauger, A. (2007): Connecting Social Justice to Sustainability: Discourse and Practice in Sustainable Agriculture in Pennsylvania. In: Maye, D., Holloway, L. & Kneafsey, M. (Eds.): Alternative Food Geographies: 39-54. Elsevier, Oxford

United States Department of Agriculture (2017): Food Access Research Atlas, *www.ers.usda.gov/data-products/food-access-research-atlas/documentation*

Will, Allen (2013): The Good Food Revolution: Growing Healthy Food, People, and Communities

Winne, M. (2009): Closing the Food Gap: Resetting the Table in the Land of Plenty, Beacon Press, Boston

Ziegler, E. (2015): 4 Mythen zum Einkommen in der Landwirtschaft. Agrarheute vom 23.07.2015, *www.agrarheute.com/management/finanzen/4-mythen-einkommen-landwirtschaft-445595*

Weitere Links

Auenhof Havelland: *www.auenhof-havelland.de/*

Baltimore Food Policy: *planning.baltimorecity.gov/baltimore-food-policy-initiative/food-policy*

Brasilien Programa Nacional de Alimentação Escolar: *www.fnde.gov.br/programas/pnae*

Detroit Black Community Food Security Network: *www.dbcfsn.org/*

Die Tafeln: *www.tafel.de/*

EU-Biosiegel: *ec.europa.eu/agriculture/organic/index_de*

Feeding America: *www.feedingamerica.org*

Foodsharing: *foodsharing.de/*

Hartford Mobile Market: *www.hartfordfood.org/programs/hartford-mobile-market/*

Los Angeles Food Policy Council, Healthy Neighborhood Market Network: *goodfoodla.org/policymaking/healthy-neighborhood-market-network/*

Los Angeles Food Policy Council, Urban Agriculture: *goodfoodla.org/policymaking/working-groups-2/urban-agriculture/*

Märkische Kiste: *www.maerkischekiste.de*

National Farm to School-Network:
www.farmtoschool.org/
SirPlus: *sirplus.de/*
SpeiseGut: *www.speisegut.com*
Too Good To Go: *toogoodtogo.de/*

Kapitel 4

Allen, P. & Hinrichs, C.C. (2007): Buying into »Buy Local«: Engagements of United States Local Food Initiatives. In: Maye, D., Holloway, L. & Kneafsey, M. (Eds.): Alternative Food Geographies: 255-272. Elsevier, Oxford

Bellora, C., Emlinger, C., Fouré, J. & Guimbard, H. (2017): Research for AGRI Committee EU – UK agricultural trade: state of play and possible impacts of Brexit. European Parliament, Policy Department for Structural and Cohesion Policies, Brussels

Bellows, A.C. & Hamm, M.W. (2001): Local autonomy and sustainable development: Testing import substitution in localizing food systems. Agriculture and Human Values, 18: 271 – 284

Brand, U. & Wissen, M. (2017): Imperiale Lebensweise. oekom, München

Goodland, R., Anhang, J. (2009): Livestock and Climate Change. World Watch Magazine, *www.worldwatch.org/files/pdf/Livestock%20and%20Climate%20Change.pdf*

Hinrichs, C.C. (2003): The practice and politics of food system localization. Journal of Rural Studies, 19: 33 – 45

IAASTD (2009): Weltagrarbericht. Hamburg University Press, GTZ & VDW

Institute for Agriculture and Trade Policy & GRAIN (2018): Emission Impossible. How big meat and dairy are heating up the planet, *www.iatp.org/sites/default/files/2018-07/Emissions%20impossible%20EN%2012-page.pdf*

Umweltbundesamt (2017): Beitrag der Landwirtschaft zu den Treibhausgas-Emissionen, *www.umweltbundesamt.de/daten/land-forstwirtschaft/beitrag-der-landwirtschaft-zu-den-treibhausgas#textpart-1*
Umweltbundesamt (2017): Warum Fleisch zu billig ist, *www.umweltbundesamt.de/themen/warum-fleisch-zu-billig-ist*
United States Department of Agriculture (2012): Know your farmer, know your food, *www.usda.gov/sites/default/files/documents/KYFCompass.pdf*
Witzke, H. v., Noleppa, S., Zhirkova, I. (2014): Fleisch frisst Land. WWF Deutschland, *www.wwf.de/fileadmin/fm-wwf/Publikationen-PDF/WWF_Fleischkonsum_web.pdf*

Weitere Links

Brot für die Welt zu Agrarhandelspolitik: *www.brot-fuer-die-welt.de/themen/ihre-wahl-wirkt-weltweit/agrarpolitik/*
Fair-Trade Siegel: *www.fairtrade-deutschland.de/*
Fair-Trade Towns: *www.fairtrade-towns.de/*
Fossil-Free-Kampagne: *gofossilfree.org/de/*
INKOTA zu Entwicklungshilfe für Agrarkonzerne: *www.inkota.de/themen-kampagnen/welternaehrung-landwirtschaft/*
Kattendorfer Hof: *kattendorfer-hof.de/*
Naturland-Fair-Richtlinien: *www.naturland.de/de/naturland/was-wir-tun/naturland-fair/kriterien-richtlinien.html*
Ökodorf Brodowin: *www.brodowin.de/*
Oxfam Deutschland zur Nahrungsmittelspekulation: *www.oxfam.de/unsere-arbeit/themen/nahrungsmittelspekulation*
Ziele für Nachhaltige Entwicklung (Sustainable Development Goals, SDG): *www.bmz.de/de/ministerium/ziele/2030_agenda/index.html*

Kapitel 5

Busse, T. (2018): Götze Gießkanne. Der Freitag vom 5.6.2018, *www.freitag.de/autoren/der-freitag/goetze-giesskanne*

De Schutter, O. (2014): Final report: The transformative potential of the right to food. Report of the Special Rapporteur on the right to food to the Human Rights Council of the United Nations, *www.srfood.org/images/stories/pdf/officialreports/20140310_finalreport_en.pdf*

DW (2018): UN-Vollversammlung will globalen Umwelt-Pakt. DW vom 11.05.2018, *www.dw.com/de/un-vollversammlung-will-globalen-umwelt-pakt/a-43735462*

Grundgesetz für die Bundesrepublik Deutschland, Rechtsstand 1.8.2002. Art. 20a GG – Schutz der natürlichen Lebensgrundlagen

Heinrich-Böll-Stiftung, Rosa-Luxemburg-Stiftung, BUND, Oxfam, Germanwatch, Le Monde Diplomatique (2017): Konzernatlas 2017, *germanwatch.org/de/download/17656.pdf*

Internationaler Pakt über wirtschaftliche, soziale und kulturelle Rechte vom 19. Dezember 1966. Bundesgesetzblatt (BGBl) 1976 II, 428

Jackson, T. (2017): Prosperity without Growth: Foundations for the Economy of Tomorrow. Routledge, London

Thurn, V. & Kreutzberger, St. (2014): Harte Kost. Wie unser Essen produziert wird – Auf der Suche nach Lösungen für die Ernährung der Welt. Ludwig, München

Noleppa, S., Cartsburg, M. (2015): Das große Wegschmeißen. WWF Deutschland, *www.wwf.de/fileadmin/fm-wwf/Publikationen-PDF/WWF_Studie_Das_grosse_Wegschmeissen.pdf*

Kapitel 6

Hansalim

Florianne Koechlin (2018): Was Erbsen hören und wofür Kühe um die Wette laufen, Lenos, Basel

Hansalim: *eng.hansalim.or.kr/*

Todmorden

Incredible Edible: *incredibleediblenetwork.org.uk/*

Pam Warhurst (2014): Incredible! Plant Veg, Grow a Revolution. Troubador Publishing

London

Capital Growth (2016): Reaping Rewards II. Measuring and valuing urban food growing, *www.capitalgrowth.org/*

Clinton, N., Stuhlmacher, M., Miles, A., Aragon, N. U., Wagner, M., Georgescu, M., Herwig, C., Gong, P. (2018): A Global Geospatial Ecosystem Services Estimate of Urban Agriculture. Earth's Future, Vol. 6 (1).

Greater London Authority (2018): The draft London Food Strategy, *www.london.gov.uk/sites/default/files/london_food_strategy_2018_15.pdf*

Growing a million meals: *www.sustainweb.org/news/jul13_millionmeals/*

Harvest-o-meter: *www.capitalgrowth.org/the_harvestometer/*

Jones, J. (2008): Why London needs to grow more food. Report by Jenny Jones, Member of the London Assembly, *www.london.gov.uk/file/9032/download?token=fFz1UTZd*

London Food Board: *www.london.gov.uk/what-we-do/business-and-economy/food/london-food-board*

Kopenhagen

Københavns Madhus/Kopenhagener Ernährungshaus: *www.kbhmadhus.dk*

Kapitel 7

Ernährungsräte rund um den Globus

Burgan, M., Winne, M. (2012): Doing Food Policy Councils Right: A Guide to Development and Action Mark Winne Associates: *www.markwinne.com*

Food Policy Networks: *www.foodpolicynetworks.org*

Karten und internationale Liste Ernährungsratsinitiativen weltweit: *www.jhsph.edu/research/centers-and-institutes/johns-hopkins-center-for-a-livable-future*

Winne, M. (2009): Closing the Food Gap: Resetting the Table in the Land of Plenty, Beacon Press, Boston

Ernährungsräte im deutschsprachigen Raum

Übersicht Ernährungsräte im deutschsprachigen Raum: *www.ernaehrungsraete.org*

Liste der deutschsprachigen Ernährungsräte

Aachen: *resilienz-aachen.de/*

Berlin: *www.ernaehrungsrat-berlin.de*

Bern: *www.bern.ch/themen/umwelt-natur-und-energie/nachhaltigkeit/berner-platte-2.0*

Bielefeld: *ernaehrungsrat-bielefeld.de*/Bonn: *www.ernaehrungsrat-bonn.de*

Braunschweig: *tt-bs.de/2017/08/1-ernaehrungsgipfel-braunschweig/*

Dresden: *www.ernaehrungsrat-dresden.de*

Essen: *transitiontown-essen.de/blog/2018/05/09/gesamttreffen-agrar-und-ernaehrungswende-auch-in-essen/*

Frankfurt: *www.ernaehrungsrat-frankfurt.de*

Freiburg: *agrikulturfestival.de/ernaehrungsrat-freiburg/*

Fürstenfeldbruck: *www.ernaehrungsrat-ffb.de/*

Hamburg: *ernährungsrat-hh.de*

Hannover: *www.slowfood.de/slow_food_vor_ort/hannover/*

Innsbruck: *ernaehrungsrat-innsbruck.at/*

Kiel: *www.ernährungsrat-kiel.de*
Ernährungsrat Köln: *ernaehrungsrat-koeln.de*
Leipzig: *www.ernaehrungsrat-leipzig.org*
Leutkirch: *www.leutkirch.de/kernig, buergerinitiative-kernig.jimdo.com/*
Lüneburg: *www2.leuphana.de/zukunftsstadt2030/project/ernaehrungsrat/*
München: *ernaehrungsrat-muenchen.de*
Nürnberg: *www.facebook.com/ErnaehrungsratNuernberg*
Oldenburg: *www.ernaehrungsrat-oldenburg.de*
Pennewang: *www.handelszeitung.at/handelszeitung/oberoesterreich-startet-projekt-ernaehrungsraete-150184*
Prignitz-Ruppin: *bbb.wandelwoche.org/er-prignitzruppin/*
Saarland: *www.facebook.com/ernaehrungsrat.saarland*
Südtirol: *www.mahlzeit.it*
Traunstein: *www.ernaehrungsrat-traunstein.de/*
Trier: *la21-trier.de/projekt/ernaehrungsrat/*
Waldkirch: *www.stadt-waldkirch.de/,Lde/start/bauen+und+wohnen/kernig.html*
Wien: *www.ernaehrungsrat-wien.at*
Wiesbaden: *www.facebook.com/ernaehrungsrat/*
Wuppertal: *ernaehrungsratwuppertal.wordpress.com/*
Zürich: *ernaehrungsforum-zueri.ch/*

Weitere Links für Berlin
AG Stadt und Ernährung: *www.feeding-berlin.de/*
Slow Food Berlin: *www.slowfood-berlin.de/*
INKOTA-netzwerk: *www.inkota.de/*
Institut für Welternährung: *www.institut-fuer-welternaehrung.org/*
NAHhaft: *www.nahhaft.de/*

Nationale und Internationale Netzwerke und Allianzen

Sustainable Food Cities

A People's Food Policy (2017): Empfehlungskatalog: *www.peoplesfoodpolicy.org*
Food Matters: *www.foodmatters.org*
Soil Association: *www.soilassociation.org*
Sustain: *www.sustainweb.org*
Sustainable Food Cities: *www.sustainablefoodcities.org*
Netzwerkmanagement SFC: Leon Ballin, *lballin@soilassociation.org*

Ernährungspolitik in Brasilien

CONSEA: *www4.planalto.gov.br/consea/*
Fome Zero: *bolsa-familia.info/fome-zero.html*
Programa Nacional de Alimentação Escolar (PNAE): *www.fnde.gov.br/programas/pnae*

Der ernährungspolitische Pakt von Mailand

Milan Urban Food Policy Pact: *www.milanurbanfoodpolicypact.org*

Ein Ernährungsräte-Netzwerk für den deutschsprachigen Raum

www.ernaehrungsraete.org
Mailingliste: *ernaehrungsraete-subscribe@lists.riseup.net*

Weitere Links

European Coordination Via Campesina: *www.eurovia.org/*
Network of Cities for Agroecology: *www.agroecocities.eu/*
SAVE Foundation/Sicherung der landwirtschaftlichen Arten-Vielfalt in Europa: *www.save-foundation.net*
The ICLEI-RUAF CITYFOOD network: *www.ruaf.org/cityfood*
The International Network for Community Supported Agriculture: *urgenci.net*
The International Panel of Experts on Sustainable Food Systems: *www.ipes-food.org/*

Kapitel 8

DiGilio, L. (2017): Food Policy Councils: Is There a Best Structure? Blogeintrag August 2017, Center for a livable Future, *www.livablefutureblog.com*

Fox, C. (2010): Innovations in democratic governance for sustainable and equitable food systems. Urban Planning Department UCLA

Sussman, L., K. Bassarab (2016): Food Policy Council Report 2016, Johns Hopkins Center for a livable Future, Food Policy Networks, *www.foodpolicynetworks.org*

Walthall, B. (2016): Stirring the Pot: civic actions for a more sustainable food system in contemporary Berlin. The American University of Rome (AUR), the Economics, Management and Institutions Department of the University of Naples Federico II, The University College Cork, The University of Vermont Conference on democratizing Food Governance, Rome, 14 October 2016, Konferenzbericht S. 63

Tipps von A bis Z

Burgan, M., M. Winne (2012): Doing Food Policy Councils Right: A Guide to Development and Action Mark Winne Associates: *www.markwinne.com*

Heuser, A., Pohl, C., Urhahn, U., Buron, S. (2017): Unser Essen mitgestalten. Ein Handbuch zum Ernährungsrat. INKOTA, *www.inkota.de/themen-kampagnen/welternaehrung-landwirtschaft/ernaehrungsraete/*

Winne, M. (2009): Closing the Food Gap: Resetting the Table in the Land of Plenty, Beacon Press

Nachhaltigkeit bei oekom: Wir unternehmen was!

Die Publikationen des oekom verlags ermutigen zu nachhaltigerem Handeln – glaubwürdig und konsequent. Auch als Unternehmen sind wir Vorreiter: Ein umweltbewusster Büroalltag sowie umweltschonende Geschäftsreisen sind für uns ebenso selbstverständlich wie eine nachhaltige Ausstattung und Produktion unserer Publikationen.

Für den Druck unserer Bücher und Zeitschriften verwenden wir fast ausschließlich Recyclingpapiere, überwiegend mit dem Blauen Engel zertifiziert, und drucken wann immer möglich mineralölfrei und lösungsmittelreduziert. Unsere Druckereien und Dienstleister wählen wir im Hinblick auf ihr Umweltmanagement und möglichst kurze Transportwege aus. Dadurch liegen unsere CO_2-Emissionen um 25 Prozent unter denen vergleichbar großer Verlage. Unvermeidbare Emissionen kompensieren wir zudem durch Investitionen in ein Gold-Standard-Projekt zum Schutz des Klimas und zur Förderung der Artenvielfalt.

Als Ideengeber beteiligt sich oekom an zahlreichen Projekten, um in der Branche und darüber hinaus einen hohen ökologischen Standard zu verankern. Über unser Nachhaltigkeitsengagement berichten wir ausführlich im Deutschen Nachhaltigkeitskodex (www.deutscher-nachhaltigkeitskodex.de).

Schritt für Schritt folgen wir so den Ideen unserer Publikationen – für eine nachhaltigere Zukunft.

Jacob Radloff
Verleger

Dr. Christoph Hirsch
Leitung Buch